Sexualidad… mucho más que sexo

Sexualidad... mucho más que sexo

Una guía para mantener una sexualidad saludable

Elvia Vargas-Trujillo

Grupo Familia y Sexualidad
Departamento de Psicología
Facultad de Ciencias Sociales
Universidad de los Andes

Vargas-Trujillo, Elvia

Sexualidad... mucho más que sexo: una guía para mantener una sexualidad saludable / Elvia Vargas-Trujillo. – Bogotá: Universidad de los Andes, Facultad de Ciencias Sociales, Departamento de Psicología, Ediciones Uniandes, 2007.

290 p.; 17 x 24 cm.

ISBN 978-958-695-285-9

1. Sexo (Psicología) 2. Sexualidad 3. Identidad sexual I. Universidad de los Andes (Colombia). Facultad de Ciencias Sociales. Departamento de Psicología II. Tít.

CDD 155.3   SBUA

Primera edición: octubre de 2007
Primera reimpresión revisada: enero de 2013

© Elvia Vargas-Trujillo

© Universidad de los Andes
Facultad de Ciencias Sociales, Departamento de Psicología

Ediciones Uniandes
Carrera 1ª. núm. 19-27, edificio AU 6, piso 2
Bogotá D. C., Colombia
Teléfono: 3394949, ext. 2133
http://ediciones.uniandes.edu.co
infeduni@uniandes.edu.co

ISBN: 978-958-695-285-9

Corrección de estilo: Guillermo Díez y Ana del Corral
Diagramación interior: Precolombi EU-David Reyes
Diseño de cubierta: Víctor Gómez, Facultad de Ciencias Sociales

Contenido

*A Carolina Ibarra por su apoyo
incondicional, sin ella me sería
imposible emprender y llevar a buen
término los proyectos investigativos
que fundamentan este libro.*

*A Maria Elisa y a mis estudiantes de
pregrado y postgrado, que diariamente
me motivan a continuar enfrentando
los desafíos de la vida académica.*

*A mis hijas y a todas las personas jóvenes que
se encuentran en proceso de reconocimiento
y aceptación de su sexualidad y de definición
de un proyecto de vida significativo.*

Presentación

Esta edición revisada del libro, *Sexualidad... mucho más que sexo*, es el resultado de un proceso sistemático y riguroso de investigación del Grupo Familia y Sexualidad del Departamento de Psicología de la Universidad de Los Andes. La historia del libro se remonta al año 1996 cuando diseñamos la primera versión del Curso de Sexualidad Humana que ofrece semestralmente el Departamento. Por lo tanto, el libro integra los resultados de 16 años de investigación acerca de los factores psicosociales que permiten comprender el desarrollo de la sexualidad en la juventud.[1]

1 El contenido de este libro se basa en los siguientes informes de investigación y artículos producidos en el Grupo Familia y Sexualidad: Posada, S. y del Río, A. M. (1999). Evaluación de necesidades en salud sexual y reproductiva de los estudiantes Uniandinos. Trabajo de grado. Bogotá: Departamento de Psicología, Universidad de los Andes; Agudelo Cortés, L. (2001). ¿Cómo viven la maternidad las adolescentes?: un estudio cualitativo. Trabajo de grado. Bogotá: Departamento de Psicología, Universidad de los Andes; Vargas-Trujillo, E. y Barrera, F. (2002). Adolescencia, relaciones románticas y actividad sexual: una revisión. *Revista Colombiana de Psicología, 11*, 1, 115-134; Vargas-Trujillo, E. y Barrera, F. (2002). El papel de las relaciones padres-hijos y de la competencia psicosocial en la actividad sexual de los adolescentes. *Documentos CESO*, N° 32. Bogotá, Colombia: Universidad de los Andes, Facultad de Ciencias Sociales; Fox, W. y Santos, C. (2002). Análisis de contenido sexual en los programas de audiencia infantil. *Documento CESO*. Bogotá: Universidad de los Andes; Vargas-Trujillo, E. y Barrera, F. (2003). Actividad sexual y relaciones románticas durante la adolescencia: algunos factores explicativos. *Documentos CESO*, N° 62, Bogotá: Universidad de los Andes; Vargas-Trujillo, E., Villalobos, S., Trevisi, G., González, F. y García, P. (2003). Variables psicosociales asociadas con el grado de aceptación de la orientación sexual no heterosexual. *Psicología desde el Caribe, 12*, 13-38; Burgos Cantor, M. C. (2003). Influencia de la experiencia indirecta y directa con las relaciones románticas y de algunas dimensiones de la identidad en las expectativas que tienen los jóvenes acerca de la pareja romántica. Tesis de Maestría no publicada. Bogotá: Departamento de Psicología, Universidad de los Andes; Fox, W. (2003). Los niños, las telenovelas y las relaciones de pareja: un análisis del discurso. Trabajo de grado. Bogotá: Departamento de Psicología, Universidad de los Andes; Villalobos Agudelo, S. (2004). Áreas de conflicto y estrategias de resolución en parejas del mismo sexo. Trabajo de grado, Departamento de Psicología, Universidad de los Andes; Flórez, C. E., Vargas-Trujillo, E., Henao, J., González, C., V. y Kassem, D. (2004). Fecundidad adolescente en Colombia: incidencia, tendencias y determinantes. Un enfoque de historia de vida. *Documentos CEDE*, N° 31. Bogotá: Centro de Estudios de Desarrollo Económico, Universidad de los Andes; Vargas-Trujillo, E., Barrera, F., Burgos, M. C. y Daza, B. C. (2004). Influencia de los programas televisivos con contenido sexual sobre el comportamiento de los adolescentes. *Documentos CESO*, N° 82, Bogotá: Ediciones Uniandes; Del Río, A. M., Barrera, F. y Vargas-Trujillo, E. (2004). Factores de las relaciones padres-hijos que se asocian con las expectativas de vinculación

El libro está escrito de tal forma que permite a quien lo lee partir de sus propias inquietudes e intereses acerca de la sexualidad para explorar nuevos

y de apoyo a la autonomía que tienen los adolescentes de las relaciones románticas. *Suma Psicológica, 1*, 95-110; Vargas-Trujillo, E., Sánchez, G., Patiño, N. y del Río, A. M. (2004). *Expectativas de la maternidad y planes a futuro de un grupo de adolescentes embarazadas.* Bogotá: Departamento de Psicología, Universidad de los Andes; Fox Céspedes, W., Santos, C. y Vargas-Trujillo, E. (2004). Contenido sexual en la programación de la franja infantil y familiar de la televisión colombiana: un estudio piloto. *Revista Latinoamericana de Sexología, 19*, 1, 7-14; Sarmiento, E., Barrera, F. y Vargas-Trujillo, E. (2004). Relación de las actitudes personales y la norma social con la actividad sexual de los adolescentes. *Revista de Estudios Sociales, 17*, 56-66; Vargas-Trujillo, E., Henao, J. y González, C. (2005). Fecundidad adolescente en Colombia: incidencia, tendencias y determinantes. Un enfoque de historia de vida. Estudio cualitativo. *Documentos CESO* N° 95. Bogotá: Universidad de los Andes; García, D. M. (2005). Factores explicativos de la intención de las adolescentes de tener relaciones sexuales: un análisis a partir de la teoría del comportamiento planeado. Tesis de maestría no publicada. Bogotá: Universidad de los Andes; Rincón, F. (2005). Factores contextuales e individuales que predicen el bienestar psicológico y la salud sexual de personas homosexuales. Tesis de Maestría, Departamento de Psicología. Bogotá: Universidad de los Andes; Vargas-Trujillo, E. y Barrera, F. (2005). ¿Es la autoestima una variable relevante para los programas de prevención del inicio temprano de actividad sexual? *Acta Colombiana de Psicología, 13*, 133-161; Rincón, F. A. y Vargas-Trujillo, E. (2006). Evaluación de los intereses sexuales de mujeres y hombres homosexuales. *Revista Avances en Medición.* Universidad Nacional, 4, N° 1, pp.129-137; Mosquera, T. y Uricochea, C. (2006). Relaciones románticas e identidad de género en la adolescencia: un estudio piloto. Trabajo de grado. Departamento de Psicología. Bogotá: Universidad de los Andes; Vargas-Trujillo, E., Gambara D'Errico, H. y Botella, J. (2006). Autoestima e inicio de actividad sexual en la adolescencia: un estudio meta-analítico. *International Journal of Clinical and Health Psychology.* 6, 3, 665-695; Castro, J. A. (2007). Percepción de aceptación parental, identidad sexual y autenticidad: un estudio piloto. Trabajo de grado. Departamento de Psicología. Bogotá: Universidad de los Andes; Agudelo, I. T. y Martín, A. (2007). Toma de decisiones frente a un embarazo no planeado en la adolescencia. Trabajo de grado. Bogotá: Departamento de Psicología, Universidad de los Andes; Rojas, A. M. (2007). Identidad de género y consumos culturales televisivos: más allá de las diferencias por sexo. Tesis de Maestría, Departamento de Psicología. Bogotá: Universidad de los Andes; Vargas Trujillo, E. Henao, J. y González, C. (2007). Toma de decisiones sexuales y reproductivas en la adolescencia. *Acta Colombiana de Psicología, 10*, 1, Disponible en http://portalweb.ucatolica.edu.co/easyWeb2/acta/pdfs/v10n1/Acta10v1Art5.pdf; Henao. J., González, C. & Vargas Trujillo, E. (2007). Fecundidad adolescente, género y desarrollo: evidencias de la investigación. Revista Territorios, 16-17, 47-70; Vargas Trujillo, E., Rojas Martínez, A.M. & Balanta, P. (2008). Televisión y género: Un análisis desde la perspectiva de los niños y las niñas, *Mediaciones, 8*, 25-9; Vargas Trujillo, E. y Ponsoda, V. (2010). Escala de actividad sexual: un instrumento para predecir el inicio temprano de relaciones sexuales. *Behavioral Psychology / Psicología Conductual, 18*, 3, 591-611; Rojas, A.M. y Vargas Trujillo, E. (2010). Salud, Género y Medios de Comunicación. *Revista Folios, 23, 45-68;* Gambara, H., Vargas Trujillo, E. y Del Río, A.M. (2012). Medición del Grado de Sensibilidad frente al Enfoque Basado en Derechos Humanos y la Perspectiva de Género en Intervenciones Psicosociales, Psychosocial Intervention 21(1), 3-15. Disponible en http://dx.doi.org/10.5093/in2012v21n1a8; Vargas Trujillo, E., Ripoll, K., Carrillo, S., Rueda, M. y Castro, J. (2011). *Experiencias familiares de madres y padres con orientaciones sexuales diversas: aportes de la investigación.* Bogotá: Ediciones Uniandes; Vargas Trujillo, E., Jaramillo, I.C. & Trujillo, E. (2012). *Médicos y Derechos. El papel de la formación médica en la garantía de los derechos sexuales y reproductivos.* Colección Estudios del Cijus. Bogotá: Ediciones Uniandes, Vargas Trujillo, E. y Gambara, D'Errico, H. (Coords.) (2012). *Evaluación del grado de sensibilidad frente al enfoque de derechos humanos y la perspectiva de género.* Colección Investigación y Debate. Madrid. Editorial Catarata.

conceptos e identificar aquellos vacíos que necesita llenar para tomar decisiones sobre los asuntos que afectan su bienestar. Cada capítulo le permitirá a usted ir descubriendo los factores culturales, sociales, interpersonales, familiares e individuales que, sin darse cuenta, determinan la valoración que hace de su sexualidad, así como sus decisiones y sus comportamientos sexuales.

Confiamos en que, a través de la lectura del libro y la realización de las actividades que le proponemos, usted logre conocer mejor su sexualidad y definir un plan de vida significativo que le lleve a sentir satisfacción y orgullo de ser quien es.

Para lograr nuestro propósito, en cada capítulo le planteamos preguntas y actividades que inducen a la reflexión, al análisis y a la toma de decisiones. Esperamos que el libro se convierta en "la disculpa" para poner sobre la mesa el tema de la sexualidad y que usted comience a hablar de él con su pareja, su familia, sus amistades y, en fin, las personas con las que interactúa cotidianamente en diferentes contextos. De esta forma, es probable que al final llegue a la misma conclusión a la que hemos llegado en el grupo de investigación después de todos estos años de trabajo en el tema: *la sexualidad... es mucho más que sexo.*

En la formulación de este libro han participado activamente muchas de las personas que se han vinculado al Grupo Familia y Sexualidad durante su existencia. Especial mención merece el equipo de docentes encargado de la implementación de las primeras versiones del curso en la Universidad: Mario Bedoya, María Consuelo Burgos, Ligia Castro de Amaya, Diana Marcela García, Carolina Ibarra. Ellas y él aportaron al contenido del libro con sus comentarios, sus críticas constructivas y su experiencia profesional. Asimismo contribuyeron estudiantes de prácticas investigativas: Ana María del Río, Sandra Posada, Camila Barbosa, María Paula Chaparro, Andrea Galvis, Natalia Linares, Andrés Martín, Angelina Paredes, Angélica Rayo, Nicolás Espinel y Jorge Flórez. Este grupo de estudiantes realizó un esfuerzo invaluable para sistematizar la información que intercambian en clase las/los profesoras/es y las/los estudiantes, proponer contenidos y actividades y evaluar los libros *Sexualidad humana: un canal de comunicación con el otro* y *El adulto y su sexualidad,* que son los antecedentes inmediatos del que usted tiene hoy en sus manos. Además, el proceso de evaluación del contenido con diferentes grupos de población estuvo a cargo de Paola Balanta, egresada de la Maestría en Investigación Psicosocial del Departamento. El primer manuscrito también se enriqueció con los comentarios de los psicólogos Pablo Alfonso Sanabria Ferrand y Luis Artemo González Quevedo, integrantes del Grupo Salud y Comportamiento de la Facultad de Medicina de la Universidad Militar Nueva Granada.

Adicionalmente, esta segunda edición contó con los invaluables aportes de Carolina Ibarra, investigadora del grupo Familia y Sexualidad, quien revisó cada uno de los capítulos para identificar los contenidos que era necesario actualizar sobre los diferentes temas teniendo en cuenta los resultados de los estudios que hemos llevado a cabo en los últimos 5 años. María Elisa Dávila (asistente de investigación), Carlos Alberto Hermosa, Miguel Rueda Sáenz y Angela María Rojas (estudiantes de doctorado del Departamento de Psicología) Natalia Puerta y Susana Cuervo (estudiantes de práctica investigativa) también contribuyeron en la revisión de los capítulos del libro y aportaron sugerencias y textos de su autoría para mantener la vigencia del contenido. El compromiso y el apoyo incondicional de este equipo de trabajo, sin duda, representa el capital más valioso invertido en este esfuerzo editorial. Este libro está dedicado a cada una de ellas y ellos.

Introducción
La sexualidad: ¿mucho más que sexo?

Para responder…

- ¿Qué es para mí la sexualidad?
- ¿Cuál es la diferencia entre sexualidad y sexo?
- ¿Qué conceptos que están relacionados con el tema de la sexualidad he aprendido a través de mi vida?
- ¿Qué tan fácil es para mí hablar sobre la sexualidad con mi familia, mi pareja, mis amigos?
- ¿Cómo me siento cuando al estar con otras personas se habla sobre aspectos relacionados con la sexualidad?
- ¿Qué me gustaría aprender sobre la sexualidad?

Responda a estas preguntas antes de continuar con la lectura de la introducción y luego realice una pequeña encuesta a personas de su entorno. Compare las respuestas con las definiciones que se ofrecen a continuación.

Para muchas personas, hablar de sexualidad significa "hablar de relaciones sexuales", "hablar de sexo", o de "hacer el amor", es decir, hablar de relaciones sexuales coitales o penetrativas. En estos casos, reducimos la sexualidad a lo que "hacen" las personas con sus genitales, es decir, a la *genitalidad*. En este capítulo trataremos sobre la sexualidad y veremos que ésta no se reduce a la genitalidad y que es mucho más que tener relaciones sexuales. Para comprender la relevancia del tema, revisaremos algunas de las razones que explican esta falta de claridad y las restricciones que impone para el ejercicio de los Derechos Humanos Sexuales y Reproductivos crecer en un ambiente en el que la sexualidad se valora negativamente. También tendremos oportunidad de conocer la relación que hay entre sexualidad, bienestar psicológico y salud sexual.

> Los Derechos Sexuales y Reproductivos son parte integrante de los Derechos Humanos, por lo tanto, constituyen los estándares mínimos necesarios para que las personas puedan disfrutar del más alto nivel posible de salud que les permita vivir dignamente. Los derechos humanos sexuales y reproductivos son *universales* (todas las personas nacen con los mismos derechos), *indivisibles* (todos los derechos son igualmente necesarios para la vida y dignidad de una persona) e *interdependientes* (todos los derechos están relacionados entre sí).[1]

El problema de asumir la sexualidad como genitalidad

Cuando las personas creen que la sexualidad y la genitalidad son el mismo asunto tienden a valorar la sexualidad negativamente. Los resultados de diversos estudios revelan que las personas que tienen una opinión negativa de la sexualidad presentan dificultades para hablar del tema de manera natural y manejar apropiadamente, sin malicia, las cuestiones que se asocian con ella. Estas personas, además, tienden a negar que desde el nacimiento se inicia el proceso de desarrollo de la sexualidad. Por esta misma razón, les producen cierta ansiedad las iniciativas de educación sobre la temática antes de la pubertad, dado que sólo consideran pertinente tratar el tópico en el momento en el que el individuo alcanza la capacidad reproductiva. Esta apreciación y vivencia de la sexualidad como un asunto que no existe o del que no es necesario hablar que comparten muchas personas, no todas, pueden estar fundadas en diversas experiencias; algunas de ellas son las siguientes:

• Desde pequeñas han aprendido a ignorar los genitales: cuando sus figuras parentales, docentes o personas encargadas de su cuidado les enseñaron las partes del cuerpo, pasaban del tronco a las rodillas, las partes del cuerpo que diferencian a un sexo del otro no las mencionaban, no las nombraban, no las tenían en cuenta.

---

1 Fernández Aller, C. (2009). Fundamentación y concepto del EBDH. En C. Fernández Aller (Coord.). *Marco teórico para la aplicación del enfoque basado en derechos humanos en la cooperación para el desarrollo* (Capítulo 2). Madrid. Catarata.

• En su vocabulario no cuentan con palabras apropiadas para hacer referencia a las partes del cuerpo que diferencian a los sexos, la terminología que conocen y usan es infantil, irónica u obscena. Esto impide que puedan hablar del tema de manera clara, directa, cómoda, segura, confiada y tranquila. Las pocas palabras que conocen son utilizadas por las personas para agredirse, ofenderse o hacer chistes de doble sentido.

• Han adoptado creencias infundadas tales como que los genitales son órganos sucios, que solamente sirven para deshacerse de los "desechos" del cuerpo y para "tener sexo" cuando se desea tener hijos. Otra creencia infundada es la consistente en que para las mujeres el "sexo" no es algo que les preocupe, les interese o disfruten; por el contrario, para las mujeres "decentes" éste es un asunto que les desagrada, les causa dolor, asco y repugnancia. Estas creencias dificultan que las personas se sientan libres para abordar estos asuntos de manera directa, franca y espontánea.

• Asocian los genitales con la vergüenza y la culpa. Han aprendido que estos órganos del cuerpo no se miran, no se tocan, no se nombran, no se muestran.

• La información que han obtenido sobre la sexualidad se limita a lo que tiene que ver con la anatomía y la fisiología de los órganos sexuales, la anticoncepción, el embarazo y las infecciones de transmisión sexual.

• Les comenzaron a hablar del tema en la pubertad (entre los 11 y los 13 años de edad) y con el propósito de retardar la edad de inicio de relaciones sexuales y prevenir un embarazo temprano o una infección sexual.

• Han aprendido que "la sexualidad" sólo interesa a las personas jóvenes, saludables y en edad reproductiva, por lo que valoran negativamente las expresiones sexuales de niñas, niños, adolescentes, personas mayores o las que presentan alguna discapacidad física, sensorial o cognitiva.

En fin, la lista de experiencias puede ser interminable. Cada persona puede incorporar otras vivencias a este listado. Estas experiencias evidencian el papel que tiene la comunicación, verbal y no verbal, en la construcción de la noción que tenemos de la sexualidad.[2] Es en la interacción social que las personas atribuimos significado a los asuntos relacionados con el sexo y, en ese proceso, vamos desarrollando la idea de que la sexualidad es sinónimo de genitalidad.

Concretamente, los hallazgos investigativos que aportan los científicos pertenecientes a diversas disciplinas revelan la importancia de reconocer que la sexualidad es mucho más que tener relaciones sexuales. Como ya dijimos al inicio de este capítulo, se ha observado que cuando reducimos la sexualidad a

---

2 Padgug, R. A. (1999). Sexual matters: On conceptualizing sexuality in history. En R. Parker y P. Aggleton (Eds.). *Culture, Society and Sexuality. A Reader* (pp. 15-28). Londres: Routledge.

lo que podemos hacer con los órganos sexuales (a la genitalidad), tenemos dificultades para:

• Reconocer que desde antes del nacimiento nuestra naturaleza humana es sexuada.
• Aceptar que desde el mismo momento del nacimiento se comienza a desarrollar nuestra sexualidad.
• Admitir que las niñas y los niños también expresan su sexualidad.
• Abordar el tema de la sexualidad de manera espontánea, sin culpas, sin vergüenza, sin temores.
• Comprometernos con el proceso de desarrollo de la sexualidad de los miembros más jóvenes de la sociedad, particularmente las niñas y los niños.
• Tomar decisiones sexuales y reproductivas en forma autónoma.
• Adoptar conductas de autocuidado para mantener la salud sexual.
• Ejercer y promover los derechos humanos sexuales y reproductivos.

Este listado de inconvenientes no es exhaustivo, pero permite tener una idea de la relevancia y trascendencia que tiene asumir que la sexualidad es mucho más que sexo, mucho más que genitalidad.

¿Sabe qué significado tienen el sexo y las relaciones sexuales para las y los jóvenes?

En un estudio cualitativo realizado en Bogotá y Cali por Vargas-Trujillo, Henao y González en 2005, se identificaron algunas de las diferencias que 48 mujeres y 24 hombres adolescentes creen que existen entre las relaciones sexuales y el sexo. Según las mujeres, mientras que las relaciones sexuales ocurren por amor, el sexo se da por placer, deseo, satisfacción física: "Sexo es tenerlo con cualquier persona por un impulso, por simple placer, así carnal. La relación sexual es como más íntimo, como más mi novio, como más amor, como que uno lo está haciendo y le puede decir a la otra persona yo te amo, que rico estar juntos, y que hay entendimiento". Los hombres, en cambio, no establecen esta diferencia. Ellos coincidieron en definir las relaciones sexuales como "un acto de satisfacción física... para complacerse uno".

Los resultados de este estudio evidencian la necesidad que tienen las personas jóvenes de aclarar los conceptos básicos de la sexualidad. Esperamos que este capítulo le permita a usted clarificar las diferencias entre estos términos; de esta manera, buscamos que utilice con propiedad el lenguaje de la sexualidad y pueda establecer con quienes le rodean una comunicación clara, abierta, espontánea y fluida sobre el tema.

El concepto de sexualidad

El tema de la sexualidad ha sido objeto de análisis y discusión desde finales del siglo XIX. Sin embargo, a pesar del gran volumen de literatura que se encuentra sobre el tema, la definición sigue siendo objeto de debate. La falta de una definición científica, reconocida y aceptada por la mayoría, se evidencia en las dos acepciones que nos presenta el *Diccionario de la lengua española* para el término: "Conjunto de condiciones anatómicas y fisiológicas que caracterizan a cada sexo", "Apetito sexual, propensión al placer carnal".[3] Más adelante veremos que esta definición es parcial y que sólo hace referencia a uno de los aspectos de la sexualidad.

Probablemente una de las definiciones más citadas sobre el tema es la que nos proponen por consenso los representantes de diversas organizaciones, entre ellas, la Organización Panamericana de la Salud y la Sociedad Mundial de Sexología en una consulta técnica convocada por la Organización Mundial de la Salud, OMS, en el año 2002. Ese grupo de expertos acordaron definir la sexualidad como:[4]

> … un aspecto central del ser humano que involucra el sexo, la identidad y los roles de género, la orientación sexual, el erotismo, el placer, la intimidad y la reproducción. La sexualidad se experimenta y se expresa en los pensamientos, fantasías, deseos, creencias, actitudes, valores, comportamientos, prácticas, roles y relaciones. Aunque la sexualidad puede incluir todas estas dimensiones, no todas ellas son siempre experimentadas o expresadas. En la sexualidad influye la interacción de factores biológicos, psicológicos, sociales, económicos, políticos, culturales, éticos, legales, históricos y religiosos.

En la definición de la OMS se enuncian los elementos constitutivos de la sexualidad y se evidencia que se trata de un fenómeno complejo que pone en juego múltiples aspectos del ser humano. Se trata, por lo tanto, de una propuesta conceptual que enuncia los componentes generales de la sexualidad, pero que no la define.

---

3 Consultado el 24 de octubre de 2006 en http://www.rae.es/
4 World Health Organization (2004). Definitions. *Progress in Reproductive Health Research, 67,* p. 3 http://www.who.int/reproductive-health/hrp/progress/67.pdf.

De otro lado, con el fin de avanzar en la tarea de clarificación conceptual, en el grupo de investigación en el que se inscribe este libro[5] planteamos que *la sexualidad* es un constructo que representa todo lo que la persona puede decir acerca de su dimensión sexual cuando se describe a sí misma. En este sentido, podemos afirmar que la sexualidad es una de las múltiples facetas de la identidad personal.[6] Definir la sexualidad como una faceta de la identidad implica asumir que se trata del reconocimiento explícito, por parte de la persona, del conjunto de atributos y comportamientos que la caracterizan y que le permiten responder a la pregunta: "¿Quién soy yo sexualmente?".[7]

Estas características distintivas se estructuran a lo largo de la vida, a partir de la experiencia en diferentes contextos relacionales, con base en el hecho biológico de ser mujer u hombre. En los capítulos que siguen presentaremos evidencia teórica y empírica para sustentar esta afirmación. Por ahora, sólo pretendemos ofrecer un marco de referencia general que oriente al lector en el contenido del texto y en la comprensión de nuestra forma particular de abordar la temática desde la disciplina psicológica. Cabe señalar que ésta es una definición de trabajo en proceso de elaboración y, en esa medida, está sujeta a críticas, cuestionamientos, reflexiones y transformaciones.

Para tener en cuenta...

Se denominan constructos a los conceptos o abstracciones que se proponen teóricamente, con el fin de organizar y dar sentido a aspectos de la realidad que no son observables y tangibles. Algunos ejemplos de constructos psicológicos son la inteligencia, la ansiedad, la motivación o la actitud. Para el estudio de estos constructos, los profesionales de la psicología definimos variables observables. Se presume que estas variables son indicadores del constructo objeto de evaluación. Por ejemplo, una variable que se ha definido como indicador de inteligencia es el razonamiento

---

5 Grupo de Investigación Familia y Sexualidad, Departamento de Psicología, Universidad de los Andes.

6 Howard, J. A. (2000). Social psychology of identities. *Annual Review of Sociology, 26,* 367-93.

7 Esta definición se basa en la noción de identidad que presentan autores como Harter, S. (1999). *The Construction of the Self. A Developmental Perspective.* Nueva York: The Guilford Press; James, W. (1918/1950). The consciousness of self. En W. James. *The Principles of Psychology* (Vol. I, pp. 291-401). Nueva York: Dover Publications, Inc; Vignoles, V. L., Regalia, C., Manzi, C., Golledge, J., Scabini, E. (2006). Beyond self-esteem: Influence of multiple motives on identity construction. *Journal of Personality and Social Psychology, 90,* 2, 308-333.

verbal. Para medir el razonamiento verbal existen pruebas psicológicas que exigen a la persona cosas como definir palabras, identificar antónimos o sinónimos y completar frases en un tiempo determinado.[8]

La *identidad* es un constructo que sintetiza el conocimiento que la persona tiene acerca de los diversos dominios que la constituyen (por ejemplo, físico, social, académico, deportivo, profesional, familiar, sexual, entre otros), al igual que de los aspectos que integran esos dominios (por ejemplo, el dominio sexual incluye aspectos como el sexo, el género, la orientación sexual y la actividad sexual).[9]

De acuerdo con los expertos en el tema de la identidad, el ser humano es el único ser vivo capaz de reconocerse y definirse teniendo en cuenta diversos dominios, entre ellos, el físico, el académico, el profesional, el familiar, el socioeconómico, el étnico, el cultural y, por supuesto, el sexual. Ahora bien, mientras que en los siglos XV al XVII se asumía la identidad como algo asignado desde el nacimiento, que permanecía fundamentalmente igual durante toda la vida según el territorio donde se nacía, la familia de donde se provenía, el poder económico o político que se heredaba, en la actualidad se considera que se trata de un fenómeno cambiante construido a través de la interacción compleja de procesos cognitivos, afectivos y sociales que ocurren en un contexto cultural y relacional particular.[10] Desde esta perspectiva, la identidad que favorece el bienestar psicológico es aquella que resulta de un proceso consciente, voluntario y activo de reflexión y decisión personal.[11]

En este orden de ideas, y consistentemente con lo que plantea la OMS, asumimos que en el desarrollo de la sexualidad, al igual que en el de las otras facetas de la identidad, intervienen diversos procesos,[12] los cuales, con fines prácticos, podemos agrupar en: procesos biológicos, socioculturales y psicológicos. A continuación vamos a abordar cada uno de estos procesos separadamente, pero es importante tener presente que, como se observa en la figura 1, estos procesos actúan de manera interdependiente.

8 Pedhazur, E. J. y Pedhazur, L. (1991). *Measurement, Design, and Analysis. An Integrated Approach*. Londres: LEA.

9 Ashmore, R. D. y Jussim, L. (1997). *Self and Identity. Fundamental Issues*. Oxford: Oxford University Press.

10 Vignoles, V. L., Regalia, C., Manzi, C., Golledge, J. y Scabini, E. (2006). Beyond self-esteem: Influence of multiple motives on identity construction. *Journal of Personality and Social Psychology, 90*, 2, 308-333.

11 Howard, (2000). *Op. cit.*

12 En el sentido de que ocurren en el transcurso del tiempo, desde la concepción hasta la muerte.

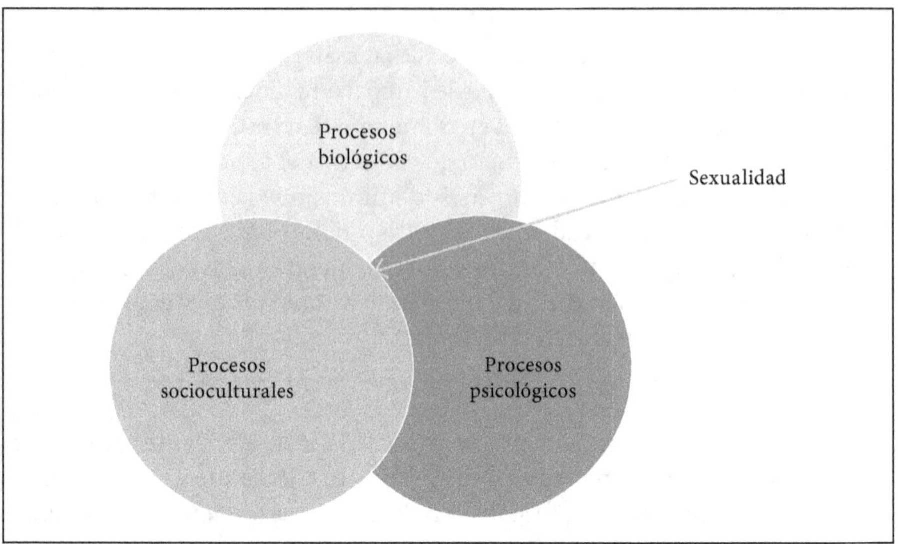

Figura 1. Procesos que intervienen en el desarrollo de la sexualidad

Procesos biológicos

Los procesos biológicos que intervienen en el desarrollo de la sexualidad tienen que ver con las características genéticas, hormonales, anatómicas y fisiológicas que distinguen a los hombres de las mujeres. Estas características biológicas, que se comienzan a establecer desde la fecundación, corresponden a lo que se denomina *sexo.* Es decir, contrariamente a lo que creemos, el sexo no es algo que hacemos, sentimos o pensamos, *es lo que somos biológicamente.* En este punto es conveniente señalar que la definición que presenta el *Diccionario de la lengua española* del término sexualidad, que mencionamos arriba, se refiere a la palabra sexo.

Lo anterior significa que desde antes del nacimiento nuestra naturaleza es *sexuada.* Es decir, desde el período embrionario comienzan a desarrollarse las bases fisiológicas, neurológicas, endocrinológicas y anatómicas que dan forma a la naturaleza sexual de nuestro cuerpo. La apariencia de ese cuerpo es lo que, en principio, lleva a que se nos reconozca como pertenecientes a una de dos categorías sexuales (hombres o mujeres). Ese cuerpo sexuado, que gracias a los avances tecnológicos en la actualidad puede determinarse desde la etapa prenatal, se constituye en el catalizador[13] de los procesos socioculturales y psi-

---

13 Es decir, en el estímulo capaz de generar transformaciones en las interacciones sociales y en los procesos de autorreconocimiento, autoaceptación y autovaloración.

cológicos que contribuyen a dar forma y estructura a nuestra sexualidad. Ese cuerpo no es estático, porque evoluciona y se transforma por efecto de diversos procesos, algunos de orden biológico, que ocurren en las diferentes etapas del ciclo vital. De la misma forma, la sexualidad tampoco es algo que se estanca en un momento determinado de la vida.

Efectivamente, desde el punto de vista biológico, la *diferenciación sexual* se inicia, como hemos dicho, con la fecundación, continúa desarrollándose en el período prenatal y se refuerza en la pubertad, cuando aparecen los caracteres sexuales secundarios (por ejemplo, cambio de voz, desarrollo de los senos, crecimiento y engrosamiento del vello púbico y axilar, entre otros). Otros procesos biológicos "naturales" (como la gestación, el parto, la lactancia, los cambios propios del proceso de envejecimiento) o "provocados" (mediante el uso de medicamentos, hormonas, esteroides o cirugías) pueden también generar transformaciones corporales que, como veremos en los capítulos que siguen, tienen efectos relevantes en los otros procesos determinantes de la sexualidad.

Para tener en cuenta...

La diferenciación sexual es el proceso mediante el cual los seres humanos desarrollan anatomías sexuales distintas.

Ahora bien, aunque en la mayoría de los seres humanos la asignación del sexo no representa ningún conflicto para el personal de salud ni para la familia, en la medida que las características sexuales primarias (órganos sexuales externos o genitales) son fácilmente reconocibles y, generalmente, coinciden con los demás factores biológicos (órganos sexuales internos, presencia de cromosomas XX en las mujeres o XY en los hombres, entre otros), en algunas ocasiones los órganos sexuales externos o genitales no están claramente diferenciados y es difícil determinar el sexo de ese nuevo individuo. Cuando esto ocurre, el personal de salud tiende a evaluar el caso y a determinar el *sexo de asignación* teniendo en consideración diversos criterios, entre otros:[14] la configuración de los genitales, el potencial reproductivo, la función sexual, el requerimiento de un mínimo de procedimientos médicos, el bienestar psicosocial.

14 Meyer-Bahlburg, H. (1998). Gender assignment in intersexuality. *Journal of Psychology & Human Sexuality, 10,* 2, p.1.

Para tener en cuenta…

La necesidad de comprender el mundo ha llevado al ser humano a organizar todo aquello que le rodea en categorías mutuamente excluyentes. El sexo no ha escapado de esta tendencia. No obstante, los avances científicos recientes indican que la diferenciación sexual es el resultado de la interacción de múltiples factores biológicos: los cromosomas, las gónadas o glándulas sexuales, el funcionamiento hormonal, la estructura de los órganos sexuales internos y externos, entre otros. Dado que la evidencia científica indica que determinar el sexo de una persona, con absoluta precisión, constituye una tarea titánica, el personal de la salud continúa realizando la asignación del sexo con base en la apariencia externa de los genitales.[15] En efecto, la asignación del sexo, que se efectúa en el momento del nacimiento, se basa en el dimorfismo sexual aparente (tener pene y testículos o vulva y vagina). Esto se efectúa con fines prácticos, a pesar de que se reconozca que con el sexo ocurre lo mismo que con muchos otros asuntos en el mundo: las cosas (el sexo) no son exclusivamente blancas (mujeres) o negras (hombres), en el intermedio hay muchas tonalidades de gris (personas que podemos denominar intersexuales o andróginas, en tanto que presentan ambigüedades o inconsistencias entre los aspectos genéticos, hormonales, fisiológicos y anatómicos que determinan el sexo).

En una *sociedad sexista*, ese sexo de asignación es definitivo porque determina el *sexo de crianza*, es decir, el trato que va a recibir el individuo en su medio familiar y social, así como las posibilidades de acción e interacción que podrá tener en su vida. En las personas intersexuales o andróginas, a las que arbitrariamente se les designa como hombres o mujeres, el problema se hace evidente cuando, en la pubertad, las características sexuales secundarias que comienzan a hacer su aparición contradicen el sexo de asignación y de crianza. Como se verá más adelante, esta condición no sería un problema si ese niño o niña hubiera nacido en un contexto sociocultural en el que ser hombre o mujer no estableciera grandes diferencias en las normas y las expectativas que se tienen de las personas, y en las posibilidades y oportunidades que en el proceso de socialización se brindan a los individuos para desarrollar sus potencialidades como seres humanos.

15 Zucker, K. J. (2002). Intersexuality and gender identity differentiation. *Journal of Pediatric and Adolescent Gynecology, 15,* 3-13.

Para tener en cuenta…

El *sexo de asignación* es el que se le determina a una persona en el momento del nacimiento a partir de la apariencia de sus genitales.

El *sexo de crianza* es el que define las experiencias ambientales a las que se enfrenta la persona desde el nacimiento, es decir, es el que se tiene en cuenta en el proceso de socialización sexual, el cual nos permite a los seres humanos, desde el nacimiento hasta la muerte, permanecer en un continuo aprendizaje de lo que somos sexualmente, de lo que se espera de nosotros como hombres o como mujeres y de lo que es deseable hacer, por pertenecer a un sexo u otro, en el contexto cultural en el que vivimos.[16] A través de este proceso logramos establecer aquello que nos define y caracteriza como individuos sexuados; por ejemplo: el valor que tiene nuestro cuerpo, el significado que damos a determinadas situaciones, la calificación que hacemos de las acciones como apropiadas o inapropiadas, las obligaciones y privilegios que tenemos como hombres o como mujeres, el sexo de las personas por quienes "debemos" sentirnos atraídas física y afectivamente, y los comportamientos que, de acuerdo con la etapa de la vida en la que nos encontremos (niñez, juventud, adultez, vejez), se consideran apropiados en nuestro medio social para satisfacer nuestras necesidades y garantizar que gocemos de una sexualidad saludable.

Se denominan *sociedades sexistas* aquellas en las que se tiende a tratar de manera desigual a las personas por el hecho de ser biológicamente hombres o mujeres. El *sexismo* se manifiesta de varias formas; éstos son algunos ejemplos de comportamientos sexistas, usted puede ampliar la lista:

Sexismo institucional: convocar sólo a hombres para el servicio militar obligatorio; dar prioridad a las mujeres en oficios de aseo, cuidado de enfermos, atención al cliente; pagar menos a las mujeres que a los hombres cuando ocupan cargos iguales; en los casos de divorcio, asumir que la custodia debe otorgársele siempre a la madre.

Sexismo interpersonal: referirse a una mujer con términos como "linda", "mi amor", "muñeca", cuando entre los involucrados no existe ningún tipo de relación afectiva; chistes y frases que ridiculizan a los hombres o a las mujeres; calificar de "mantenido" a un hombre que se encarga de

---

16 Eschleman, J. R. (1994). *The Family*. Boston: Allyn & Bacon.

las labores del hogar mientras su esposa trabaja fuera de casa; mensajes televisivos que refuerzan la idea de la mujer como virgen/esposa/madre/ama de casa, y de los hombres, como trabajadores/protagonistas/conquistadores/infieles.

Sexismo internalizado: la mujer que se inhibe de presentarse a un determinado empleo porque siente que es inferior a un hombre; el hombre que se siente culpable y avergonzado por llorar en público; el hombre que se inhibe de hacer alguna actividad que le gustaría, por temor a que se le tilde de "afeminado".

Procesos socioculturales

Desde el mismo momento que las personas de nuestra familia observan nuestro cuerpo y determinan que somos biológicamente hombres o mujeres, comienzan a generar una serie de expectativas acerca de lo que debemos *ser* o *hacer* como miembros de la sociedad.

Efectivamente, el reconocimiento y la asignación del sexo de un nuevo integrante de la familia y, por lo tanto, de la sociedad, desencadenan una serie de procesos orientados a garantizar que los hombres se comporten como hombres y las mujeres como mujeres. A esas características y comportamientos que socialmente se definen como propios de uno y otro sexo, al igual que a las normas que regulan las expresiones de la masculinidad y la feminidad y las relaciones entre los hombres y las mujeres, se las incluye en la categoría del *género*.[17]

A diferencia del sexo, el *género* es una construcción social, sus características son específicas de cada cultura, cambian con el tiempo y las aprendemos al interactuar con los otros miembros de la sociedad. Las características de género incluyen las normas, las responsabilidades, las obligaciones, los privilegios, las oportunidades, las cualidades y los comportamientos que en una sociedad se han definido como deseables para los hombres (características masculinas) y

---

17 Cazés, D. (1998). *La perspectiva de género. Guía para diseñar, poner en marcha, dar seguimiento y evaluar proyectos de investigación y acciones públicas y civiles*. México: CONAPO, PRONAM; Millán de Benavides, C. y Estrada, A.M. (Eds.) (2004). *Pensar (en) género. Teoría y práctica para nuevas cartografías del cuerpo*. Bogotá: Pontificia Universidad Javeriana; Ministerio de Asuntos Exteriores, Secretaría de Estado para la Cooperación Internacional y para Iberoamérica (2004). *Estrategia de la Cooperación Española para la promoción de la igualdad de oportunidades entre hombres y mujeres*. España: Oficina de Planeación y Evaluación, MAE-SECIPI; Organización Panamericana de la Salud (1997). *Taller sobre género, salud y desarrollo: guía para facilitadores*. Washington, D.C.

para las mujeres (características femeninas).[18] Por ejemplo, durante muchos años se consideró que la función de la mujer era garantizar el bienestar de su familia haciéndose cargo de las labores de cuidado, crianza y educación de los hijos, preparando los alimentos, manteniendo limpio y organizado el hogar y satisfaciendo las necesidades de protección y apoyo emocional de sus miembros. Al hombre, por su parte, se le asignaba la función de trabajar fuera del hogar, a fin de producir los recursos necesarios para el sostenimiento económico de su familia.

Cabe señalar que esta división de funciones según el sexo ha ido cambiando desde la década de 1970. Esos cambios se han producido, principalmente, por el esfuerzo de diversos grupos feministas que se interesaron por hacer evidente que los roles sociales asignados y ejercidos por las mujeres y los hombres no son producto de las diferencias biológicas "naturales" relacionadas con el sexo, sino el resultado de construcciones sociales y culturales asumidas históricamente.

Ahora bien, aunque en la actualidad las diferencias de género se han reducido, este progreso no ha ocurrido de la misma forma en todos los países y en todos los grupos sociales. En Colombia, en algunos grupos es posible encontrar que tanto hombres como mujeres se encargan de cuidar a sus hijos y de hacer las labores del hogar, al mismo tiempo que desempeñan actividades productivas para atender las necesidades básicas de su familia. No obstante, los informes anuales del Programa de Naciones Unidas para el Desarrollo (PNUD) ponen en evidencia que en ningún país del mundo las mujeres gozan de las mismas oportunidades que los hombres. En efecto, la disparidad en función del género es una de las desigualdades más arraigadas y la que más predomina en la mayoría de las sociedades.

Es así como en las sociedades sexistas no se reconoce que hay muchas y muy variadas formas de ser hombre y ser mujer, es decir, que es imposible hablar de una expresión única y específica de "masculinidad" o de "feminidad". Efectivamente, los estudios de género han permitido establecer que hay tantas formas de feminidad y de masculinidad como personas en el mundo; por esta razón, hoy se habla de "masculinidades" y "feminidades".

---

18 Bussey, K. y Bandura, A. (1999). Social cognitive theory of gender development and differentiation. *Psychological Review, 106,* 676-713; David, H. P. y Russo, N. F. (2003). Psychology, population, and reproductive behavior. *American Psychologist, 58,* 193-196; Egan, S. K. y Perry, D. G. (2001). Gender identity: A multidimensional analysis with implications for psychosocial adjustment. *Developmental Psychology, 37,* 451-463; Fernández J. (1996). Identidad sexual e identidad de género. En J. Fernández (Ed.). *Varones y mujeres. Desarrollo de la doble realidad del sexo y del género.* Madrid: Pirámide; Kilmartin, C. T. (1994). *The Masculine Self.* New York: Macmillan.

Para tener en cuenta…

Las *normas de género* son un tipo especial de norma social. Al igual que las otras normas sociales, constituyen estándares que guían y limitan el comportamiento de las personas. Las normas de género establecen lo que cada sociedad aprueba y desaprueba en los hombres y las mujeres. Así como las personas se conforman con las normas sociales generales, los hombres y las mujeres acceden a actuar de acuerdo con las normas de género. Cuando las personas se conforman con las normas de género experimentan aceptación social y evitan el rechazo del grupo al que pertenecen. Sin embargo, las personas que se obligan a sí mismas a actuar de acuerdo con los estándares sociales pueden ir en contra de sus propias convicciones acerca de cómo actuar.[19] Esta conformidad forzada con las normas de género, que no es producto de un proceso consciente y reflexivo de decisión, indudablemente afecta el bienestar psicológico de las personas y, por ende, les impide disfrutar de una sexualidad saludable.

Procesos psicológicos

El ser humano es, hasta donde sabemos, el único ser vivo capaz de pensar y cuestionarse acerca de sí mismo y de optar por lo que quiere ser y hacer en su vida. Es a través de este proceso continuo de reflexión como la persona logra organizar, cuestionar y transformar la noción que tiene acerca de sí misma. La construcción, mantenimiento y cambio de la sexualidad, por lo tanto, exige a la persona considerar detenidamente su propia historia, para descifrar lo que para sí misma significa ser hombre o mujer y, como tal, decidir lo que quiere ser y hacer en el futuro. En ese proceso de cuestionamiento personal examina críticamente sus cogniciones, motivaciones, emociones y comportamientos, para establecer con cuáles se siente más cómodamente comprometida. A continuación vamos a tratar de clarificar cada uno de estos conceptos.

19 Ludlow, L. H. y Mahalik, J. R. (2002). Congruence between a theoretical continuum of masculinity and the Rasch model: Examining the conformity to masculine norms inventory. *Journal of Applied Measurement, 2*, 205-221.

> **Para tener en cuenta…**
>
> Comprometerse significa hacerse responsable de las propias decisiones y acciones. Para la persona implica asumir que aquellos atributos y comportamientos que ha definido que la caracterizan como hombre o mujer son el producto de un ejercicio autónomo de elección. Por lo tanto, nadie más que él o ella puede hacerse cargo de las consecuencias que se deriven de esa decisión.

Las *cogniciones* incluyen, entre muchas otras cosas, las creencias, las ideas, las opiniones, los conocimientos, las expectativas y las valoraciones que vamos construyendo a lo largo de la vida sobre lo que significa ser hombre o mujer y todos los asuntos que atañen al dominio sexual. La formación de la identidad requiere que la persona evalúe esas cogniciones y establezca aquellas que va a tener en consideración en los procesos de toma decisiones sexuales y las que va a usar como referentes, para actuar en un momento determinado. Por ejemplo, a través de nuestra familia, el grupo de pares y los medios de comunicación tenemos acceso a información sobre lo que hacen las personas de diversas culturas para seducir y conquistar a alguien que les atrae. El desarrollo de la sexualidad requiere que la persona examine esa información y decida a cuáles de esas prácticas prefiere recurrir en una situación particular. Cuando la persona elige entre diversas opciones, debe ser capaz de sustentar sus decisiones con argumentos que incluyan los criterios o *estándares* que usó para decidir lo que considera razonable, conveniente, importante, correcto, apropiado, deseable, sano, normal o justo.[20]

Se ha encontrado que las personas tendemos a decidir la forma como debemos ser y comportarnos teniendo en cuenta lo que es aceptado y valorado en el contexto social en el que vivimos. Ese contexto social define los estándares que guían nuestra conducta y las consecuencias personales y sociales que se derivan de nuestras acciones. En sociedades en las que predominan normas y expectativas de género rígidas, esos estándares difieren en función del sexo. Por ejemplo, desde muy pequeños, a los niños se les elogia cuando manifiestan que tienen novia, incluso algunos adultos les dicen "una no, mijo, ¡muchas novias!", mientras se reprende a las niñas que expresan tener novio con frases como "una mujer decente no piensa en esas cosas, mejor dedíquese a estudiar y a prepararse para cuando se case".

20 Kremar, M. y Curtis, S. (2003). Mental models: Understanding the impact of fantasy violence on children's moral reasoning. *Journal of Communication, 53*, 3, 460-478.

El interés de actuar en función de esos criterios o estándares aceptados socialmente surge tanto de la necesidad de mantener una autoimagen positiva como de la preocupación por preservar las relaciones sociales y asegurar el bienestar de las otras personas. La ausencia de este interés es indicio de que el bienestar psicológico está en riesgo. Los primeros signos de que hay problemas en el desarrollo de esta capacidad se observan en la infancia,[21] y si no se interviene a tiempo, en la adolescencia se comienzan a hacer evidentes a través de comportamientos que ponen en riesgo la sexualidad individual y la de las otras personas involucradas. En la actualidad se considera que, en el dominio sexual, los comportamientos que ponen en riesgo el desarrollo saludable de la sexualidad son los que ignoran u obstaculizan el ejercicio de los derechos sexuales y reproductivos, que revisaremos en el capítulo 2.

Las *motivaciones* hacen referencia a las condiciones o los factores que mueven a las personas a actuar.[22] Las motivaciones nos permiten comprender por qué elegimos actuar de cierta forma y no de otra. Las motivaciones también nos ayudan a explicar por qué, frente a varias alternativas, elegimos una determinada opción para conseguir o lograr algo. Las teorías modernas de la motivación se centran en examinar las necesidades, las creencias, los valores y las metas que llevan a las personas a actuar.[23]

En general, se ha observado que las personas se sienten motivadas a actuar cuando creen que ciertos comportamientos les van a permitir lograr lo que desean; por ejemplo, una adolescente que quiere ser aceptada por su grupo de iguales puede interesarse en participar en el equipo de porristas porque percibe que sus integrantes son las más populares en el colegio. La aspiración de llegar a ser tan popular como las otras chicas del equipo de porristas la motiva a inscribirse y a entrenar todos los días.

También se ha encontrado que para algunas personas sus motivaciones están determinadas por *necesidades fisiológicas* cuya satisfacción es básica para la supervivencia. Como ejemplo de estas necesidades básicas están el hambre, la sed y el deseo sexual. Otras motivaciones están determinadas por *necesidades psicológicas*. Entre éstas se incluyen las necesidades de estimulación, exploración, aceptación, seguridad, pertenencia, reconocimiento, autonomía, autovaloración y autorrealización. Esas necesidades son experimentadas desde muy temprana edad, pero cada persona las expresa y busca su satisfacción de manera diferente; por ejemplo, una persona puede satisfacer su *deseo sexual* a través de

21 Berkowitz, M. W. y Grych, J. H. (1998). Fostering goodness: Teaching parents to facilitate children's moral development. *Journal of Moral Education, 27,* 3, 371-392.

22 Reeve, J. (1994). *Motivación y emoción.* Madrid: McGraw-Hill.

23 Eccles, J. S. y Wigfield, A. (2002). Motivational beliefs, values and goals. *Annual Review of Psychology, 53,* 109 -132.

fantasías eróticas; otra, mediante la masturbación, mientras que otra recurre a las relaciones sexuales penetrativas. En la figura 2 se observan algunas de las principales necesidades humanas.

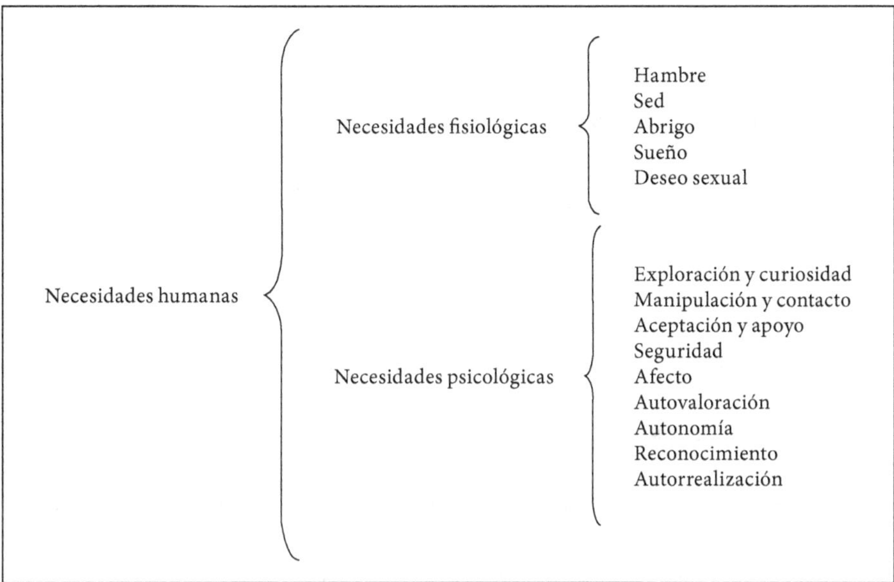

Figura 2. Necesidades humanas fundamentales

En los últimos años, los expertos en el tema de la motivación han dado particular relevancia a la necesidad de autovaloración como determinante del comportamiento. De acuerdo con estos teóricos, las personas se sienten motivadas a establecer y a mantener una imagen positiva de sí mismas. Como ya dijimos, para lograrlo algunas personas tienden a actuar conforme a las normas y expectativas de género prevalecientes en su medio social y teniendo en cuenta los estándares que, en el ámbito en el que se mueven, regulan las diversas expresiones sexuales. Otras personas, en contraste, satisfacen esta necesidad asumiendo el control de su propia vida y actuando en concordancia con sus propios criterios.

En el proceso de reflexión personal que subyace a la construcción de la sexualidad, el individuo debe definir hasta qué punto, para satisfacer su necesidad de autovaloración, está dispuesto a complacer las expectativas sociales sobre cómo deben ser y actuar los hombres y las mujeres. Como ejemplo de este conflicto podemos citar al joven que al enfrentarse a la tarea de la elección vocacional debe optar entre estudiar aquello que le gusta y para lo cual siente que tiene mayores habilidades (la música, el arte o la enfermería), o estudiar lo que su familia considera que es "apropiado" para un "verdadero" hombre (la ingeniería, la medicina o la economía).

En este proceso de formación de la sexualidad, la persona también debe dedicar tiempo para preguntarse sobre los verdaderos motivos que la mueven a actuar de una determinada forma. Esto en razón de que los estudios han mostrado que un mismo comportamiento puede conducir a la satisfacción de múltiples necesidades. Por ejemplo, se ha observado que con la actividad sexual la persona no sólo busca satisfacer el deseo sexual, sino también otras necesidades psicológicas: la curiosidad, el deseo de experimentar y de sentirse parte del grupo de referencia son algunas de las razones por las que los y las adolescentes colombianos comienzan a tener relaciones sexuales. Además se ha encontrado que, en el caso de algunos hombres, por medio de la actividad sexual buscan confirmar que son "verdaderos hombres" y satisfacer su necesidad de reconocimiento social.[24]

Para tener en cuenta...

El *deseo sexual* es la necesidad que mueve a la persona a ser receptiva a experiencias sexuales o a buscar oportunidades para la actividad sexual.[25] El deseo sexual es producido por la activación de un sistema neurofisiológico complejo.

El deseo sexual, al igual que otras necesidades básicas, está sujeto al aprendizaje y al proceso de socialización. Aunque el deseo sexual constituye una necesidad fisiológica básica, a diferencia del hambre y la sed, de su satisfacción no depende la supervivencia del individuo sino de la especie. Si bien el deseo sexual favorece la reproducción de la especie, una persona no se muere si no satisface su deseo sexual. En contraste, su vida sí corre peligro si deja de alimentarse.

El deseo sexual mueve a la persona a interesarse física, emocional o sexualmente por personas del mismo sexo, del otro sexo o de ambos sexos y a decidir establecer relaciones románticas o sexuales con personas del mismo sexo, del otro sexo o de ambos sexos.

El constructo *orientación sexual* se aplica cuando el sexo de las personas por quienes se siente interés o se experimenta atracción física, emocional o sexual es relativamente persistente en el tiempo.

---

24 Vargas-Trujillo, E., Henao, J. y González, C. (2005). Fecundidad adolescente en Colombia: incidencia, tendencias y determinantes. Un enfoque de historia de vida. Estudio cualitativo. *Documentos CESO*. Bogotá: Universidad de los Andes.

25 Gonzaga, G. C., Turner, R. A., Keltner, D., Campos, B. y Altemus, M. (2006). Romantic love and sexual desire in close relationships. *Emotion, 6,* 2, 163-179; DeLamater, J. y Sill, M. (2005). Sexual desire in later life. *The Journal of Sex Research, 42,* 2, 138.

Las *emociones*, por su parte, son reacciones que se producen de manera instantánea ante determinados eventos internos o externos y que implican una serie de cambios físicos, cognitivos y comportamentales.[26] Las emociones básicas o simples son el miedo, la alegría, el enojo, la tristeza y el amor. Las emociones secundarias o complejas incluyen el orgullo, la culpa, la vergüenza, el entusiasmo y la admiración. Por ejemplo, ante una situación (evento interno o externo) que valoramos como una amenaza (proceso cognitivo), experimentamos una serie de cambios corporales (aceleración del ritmo respiratorio y cardiaco, dilatación de las pupilas), los cuales interpretamos y etiquetamos como "miedo" (proceso cognitivo) y nos llevan a realizar alguna acción para huir de la situación (comportamiento).

Frases como "Tengo tanta rabia que me provoca matarlo", "La quiero tanto que me dan ganas de comérmela a picos" revelan claramente que las emociones, al igual que las motivaciones, nos inducen a actuar, a comportarnos. Las emociones son procesos psicológicos fundamentales para la supervivencia y una fuente de información muy importante que nos permite regular nuestro comportamiento y mantener o modificar la imagen que tenemos de nosotros mismos. Por ejemplo, el miedo nos induce a huir de las situaciones que implican peligro o de los sitios en los que nuestra integridad física está amenazada; el enojo nos impulsa a atacar a la otra persona; la culpa nos indica que hemos actuado en contra de nuestros valores personales y nos lleva a cambiar el comportamiento; la vergüenza que se genera cuando nuestras acciones contradicen los estándares sociales induce a la autodevaluación y al aislamiento; el orgullo, en contraste, es una emoción que contribuye a mantener un autoconcepto positivo e incrementa la probabilidad de que la conducta se repita.

En el proceso de formación de la sexualidad, las emociones nos informan sobre los aspectos de nuestro entorno, de nuestro comportamiento y de nosotros mismos que debemos aceptar o cambiar para lograr lo que queremos, para obtener aprobación o para sentirnos más satisfechos de lo que somos como personas.

Finalmente, los *comportamientos* hacen referencia a las expresiones o manifestaciones de los individuos que son observables. Nuestro comportamiento expresa la manera como nos vemos, lo que necesitamos, lo que sentimos y lo que pensamos. Entre los comportamientos sexuales autoeróticos tenemos la autoestimulación y la masturbación; entre los comportamientos sexuales socioeróticos tenemos los juegos de exploración sexual, las prácticas de seducción y conquista, las manifestaciones de afecto en las relaciones románticas y las diversas formas de actividad sexual (abrazos, besos, caricias, estimulación de los genitales, el coito), entre otros. Estos comportamientos tienen como finalidad la gratificación

---

26 Reeve, J. (1994). *Motivación y emoción.* Madrid: McGraw-Hill; Ekman, P. y Davidson, R. (Eds.) (1994). *The Nature of Emotion: Fundamental Questions.* Nueva York: Oxford University Press.

del deseo sexual y, en ese sentido, producen sensaciones agradables y emociones de satisfacción y alegría. Es decir, producen placer.

Para tener en cuenta…

Erótico es cualquier estímulo interno (por ejemplo, fantasías) o externo (por ejemplo, el olor del perfume de la pareja) que estimula el deseo sexual.

Comportamientos sexuales autoeróticos son los que realiza la persona individualmente, es decir, sin la participación de otros, con el fin de satisfacer el deseo sexual.

Comportamientos sexuales socioeróticos son aquellos que realiza la persona con la participación de otra(s) persona(s) para satisfacer el deseo sexual.

Otros comportamientos que dan cuenta de nuestra sexualidad, son los que realizamos los hombres y las mujeres en cumplimiento de las funciones y tareas que socialmente se consideran apropiadas para cada sexo. Este conjunto de comportamientos corresponde a lo que denominamos *rol de género*. El rol de género es particularmente relevante en razón de que, como hemos señalado, en las sociedades sexistas se establecen normas y expectativas distintas para hombres y mujeres y, por lo tanto, el cumplimiento de esas normas es objeto de aprobación y su incumplimiento es motivo de sanción.

Dado que, como ya hemos mencionado, una necesidad psicológica básica de los seres humanos es la de ser aceptados y reconocidos, desde muy pequeños tendemos a comportarnos de acuerdo con lo que observamos que se espera de nosotros por el hecho de ser hombres o mujeres. Es así como desde muy temprana edad somos capaces de reflexionar sobre nuestro comportamiento y de valorar la respuesta de aprobación o desaprobación que recibimos del medio ante nuestras acciones. De esta manera, vamos elaborando y ajustando la idea de quiénes somos y de qué tan valiosos somos. Cuando sentimos que somos agentes de nuestra propia vida y que nos sentimos orgullosos de lo que hacemos, desarrollamos la noción de que somos personas buenas, dignas y valiosas. Si, por el contrario, nos damos cuenta de que actuamos como títeres, en tanto que nos dejamos llevar por las circunstancias o que sólo actuamos con el fin de obtener aprobación de los otros, seguramente terminaremos sintiendo que no somos personas competentes y valiosas y que, por lo tanto, no merecemos la consideración y el aprecio de quienes nos rodean.

Desafortunadamente, se ha observado que en las sociedades donde las exigencias de comportamiento dependen del sexo de la persona, algunas de esas demandas compiten con las preferencias individuales y crean conflicto entre lo que las personas van descubriendo que son, sienten, piensan, necesitan y disfrutan haciendo y lo que se supone que deberían ser, sentir, pensar, necesitar y hacer. Como veremos en los capítulos que siguen, esto tiene consecuencias adversas para el desarrollo de una sexualidad saludable.

Para tener en cuenta…

Las investigaciones que se han realizado en todo el mundo para establecer si las diferencias que se observan entre los hombres y las mujeres están determinadas por su naturaleza o esencia biológica han revelado que los únicos procesos que no difieren en todas las culturas son la eyaculación, la gestación, el parto y la lactancia. Es decir, estos procesos son los únicos que están determinados por factores biológicos. Las diferencias que se observan en otros procesos cognitivos, emocionales, motivacionales y comportamentales son, como ya lo hemos repetido en varias oportunidades, producto de la interacción entre la herencia y el ambiente.[27]

Para concluir la introducción podemos hacer una recopilación de lo que hemos expuesto acerca de la sexualidad planteando que el sexo es el "lienzo" sobre el cual la persona va "creando" su sexualidad desde el nacimiento hasta la muerte. La forma que vaya adquiriendo esa noción de la persona como ser sexual depende de la capacidad individual para reflexionar acerca de lo que es, de lo que quiere hacer y de lo que hace. Ese proceso continuo de cuestionamiento acerca de sí misma le permite ir respondiendo, cada vez con mayor precisión, una pregunta fundamental para el ser humano ¿Quién soy yo sexualmente? La respuesta a esta pregunta determina sus decisiones y sus acciones sexuales. De lo que hace depende su bienestar físico, psicológico y social.

En el mapa conceptual de la figura 3 le presentamos las principales preguntas que guían la organización de este libro. A través de estas preguntas nos proponemos facilitarle a usted este proceso de reflexión, de cuestionamiento personal y de toma de decisiones. Confiamos en que al final usted logre "darse cuenta" de la obra maravillosa que ha logrado perfilar a lo largo de su vida, y que nuestra guía contribuya a ese proceso de autorreconocimiento como ser sexuado.

27 Stewart, A. J. y McDermott, C. (2004). Gender in Psychology. Annual *Review of Psychology,* 55, 519-544.

Esperamos que, en la medida que avanza en la lectura, usted vaya identificando aquellos aspectos de sí misma/o, de su relación con los otros o de su entorno que es necesario cambiar para que su sexualidad contribuya a su bienestar. El logro de esta meta depende sólo de usted, del interés que tenga en la temática de este libro, pero sobre todo de su compromiso de no permitir que su sexualidad sea el resultado de imposiciones sociales sino el producto de un proceso consciente de toma de decisiones.

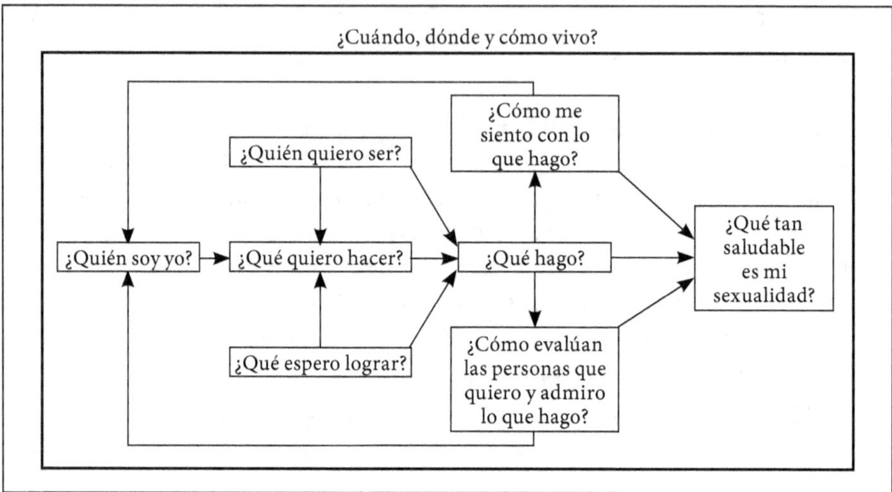

Figura 3. Mapa conceptual del libro

Resumamos entonces lo expuesto en la introducción:

1. La sexualidad es una de las múltiples facetas que configuran la identidad.

2. La identidad de una persona es la suma total de todo lo que ella puede decir acerca de sí misma cuando se pregunta: "¿Quién soy yo?".

3. La sexualidad representa todo lo que la persona puede decir sobre su dimensión sexual cuando se describe a sí misma. Incluye la descripción de los atributos y de los comportamientos que la caracterizan cuando responde a la pregunta: "¿Quién soy yo sexualmente?".

4. La sexualidad tiene una base biológica (el sexo) pero su estructuración ocurre a través de la experiencia en diferentes contextos relacionales.

5. La sexualidad se desarrolla, mantiene y modifica cuando la persona, libre y voluntariamente, después de un proceso activo y consciente de cuestionamiento y reflexión personal, se compromete con la serie de atributos y comportamientos que la caracterizan y la distinguen sexualmente de las demás personas. Es decir, cuando asume conscientemente aquello que, en el dominio sexual, la define como alguien particular y único.

6. La sexualidad integra el reconocimiento y la valoración que hace la persona de a) los aspectos biológicos que la caracterizan como mujer u hombre (identidad con el sexo); b) el grado de conformidad con los atributos y los comportamientos que la sociedad en la que vive establece como deseables y apropiados para su sexo (identidad con el género); c) el sexo de las personas por las cuales experimenta interés y atracción física, emocional o sexual (identidad con la orientación sexual).

7. La sexualidad, al igual que las otras facetas de la identidad, tiene gran relevancia para el bienestar psicológico y el desarrollo integral de las personas.

Conceptos a tener en cuenta

Sexo = lo que uno es. Características genéticas, hormonales, fisiológicas y anatómicas que diferencian a las personas y que permiten catalogarlas como hombres, como mujeres o como intersexuales.

Género = lo que uno aprende a ser y a hacer. Conjunto de normas y expectativas sobre cómo deben ser y actuar las personas, por el hecho de haber sido asignadas a una de las dos categorías sexuales.

Orientación sexual = lo que a uno le interesa o atrae preferentemente. Está determinada por el sexo de las personas hacia las cuales uno se siente particularmente interesado y atraído física o emocionalmente. Puede ser homosexual (interés y atracción por personas del mismo sexo), heterosexual (interés y atracción por personas del otro sexo), bisexual (interés y atracción por personas tanto del mismo sexo como del otro sexo), asexual (ningún interés afectivo o sexual).

Comportamiento sexual = lo que uno hace. Incluye los juegos de exploración sexual, la auto-estimulación, la masturbación, las prácticas de seducción y conquista, las manifestaciones de afecto en las relaciones románticas y las diversas expresiones de actividad sexual (abrazos, besos, caricias en diferentes partes del cuerpo, estimulación de los genitales, relaciones sexuales penetrativas, entre otras).

Sexualidad = lo que uno puede decir acerca de su dimensión sexual cuando se describe a sí mismo. Incluye el conjunto de atributos y comportamientos que la persona reconoce que la caracterizan y que le permiten dar respuesta a la pregunta: "¿Quién soy yo sexualmente?".[28]

---

28 Harter, S. (1999). *The Construction of the Self. A Developmental Perspective.* Nueva York: The Guilford Press; James, W. (1918/1950). The consciousness of self. En W James. *The Principles of Psychology* (Vol. I, pp. 291-401). Nueva York: Dover Publications, Inc.

Preguntas frecuentes

¿Las personas intersexuales son las que se conocen como hermafroditas?

Una persona intersexual es aquella que al nacer presenta inconsistencias entre su sexo genético, sus glándulas sexuales (gónadas) y sus órganos sexuales externos o genitales. Por ejemplo, puede ser genéticamente mujer (tiene cromosomas xx), poseer estructuras sexuales internas de mujer (ovarios, útero, vagina), pero sus genitales externos parecen corresponder a los de un hombre (el clítoris parece un pene pequeño).

Los hermafroditas verdaderos, por su parte, son individuos que nacen con una gónada de cada sexo (un testículo y un ovario). Es decir, las personas intersexuales se diferencian de los hermafroditas verdaderos en que tienen ovarios o testículos, pero no ambos. Estas dos condiciones se producen como resultado de alteraciones genéticas u hormonales durante el proceso de diferenciación sexual en el período embrionario.

¿Permitir que los niños hagan las mismas cosas que las niñas puede inducirlos a ser homosexuales?

La creencia de que si a un niño se le permite realizar actividades femeninas y desarrollar características del otro sexo se convertirá en "mujer" y, por lo tanto, deseará tener relaciones sexuales con personas de su mismo sexo es uno de los principales temores de los adultos y un argumento que utilizan para mantener el trato sexista. Esta creencia está fundamentada en la falta de conocimiento sobre la sexualidad. Para aclarar esta duda, recordemos lo que hemos discutido en esta introducción:

- El ser hombre o mujer (el sexo) está determinado biológicamente y no se modifica por lo que sentimos, pensamos o hacemos. Nuestra anatomía y fisiología no se cambian con la interacción social. Lo que cambia en función del contexto social, histórico y relacional en el que vivimos es la idea que tenemos de ese cuerpo biológico que poseemos.
- En la interacción con el medio se aprende el significado que tiene en la sociedad el ser de uno u otro sexo y las normas y expectativas que socialmente se tienen de los individuos por ser hombres o mujeres (el género).
- La *orientación sexual*, que es la atracción física o emocional por personas del mismo sexo (orientación sexual homosexual), del otro sexo (orientación sexual heterosexual) o de ambos sexos (orientación sexual bisexual), está motivada por el deseo sexual y, hasta donde sabemos, es una condición que no se aprende en

el proceso de socialización sexual sino que se descubre a medida que crecemos y nos desarrollamos sexualmente.

• En el proceso de socialización sexual se aprenden las normas que regulan las expresiones sexuales y las prácticas que se consideran apropiadas para satisfacer el deseo sexual.

• Si la orientación sexual fuera el resultado del proceso de socialización sexual, las personas que crecieron en contextos sexistas no mostrarían interés por personas de su mismo sexo; no obstante, los datos disponibles muestran que, incluso en familias en las que las normas y expectativas de género son excesivamente rígidas y tradicionales, algunos hijos pueden ser homosexuales.

• Aunque la mayoría de las personas tiende a creer que debe existir armonía o coincidencia entre el sexo, el género y la orientación sexual, esto no siempre ocurre. Es decir, no siempre un hombre va a actuar de acuerdo con lo que en una sociedad tradicional y sexista se considera "masculino" y va a ser heterosexual. Tampoco todas las mujeres son femeninas y heterosexuales. Es posible que un hombre sea femenino y heterosexual o que un hombre masculino sea homosexual. Esto es, el comportamiento "femenino" o "masculino" de una persona no nos permite inferir su orientación sexual.

• Tampoco es cierto que las personas homosexuales se sientan atraídas por personas de su mismo sexo porque rechazan su propio sexo y quieren ser del otro sexo. Las personas homosexuales, generalmente, están satisfechas con su sexo, es decir, aceptan el cuerpo biológico con el que nacieron.

¿Es verdad que cuando dos jóvenes se están conociendo es mejor evitar hablar de temas relacionados con la sexualidad?

Como resultado de la idea que socialmente se tiene de la sexualidad como algo "malo", "privado", "sucio", para algunas personas hablar de este tema es sinónimo de "falta de respeto". Pero, como hemos visto en esta introducción, la sexualidad es parte integral de nuestra identidad y, por lo tanto, el proceso de conocimiento de nosotros mismos y de quienes nos rodean supone el intercambio de ideas acerca de lo que nos caracteriza sexualmente.

Hablar acerca de la sexualidad no se limita, como la mayoría de las personas creen, a discutir sobre las relaciones sexuales, las infecciones de transmisión sexual, el embarazo, el aborto y la planificación familiar. Implica compartir la idea que tenemos de nosotros como hombres o como mujeres, además de hablar sobre nuestras creencias, temores, necesidades, expectativas, experiencias, normas, aspiraciones, preferencias y metas que involucran nuestra dimensión sexual. A través de este proceso de intercambio se favorece el conocimiento mutuo y se obtiene información útil para tomar decisiones sexuales y para saber cómo actuar en el futuro.

Si las personas no hablan acerca de sí mismas y, en ese intercambio verbal, no se sienten libres de revelar a otros su sexualidad, las relaciones que establecen no son auténticas y, en ese sentido, tienden a ser frágiles, superficiales y poco satisfactorias. En síntesis, la comunicación sobre la sexualidad es fundamental para el establecimiento y el mantenimiento de relaciones significativas con otros, en particular, las relaciones de pareja, independientemente de la edad de las personas.

¿Cómo se puede reconocer una persona que goza de una sexualidad saludable?

En el Grupo Familia y Sexualidad asumimos que una persona que ha logrado desarrollar una *sexualidad saludable* se caracteriza porque:[29]

- Conoce, acepta y valora su propio cuerpo.
- Incluye la dimensión sexual en la descripción y valoración que hace de sí misma.
- Se siente adecuada, competente y valiosa como persona, independientemente de ser hombre o mujer, femenina o masculina, heterosexual, homosexual o bisexual.
- Expresa una actitud positiva hacia sí misma, reconoce y acepta sus cualidades, potencialidades, defectos y limitaciones.
- Controla su propia vida sexual.
- Es capaz de resistirse a las presiones sociales para que piense y actúe de cierta forma en el dominio sexual.
- Toma decisiones sexuales teniendo en cuenta sus propios criterios y evaluando las implicaciones de su comportamiento para sí misma, otras personas y la sociedad.
- Busca información sobre la sexualidad, en la medida que la necesita para tomar decisiones.
- Discrimina entre los comportamientos sexuales que favorecen su bienestar físico, psicológico o social y aquellos que implican algún riesgo para sí misma o para otras personas.
- Practica comportamientos de autocuidado, como acudir a exámenes médicos regulares, realizarse el autoexamen de los senos o de los testículos, tomar medidas para evitar contraer y transmitir infecciones sexuales, incluido el VIH;

---

29 Adaptado de Ryff, C. y Keyes, C. (1995). The structure of well being revisited. *Journal of Personal and Social Psychology, 69,* 719-727; Ryff, C. (1995). Psychological Well-Being in Adult Life. *Current Directions in Psychological Science, 4,* 4, 99-104; concepto de salud sexual consultado en http://www.siecus.org/inter/inteooo6.html#ESP

usar métodos de planificación familiar, acudir al control prenatal desde las primeras semanas de gestación.

• Las consecuencias de sus decisiones y comportamientos sexuales le ayudan a alcanzar las metas que se ha propuesto, no afectan a otros y contribuyen a su bienestar.

• Está libre de desórdenes, enfermedades, infecciones o deficiencias que interfieren con su comportamiento sexual y reproductivo.

• Maneja de manera competente y eficaz la presión del entorno con respecto a su vida sexual.

• Tiene una posición crítica frente a los mensajes que recibe de los distintos agentes de socialización sexual.

• Hace uso efectivo de las oportunidades y los servicios que el medio le ofrece para mantenerse sexualmente saludable.

• Crea y selecciona espacios y experiencias de interacción sexual acordes con sus propias necesidades y valores.

• Su comportamiento sexual está libre de creencias infundadas y de sentimientos de culpa, temor o vergüenza.

• Establece y mantiene relaciones significativas con otros, caracterizadas por la autenticidad, la reciprocidad y un sano balance entre la cercanía emocional y la autonomía.

• Ejerce y defiende sus derechos sexuales.

• Reconoce, promueve y respeta los derechos sexuales de las otras personas.

• Se ve a sí misma como una persona sexuada en continuo cambio y crecimiento.

• Es capaz de considerar su vida sexual en el proceso de definición de un proyecto de vida significativo, de manera que contribuya a la consecución de las metas que se propone.

• Está abierta a experiencias sexuales que le permitan realizar los planes que tiene para el futuro, que promuevan el desarrollo de su potencial y que le ayuden a adquirir un mayor conocimiento de sí misma.

• Está convencida de que su vida sexual pasada, presente y futura tiene sentido.

Aplico lo aprendido...

Dedique unos minutos a responder a la pregunta: "¿Quién soy yo sexualmente?". Al responder, escriba todo aquello que usted cree que lo/la caracteriza como ser sexual.

¿Qué atributos o comportamientos quisiera cambiar o mejorar?

¿Con cuáles atributos o comportamientos se siente más satisfecho/a?

¿Qué experiencias y qué personas cree usted que más han influido en la construcción de esa idea que usted tiene de sí mismo/a?

¿En qué medida esa noción que usted tiene de sí mismo/a es el resultado de un proceso consciente y reflexivo de toma de decisiones?

I
¿QUIÉN SOY YO?

1
Yo soy… ¿un producto de la cultura?

Para responder…

Antes de comenzar a leer este capítulo, pregunte a personas de diferentes edades y, si es posible, de diferentes ciudades lo que piensan acerca de:

- Las relaciones sexuales antes del matrimonio.
- Las relaciones extraconyugales, en el caso de los hombres y de las mujeres.
- Las relaciones sexuales en la adolescencia.
- La edad más conveniente para comenzar a tener relaciones sexuales.
- El divorcio.
- La masturbación.
- La homosexualidad.

A partir de las respuestas, trate de establecer la noción que tienen estas personas de lo que es "normal" en el comportamiento sexual humano. Identifique diferencias por edad, sexo y ciudad de origen.

En la introducción planteamos que la sexualidad es el resultado de la interacción de múltiples procesos de orden biológico, sociocultural y psicológico. Por esta razón, es difícil encontrar que dos personas respondan a la pregunta: "¿Quién soy yo sexualmente?" de la misma forma. En el presente capítulo se exponen algunos planteamientos que nos permitirán comprender la manera como la cultura determina algunas de las diferencias que se observan en las descripciones que las personas hacen de sí mismas cuando tienen en consideración su dimensión sexual.

Sexualidad y cultura

La mayoría de las personas cree que sus decisiones son el resultado de deseos, motivaciones y metas personales. No obstante, las investigaciones que se han realizado en el marco de la psicología cultural indican que la mayoría de nuestras elecciones están matizadas por las ideas que tenemos de lo que significa ser una persona exitosa, buena, importante o ética.[1] Estas ideas dependen del contexto cultural en el que se desenvuelven las personas. En ese contexto cultural, las personas desarrollan la noción de lo que es correcto, natural y valioso; construyen la idea que tienen de sí mismas y definen su proyecto de vida.

Lo anterior nos permite comprender la razón por la cual las personas se describen sexualmente de formas distintas, dependiendo de la cultura. En efecto, se ha observado que las circunstancias culturales particulares en las que viven las personas determinan el significado que le atribuyen al hecho de ser hombres o mujeres, lo que consideran que deben ser o hacer por ser de uno u otro sexo y lo que definen como aceptable, correcto, importante y "normal" en el comportamiento sexual. Por ejemplo, mientras que en algunas sociedades se diferencia claramente el papel que deben desempeñar los individuos de acuerdo con su sexo, es decir, los roles de género que corresponden a las mujeres y a los hombres, existen otras sociedades en las cuales esta diferencia no está tan marcada, de tal manera que se espera lo mismo de los hombres que de las mujeres. Asimismo, la valoración que se hace de las relaciones de pareja entre personas del mismo sexo, de la masturbación, las expresiones de la curiosidad sexual infantil, la actividad sexual juvenil, el aborto, las relaciones prematrimoniales, entre otros, varía notablemente de una sociedad a otra.

Sin embargo, no todo lo que se encuentra entre las culturas son diferencias; algunos autores describen varios aspectos que resultan comunes a todas las sociedades y que podrían resumirse así:[2] a) la actividad sexual está presente en todas las culturas, aunque no entre todos sus miembros; b) todas las sociedades ejercen algún grado de control sobre el comportamiento sexual; c) existen algunas conductas que son "esperadas" en la mayoría de las sociedades, como la heterosexualidad y las relaciones sexuales enmarcadas dentro de algún tipo de relación-unión estable y con compromiso (como el matrimonio); no obstante, la existencia de este "ideal" no implica que todos las personas actúen de acuerdo con dichos patrones de comportamiento.

Según la teoría del control social, es necesario establecer regulaciones sociales para evitar comportamientos sexuales que vulneren los derechos sexuales y

1 Oyserman, D., Sakamoto, I. y Lauffer, A. (1998). Cultural accomodation: Hybridity and the framing of social obligation. *Journal of Personality and Social Psychology, 74*, 1606-1618.
2 Katchadourian, H. A. (1989). *Fundamentals in Human Sexuality*. Orlando: Harcourt Brace College Publishers.

reproductivos.[3] Desde las perspectivas evolucionistas, la actividad sexual está motivada por una necesidad primaria que no es aprendida y que es *vital para la supervivencia de la especie*. Es decir, al igual que otras necesidades primarias (hambre y sed), el deseo sexual es activado por condiciones biológicas (por ejemplo, fluctuaciones en los niveles de testosterona) y por señales ambientales (por ejemplo, el aroma del perfume de la pareja). No obstante, a diferencia del hambre o la sed, el deseo sexual es necesario, desde el punto de vista biológico, sólo para la reproducción de la especie como un todo, *no tiene relevancia para la supervivencia individual:* ninguna persona se muere si no satisface su deseo sexual.

Ahora bien, dado que, a diferencia de los animales inferiores, las personas pueden experimentar deseo y excitación sexual en cualquier momento, las sociedades identificaron la necesidad de establecer normas o estándares culturales acerca de las conductas que consideran aceptables o esperadas. En este sentido, diversas investigaciones han revelado que la actividad sexual se delimita en una mínima parte por factores biológicos, y que es el proceso de socialización sexual el que le da forma final a la variedad de conductas que realiza una persona para lograr gratificación sexual.[4]

Socialización sexual

La socialización es el proceso mediante el cual las personas aprenden las actitudes, creencias, valores, normas, expectativas, motivaciones y patrones de comportamiento que son deseables en una sociedad en particular. Éste es un proceso que nunca termina, los seres humanos permanecemos desde el nacimiento hasta la muerte en un continuo aprendizaje de lo que somos, de lo que se espera de nosotros y de lo que es deseable hacer en un contexto cultural específico.[5] A través de este proceso, las personas aprendemos aquello que es distintivo, que nos define y caracteriza como miembros del grupo al cual pertenecemos: el lenguaje que hablamos, el significado que damos a determinadas situaciones, la calificación que hacemos de las acciones como apropiadas o inapropiadas, el rol que debemos desempeñar como hombres o como mujeres, y el concepto que tenemos de nosotros mismos.

Por su parte, se denomina *socialización sexual* al proceso mediante el cual las personas aprenden e interiorizan los conocimientos, creencias, metas, expectativas, valoraciones, percepciones, intereses, actitudes, normas y signifi-

---

3 Udry, J. Richard (1988). Biological predispositions and social control in adolescent sexual behavior. *American Sociological Review*, 53: 709-722.

4 Giraldo Neira, O. (1988). *Explorando las sexualidades humanas*. México: Editorial Trillas; Eshleman, J. R. (1994). The Family. Boston: Allyn and Bacon.

5 Eshleman, *op. cit.*

cados asociados con el hecho de ser hombre o ser mujer y, en general, con la sexualidad. Estas cogniciones, que constituyen los antecedentes inmediatos del comportamiento,[6] se intercambian en el contexto familiar, escolar y social en el que vivimos, y son necesarias para que podamos convertirnos en miembros competentes de la sociedad.[7]

Efectivamente, como lo mencionamos antes, actualmente se reconoce que aunque la sexualidad tiene una base biológica, las personas llegan a definirse sexualmente a través de la interacción en diferentes contextos relacionales. Es decir, aunque existen diferencias biológicas indudables entre mujeres y hombres, conviene reconocer que lo que marca la diferencia fundamental entre los individuos, y particularmente entre los sexos, es lo que se construye en el contexto sociocultural.

Para que las personas asimilen la cultura, la sociedad dispone de diversos espacios y agentes de socialización. Es a través de estos espacios y agentes de socialización que los individuos conocen las pautas de comportamiento esperadas y aprobadas por el grupo social y aquellas que no lo son. La familia es el primer agente socializador, dado que en ella están las personas con las que se establecen las primeras relaciones significativas en la infancia; luego, en la niñez y adolescencia, la escuela y los maestros también cumplen un importante papel socializador. Otros agentes relevantes para este proceso son el grupo de amistades y los medios de comunicación, ya que a través de ellos la persona amplía sus conocimientos sobre su cultura y el papel que debe cumplir dentro de ella.

Con respecto a los medios de comunicación, por ejemplo, diversas investigaciones muestran que los contenidos mediáticos proporcionan información sobre lo que es deseable ser y hacer como mujer u hombre en un contexto sociocultural particular y que ésta influye en las elecciones que realizan las personas en la vida diaria sobre asuntos que tienen el potencial de afectar su salud presente y futura: decisiones sobre cuántas horas dormir, qué comer, cómo vestirse, qué deportes realizar, qué tipo de cuerpo cultivar, cómo resolver los conflictos o qué emociones se pueden expresar y la manera apropiada de hacerlo forman parte de la amplia gama de comportamientos representados en los medios de comunicación que son determinantes de la salud y el bienestar.[8]

---

6 Downey, G., Bonica, Ch. y Rincón, C. (1999). Rejection sensitivity and adolescent romantic relationships. En W. Furman, B. B. Brown y C. Feiring (Eds.). *The Development of Romantic Relationships in Adolescence*. New York: Cambridge University Press.

7 Kandel, D. (1978) Homophily, selection, and socialization in adolescent friendships. *American Journal of Sociology*, 84, 427-436; Cotterell, J. (1996). *Social Networks and Social Influences in Adolescence*. London: Routledge.

8 Rojas, A.M. y Vargas-Trujillo, E. (2010). Salud, Género y Medios de Comunicación. Revista Folios, 23, 45-68.

Para tener en cuenta…

Se denominan relaciones significativas aquellas a través de las cuales los seres humanos satisfacemos nuestras necesidades psicológicas básicas de seguridad, aceptación, cuidado, apoyo, compañía y reconocimiento, entre otras.

La sexualidad y el control social

Para lograr su preservación, la sociedad debe asegurar que los individuos que forman parte de ella cumplan con los patrones de conducta establecidos culturalmente; esto se logra mediante el control que ejerce cada grupo social sobre sus miembros. La socialización sexual es el medio más eficaz que tiene la sociedad para lograr que las personas lleguen a ser autónomas.[9] En la actualidad, la autonomía se considera una tarea del desarrollo. La persona autónoma es capaz de actuar de acuerdo con principios o leyes autoimpuestas, en el sentido de que los asume y aplica a sí misma por convicción. La única restricción que la sociedad impone a lo que la persona puede hacer es la autonomía de quienes se pueden ver afectados por sus acciones y decisiones.

Para tener en cuenta…

Se denominan tareas de desarrollo aquellas que deben conseguirse en un determinado período de la vida, cuyo logro favorece la satisfacción individual y el éxito de otros objetivos en el futuro, y cuyo fracaso lleva a la infelicidad, a la desaprobación social y a la dificultad para alcanzar otras metas. Una de las tareas del desarrollo humano consiste en que la persona sea capaz de describir los atributos y comportamientos que la caracterizan sexualmente.[10]

Se considera que la persona está ejerciendo "apropiadamente" su capacidad para autogobernarse cuando sus decisiones y comportamientos: a) le ayudan a

---

9 Buss, S. (2005). Valuing autonomy and respecting persons: Manipulation, seduction, and the basis of moral constraints. *Ethics, 115,* 195-235.

10 Havighurst, R., *et al.* (1952). *Growig up in River City.* Nueva York: Wiley.

alcanzar las metas que se ha propuesto, b) no afectan a otros y c) contribuyen a su bienestar psicosocial.

En la actualidad, se propone que las personas adopten como marco de referencia para la toma de decisiones autónomas los derechos humanos, esto es, los principios que se consideran universalmente protectores de la dignidad humana y promotores de la justicia, la libertad y la vida misma. En el dominio sexual, se ha establecido que las personas tienen derecho a que se les garantice el grado máximo de bienestar físico, psicológico y social que se pueda lograr, sin distinción por sexo, género u orientación sexual.[11] Esto implica que tanto mujeres como hombres tienen derecho a:

• Tomar decisiones autónomas sobre los asuntos de su vida personal, afectiva y sexual y a participar en aquellas elecciones que les conciernen o que pueden tener consecuencias que afecten su bienestar.

• Expresar abiertamente sus emociones, opiniones, intereses, aspiraciones y preferencias.

• El disfrute de su cuerpo, a que se les respete su integridad y seguridad corporal y a vivir libres de coerción, discriminación y violencia.

• Escoger libremente si quieren o no establecer, mantener o disolver una relación de pareja, si contraen o no matrimonio o si desean entablar otro tipo de unión, vínculo o asociación de índole afectiva o sexual.

• Optar por tener actividad sexual en el marco del respeto mutuo y del pleno consentimiento.

• Decidir tener o no hijos, cuándo tenerlos y cuántos.

• Tener una vida sexual, segura, satisfactoria y placentera.

• Buscar, obtener e impartir información acerca de la sexualidad, basada en el conocimiento científico.

• Tener acceso a servicios de atención en salud sexual y reproductiva de calidad (SSR) y a métodos de protección seguros, aceptables y eficaces.

• La confidencialidad y la privacidad.

• Las mismas oportunidades, recursos y beneficios.

• Imparcialidad y justicia en la distribución de obligaciones y responsabilidades.

En síntesis, las personas sexualmente autónomas son capaces de autogobernarse, es decir, de decidir cómo actuar en un momento determinado teniendo en consideración los derechos humanos sexuales y reproductivos propios y de las otras personas implicadas.

11 World Health Organization (2004). Definitions. *Progress in Reproductive Health Research, 67*, p. 3 http://www.who.int/reproductive-health/hrp/progress/67.pdf

¿Sabe cuál es una de las principales razones de los adolescentes para comenzar a tener relaciones sexuales?

Varios estudios del grupo de investigación Familia y Sexualidad, realizados con estudiantes de secundaria en Bogotá y con adolescentes mujeres y sus parejas de Bogotá y Cali, han permitido establecer que la primera relación sexual de los adolescentes ocurre por la presión indirecta del grupo de amigos y compañeros. Los datos indican que la percepción que tienen los adolescentes de lo que piensan, esperan y hacen los otros jóvenes de su edad influye en su decisión de tener o no relaciones sexuales. Cuando los adolescentes perciben que en su grupo de amigos o compañeros la "mayoría" ha comenzado a tener relaciones sexuales, se ven presionados a iniciar su actividad sexual, aunque no lo consideren apropiado.

En estos casos, es conveniente informarles que en diversos estudios se ha encontrado que solamente la tercera parte de los estudiantes de secundaria tienen relaciones sexuales antes de los 18 años de edad.[12] También conviene señalar que según los resultados de la Encuesta Nacional de Demografía y Salud 2010 esta proporción se ha mantenido en el tiempo: de un total de 11.557 mujeres con edades comprendidas entre los 13 y los 18 años, solamente el 30,29% había tenido relaciones sexuales penetrativas.[13]

12　Vargas-Trujillo, E., Barrera, F., Burgos Cantor, M. C. y Daza Mancera, B. C. (2006). Influencia de los programas televisivos que incluyen contenido sexual en el comportamiento de los adolescentes colombianos. En Comisión Nacional de Televisión (Eds.) *Los jóvenes y la televisión* (Vol. 2, pp. 222-306). Bogotá: CNTV Programa de Investigaciones Académicas sobre Televisión; Vargas-Trujillo, E., Barrera, F., Burgos Cantor, M. C. y Daza Mancera, B. C. (2006). La intención de los jóvenes de tener relaciones sexuales en la adolescencia: el papel de la televisión, la relación con los padres y las cogniciones. *Universitas Psychologica,* 5,1, 69-84; Vargas-Trujillo, E. y Barrera, F. (2005) ¿Es la autoestima una variable relevante para los programas de prevención del inicio temprano de actividad sexual? *Acta Colombiana de Psicología,* 13, 133-161; Barrera, F., Sarmiento Buitrago, E. y Vargas-Trujillo, E. (2004). Relación de las actitudes personales y de la norma social con la actividad sexual de los adolescentes. *Revista de Estudios Sociales,* 17, 1, 56-66; Vargas-Trujillo, E., Henao, J. y González, C. (2005). Fecundidad adolescente en Colombia: incidencia, tendencias y determinantes. Un enfoque de historia de vida. *Documentos CESO,* Nº 95, Bogotá: Ediciones Uniandes.

13　Profamilia (2010). Encuesta Nacional de Demografía y Salud. Bogotá: Profamilia.

Preguntas frecuentes

¿Hasta qué punto es válido hablar de diferencias culturales en cuanto a la sexualidad en el mundo globalizado en el que vivimos?

El desarrollo tecnológico ha favorecido el que personas provenientes de distintos lugares del mundo entremos en contacto. Indudablemente, esa posibilidad de conectarnos con personas de otros contextos sociales ha propiciado la transformación de algunas prácticas culturales. Frente a la sexualidad, por ejemplo, es probable que jóvenes de diferentes lugares del mundo compartan los mismos puntos de vista cuando discuten sobre asuntos como las relaciones sexuales prematrimoniales, el embarazo en la adolescencia y el papel del hombre y la mujer en la crianza de los hijos. La posibilidad de entrar en contacto con otras culturas también les ha facilitado a las personas desarrollar su capacidad para comprender, aceptar y respetar formas de ver e interpretar la realidad que son distintas y, en ocasiones, contrarias a las propias.

¿Cómo se puede establecer que un comportamiento sexual es anormal?

El sentido común nos lleva a categorizar un determinado comportamiento sexual como "anormal" cuando no es practicado habitualmente o no es realizado por "la mayoría" de las personas. Sin embargo, debemos recordar que lo normal en una cultura puede ser anormal en otra y que incluso es posible que la valoración del comportamiento cambie con el tiempo en una misma sociedad. Un ejemplo del cambio que puede experimentar la apreciación que la sociedad hace de los comportamientos es el de la orientación sexual homosexual. Esta expresión sexual dejó de aparecer como un trastorno psicológico en el *Manual estadístico y de diagnóstico de desórdenes mentales* (DSM) hacia finales de la década de los 70, cuando el conocimiento disponible sobre el tema permitió a los expertos reconocer que la orientación sexual homosexual es una condición de la persona y no una patología.

Una alternativa, que depende menos de criterios individuales y relativos a una cultura particular, es la que nos ofrece la psicología. Esta disciplina ha definido algunos criterios para identificar los comportamientos sexuales que no son saludables:

1. El comportamiento genera pérdida de la libertad para actuar, malestar psicológico, deterioro físico o menoscabo de las relaciones interpersonales.

2. El comportamiento dificulta el logro de las metas individuales y no contribuye al bienestar personal.

3. El comportamiento interfiere con las metas de las otras personas involucradas e impide la satisfacción de las necesidades sociales.

4. El comportamiento se realiza de manera impulsiva, obstaculizando o limitando el ejercicio de los derechos humanos sexuales y reproductivos.

5. Se observa falta de autocontrol y autorregulación.

6. El comportamiento genera sentimientos de malestar, incomodidad, temor, culpa o vergüenza en las personas involucradas.

Recuerde: ninguno de estos criterios es condición necesaria y suficiente para etiquetar un comportamiento como "anormal", "patológico", "desviado" o "aberrado". En general, podemos decir que un comportamiento atenta contra la salud de las personas cuando no tiene en cuenta los derechos humanos sexuales y reproductivos.

¿Cuándo se puede afirmar que una persona requiere ayuda especializada para dar solución a un problema sexual?

Podemos decir que una persona tiene problemas con su actividad sexual y que requiere ayuda especializada cuando por medio de ésta se hace daño a sí misma o lo ocasiona a otras personas. Igualmente, cuando al practicar determinado comportamiento el individuo se siente culpable, avergonzado o insatisfecho. Otro criterio para considerar problemático un comportamiento sexual es que éste se practique de manera obsesiva y compulsiva, de tal forma que la persona pierde el control sobre lo que hace, con quién lo hace, cuándo y dónde lo hace y los efectos que genera para sí misma y para otros.

¿Por qué es tan importante investigar sobre lo que las personas creen, opinan y piensan acerca de la sexualidad?

La mayor parte de los modelos teóricos psicológicos que se han propuesto y evaluado para explicar los comportamientos que afectan la salud se basa en la forma como las personas adquieren las cogniciones y las aprovechan para comprender lo que les sucede en la vida, tomar decisiones y actuar.

En el caso concreto de los comportamientos que afectan la salud sexual, los contenidos de la cognición son lo que sabemos sobre la sexualidad: conceptos, actitudes, normas, intenciones, creencias, expectativas, recuerdos, entre otros. El objetivo de la investigación en este campo es, por lo tanto, identificar esos contenidos y establecer la forma como permiten a las personas interpretar lo que les ocurre, resolver problemas y tomar decisiones sobre cómo actuar frente a las distintas situaciones que la vida les plantea y que pueden tener consecuencias para la salud sexual individual y colectiva.

Quienes realizamos investigación en el campo de la sexualidad, teniendo como marco de referencia estos modelos teóricos, asumimos que el proceso de socialización sexual permite a las personas desarrollar cogniciones, construir esquemas de razonamiento, marcos mentales de referencia o reglas prácticas de acción que agilizan el proceso de toma de decisiones ante ciertas circunstancias. Por ejemplo, una joven de 15 años que ha tenido la experiencia de analizar con su familia y amistades el problema hipotético de las relaciones sexuales en la adolescencia, y que en estas situaciones se le ha permitido identificar y valorar distintas alternativas de acción, probablemente ha llegado a la conclusión de que las relaciones sexuales penetrativas implican mayor riesgo para la salud cuando se tienen en las primeras relaciones románticas, a temprana edad y sin usar condón. Por esta razón, ha decidido que, en su caso, va a posponer las relaciones sexuales penetrativas hasta estar segura de que las circunstancias son las más propicias, es decir, minimizan los riesgos para su salud.

Esta adolescente es muy posible que se sienta libre para explorar otras alternativas para satisfacer su deseo sexual en los contextos que considere más apropiados. Asimismo, no sentirá pena, culpa o vergüenza de reconocer que otros comportamientos sexuales como los besos y las caricias le permiten conocerse y obtener gratificación. Además, cuando enfrente la presión de una pareja que le atrae mucho y con quien lleva saliendo tan solo unos cuantos días, tiene una alta probabilidad de responder con un "NO" rotundo a estas insinuaciones, sin necesidad de dedicar mucho tiempo al proceso de toma de decisiones.

En efecto, estos modelos teóricos plantean que esas decisiones se mantienen en la memoria y son recuperadas espontáneamente por la persona al enfrentar una situación que exige una respuesta inmediata, espontánea. Por consiguiente, la investigación nos aporta información útil para identificar esos contenidos de las cogniciones que se relacionan con las decisiones y el comportamiento de las personas y, a partir de esa información, diseñar programas de promoción y prevención que ayuden a los individuos a gozar de salud sexual y a la sociedad a garantizar los derechos de sus integrantes de acuerdo con las particularidades de cada etapa de desarrollo y según los contextos en los cuales se encuentran.

Para reflexionar...

¿Qué tanto el medio en el que vive le ofrece oportunidades para ejercer sus derechos humanos sexuales y reproductivos?

¿En qué medida su comportamiento sexual puede ser reconocido como "saludable"?

¿Cómo ha influido el contexto cultural en el que vive en la valoración que hace usted de los comportamientos sexuales de las otras personas?

¿De qué manera el proceso de socialización sexual le ha permitido contar con reglas prácticas o elementos de juicio para actuar ante situaciones que le exigen una respuesta inmediata y que pueden poner en riesgo su salud sexual y la de otra persona?

2
Yo soy… mi autobiografía sexual

Recuerda usted…

Cuando estaba pequeña/o…

- ¿Cómo era la relación con su padre y con su madre?
- ¿Qué estrategias usaban en su familia para establecer límites a su comportamiento?
- ¿Cómo respondían su madre, su padre y sus profesoras/es a sus expresiones de curiosidad sexual?
- ¿Qué información sobre la sexualidad le proporcionaron sus amigas/os y los medios de comunicación?

En la actualidad…

- ¿Qué tanta oportunidad le dan en su familia de tomar sus propias decisiones?
- ¿De qué manera se expresan el afecto en su familia?
- ¿Qué tanto se habla en su familia de temas relacionados con la sexualidad?

Revise sus respuestas y trate de establecer cómo han influido su familia, el contexto escolar, sus amigas/os y los medios de comunicación en la manera como usted se describe sexualmente y en la manera como usted actúa en este dominio de su vida.

Como dijimos en el capítulo anterior, la socialización sexual es un proceso que nunca termina. Los seres humanos permanecemos desde el nacimiento hasta la muerte en un continuo aprendizaje de lo que somos, de lo que se espera de nosotros y de lo que es deseable hacer en el contexto cultural en el que vivimos.[1] A través de este proceso vamos estableciendo aquello que nos define y caracteriza como individuos sexuales; por ejemplo, el valor que tiene nuestro cuerpo, el significado que damos a determinadas situaciones, la calificación que hacemos de las acciones como apropiadas o inapropiadas, las obligaciones y privilegios que tenemos como hombres o como mujeres y el concepto que tenemos de nosotros mismos como individuos sexuales.

Ese proceso de socialización sexual ocurre en diversos contextos relacionales. En esos contextos interactuamos con diversas personas, pero no todas desempeñan la función de agentes de socialización. Con el tiempo, vamos descubriendo que ciertas personas son más importantes que otras y que algunos grupos son mejores fuentes de referencia que otros. Las personas y grupos con los que nos identificamos psicológicamente se denominan *figuras significativas* y *grupos de referencia,* respectivamente.

Para tener en cuenta...

Las figuras significativas son las personas que satisfacen nuestras necesidades fisiológicas y psicológicas básicas. Éstas son personas que sirven de modelo para nuestro comportamiento, son a quienes tendemos a complacer y de quienes esperamos recibir aprobación.

Para la mayoría de los niños y niñas menores de seis años, la madre es una figura significativa. En este libro hablamos de la madre en términos de la persona que satisface las principales necesidades básicas fisiológicas y psicológicas, y no como quien biológicamente recibe este nombre. En ese sentido, una madre sustituta, un padre adoptivo, una tía, un abuelo o cualquier persona que cumpla las funciones de cuidador principal (sin importar su sexo) pueden satisfacer las necesidades de la forma que socialmente se espera que lo haga una madre.

No obstante, la madre no es la única figura significativa; los otros miembros de la familia también pueden constituirse en personas psicológicamente relevantes para el niño o la niña. Esas personas con quienes el niño o la niña se identifican constituyen los principales *agentes de socialización* porque es a ellas a quienes quiere complacer y de quienes desea recibir aprobación.

Las figuras significativas de la familia no son las únicas fuentes de socialización. La labor de la familia incluye preparar a los hijos y a las hijas para que

---

1 Eschleman, J. R. (1994). *The Family. An introduction.* Boston: Allyn & Bacon.

puedan manejar de una manera adecuada la información proveniente de otras fuentes; entre éstas se encuentran principalmente los maestros/as, los amigos y compañeros, las parejas románticas y los medios de comunicación.

En este capítulo planteamos que en las diversas experiencias relacionales la persona va elaborando su autobiografía en el dominio sexual. Las distintas figuras significativas han contribuido en ese proceso por medio de la creación de ambientes de aprendizaje, el trato que le han dado, el ejemplo, lo que dicen y la forma en que lo dicen. Es decir, en esas relaciones, y a través de estos medios, usted ha ido definiendo su propia vida, su propia historia, su sexualidad. Con el fin de facilitarle el proceso reflexivo que implica responder la pregunta: "¿Quién soy yo sexualmente?", a continuación sintetizamos la información disponible sobre el papel que tienen los principales contextos y agentes sociales en el proceso de socialización sexual de las personas.

La familia

Uno de los primeros espacios de socialización es la familia. La familia está constituida por "el conjunto de personas entre las que median lazos cercanos de sangre, afinidad o adopción, independientemente de su cercanía física o geográfica y de su cercanía afectiva o emocional".[2]

En la interacción familiar se construyen las primeras concepciones y explicaciones acerca de la sexualidad, como aquellas referidas al cuerpo, al contacto físico, a la relación entre hombres y mujeres, a los roles de género, a las relaciones de pareja y a la actividad sexual. En el contexto familiar también se aprenden las actitudes y los comportamientos sexuales, diferenciando entre aquellos que son aceptados o rechazados en el medio familiar y social.[3]

Como mencionamos en la introducción, en las sociedades que tienen diferentes expectativas de los hombres y de las mujeres, tan pronto como se asigna el sexo del bebé, la madre y los otros miembros de la familia comienzan a intervenir para que el niño o la niña se identifique con lo que se considera apropiado para su sexo.[4] Es así como se preocupan porque cada uno de los detalles relacionados con la vida de esa personita esté acorde con lo que su cultura propone como ex-

2 Rubiano N, y Wartenberg, L. (1991). Hogares y redes familiares en centros urbanos. Ponencia presentada en el Congreso de Trabajo Social. Cali, Colombia.

3 Polanco, M. (1999). *La educación sexual: un derecho de la niñez y la juventud en Colombia*. Memorias del foro internacional hacia una reflexión sobre la sexualidad y la socialización en la infancia y en la juventud. Procuraduría General de la Nación. Instituto de Estudios del Ministerio Público. Procuraduría Delegada para la Defensa del Menor y la Familia. Bogotá.

4 Maccoby, E. E. (2002). Gender and group process: A developmental perspective. *Current Directions in Psychological Sciences, 11, 2*, 54-58.

clusivo de uno u otro sexo; por ejemplo, el color del vestuario, la decoración de la cuna y del espacio en el que va a dormir, y los juguetes.

Lo anterior significa que, contrariamente a lo esperado, la socialización sexual de los niños y de las niñas no es similar. Se ha observado que, desde el nacimiento, las personas que se relacionan con el/la bebé le dan un trato diferente, dependiendo del sexo. Las diferencias más notables ocurren en los juegos y las actividades domésticas en las que le permiten participar, la manera como le expresan el afecto y la forma como le imponen límites a su comportamiento.[5]

Es así como los datos de diversos estudios indican que el trato de los adultos hacia los hijos hombres pretende fomentar la reducción de la expresión del afecto y el incremento de la agresividad, la independencia y el autocontrol emocional; mientras que los comportamientos dirigidos a las hijas mujeres buscan promover su papel como cuidadoras y su dependencia.[6] Por ejemplo, mientras que a los niños se les propician juegos que implican mayor actividad física y agresividad y que se realizan en la calle o en espacios abiertos (fútbol, boxeo, trepar a los árboles, montar en triciclo), a las niñas se les permiten juegos que se realizan en casa, que exigen habilidades manuales y que favorecen una mayor expresión verbal y afectiva (jugar a las muñecas, a cocinar, a coser, a pintar, a ensartar collares y cantar o bailar).

Igualmente, se observa que la asignación de las tareas domésticas es diferente para los niños y las niñas. Mientras que a las niñas se les pide que colaboren en la cocina, en el arreglo de la casa o en el cuidado de los hermanos menores, a los niños se les encarga del lavado del carro, del cuidado de los animales, de hacer los mandados o de sacar la basura.

Otra forma de trato diferencial se observa en lo que hace referencia a la expresión del afecto. En general, podemos decir que los adultos recurren a tres estrategias educativas para fomentar en las niñas la expresión del afecto y controlarla en los niños:

• A las niñas les expresan el afecto a través del contacto físico.

• Los adultos hombres tienden a tener expresiones afectivas con menor frecuencia que las mujeres.

• Los niños reciben más reacciones negativas cuando intentan comunicarse con los adultos y más respuestas positivas cuando realizan actividades agresivas.

5 Nadien, M. B. y Denmark, F. L. (1999). *Females and Autonomy: A Life-Span Perspective*. Needham Heights, MA: Allyn & Bacon.

6 Sánchez, A. (1996). La evolución del género durante la infancia. En J. Fernández (Ed.). *Varones y mujeres. Desarrollo de la doble realidad del sexo y del género*. Madrid: Pirámide; Fainholc, B. (1994). *Hacia una escuela no sexista*. Argentina: AIQUE; Kilmartin, C. T. (1994). *The Masculine Self*. Nueva York: Macmillan.

Estas tres estrategias hacen que los niños, a medida que crecen, vayan concluyendo que los "verdaderos hombres" son menos expresivos que las mujeres. Las niñas, por su parte, van desarrollando la idea de que las mujeres tienen la capacidad para expresar ternura, cariño y sensibilidad hacia los demás.

También se ha observado que los adultos ejercen mayor presión sobre los niños para que se comporten de acuerdo con lo que se considera propio de los hombres, que sobre las niñas para que se comporten como tradicionalmente se espera de las mujeres. Es decir, desde el nacimiento los hombres se ven enfrentados a la exigencia de demostrar que son "verdaderos hombres", que no son débiles, que no son mujeres. Esta presión se ejerce, en primer lugar, a través de mensajes tales como "Los hombres no lloran, las que lloran son las niñas", "Sea macho, defiéndase", "Súbase ahí, o es que tiene miedo como una nena", "Vaya juegue, deje de estar debajo de las naguas de su mamá como una niña", "Defiéndase, o es que es una nena". En segundo lugar, por medio del castigo severo cuando su comportamiento coincide con lo que socialmente se considera "femenino".

Además, se ha encontrado que mientras los niños son sometidos a un trato autoritario, dominante y rudo por parte de los adultos, las niñas reciben más elogios y críticas por su apariencia física y más reacciones positivas por sus expresiones afectivas verbales y no verbales y por sus conductas dirigidas a ayudar y a apoyar a otros. Adicionalmente, los niños y las niñas son disciplinados de manera distinta. Mientras que los adultos tienden a imponer a los niños castigos físicos, a las niñas las sancionan con desaprobación social.

Como dijimos en el capítulo anterior, el contexto familiar también cumple un papel primordial en la regulación y control de la actividad sexual, pues a través del proceso de socialización sexual establece normas que determinan qué manifestaciones sexuales son adecuadas, en qué circunstancias y con quiénes es posible satisfacer el deseo sexual, a la vez que define sanciones para aquellos comportamientos sexuales que no se ajustan a la norma social.

Por otro lado, se ha encontrado que las familias que logran que sus hijos e hijas desarrollen mayores niveles de autonomía y, por lo tanto, bienestar psicológico son aquellas en las que los niños y niñas y los adultos responsables de su cuidado mantienen una relación positiva. Para lograr establecer una relación positiva con los hijos e hijas, los padres y las madres recurren a diferentes prácticas de socialización:[7]

---

7 Berkowitz, M. W. y Grych, J. H. (1998). Fostering goodness: Teaching parents to facilitate children's moral development. *Journal of Moral Education*. 27, 3, 371-392; Maccoby, E. E., y Martin J. A. (1983). Socialization in the context of the family: Parent-child interaction. En P. H. Mussen (Serie Ed.) y E. M. Hetherington (Vol. Ed.) *Handbook of Child Psychology*: Vol. 4. *Socialization, Personality and Social Development*. (cuarta Ed., pp.1-101). Nueva York: Wiley; Steinberg, L., Elmen, J. y Mounts, N. (1989). Authoritative parenting, psychosocial maturity, and academic success among adolescents. *Child Development*, 60, 1424-1436; Steinberg, L. y Morris, A. S. (2001).

1. La aceptación incondicional del hijo o de la hija, llamada también apoyo, calidez, expresión del afecto o interés auténtico en su bienestar. Se expresa mediante aquellos comportamientos del adulto tendientes a mantener una relación estrecha con el hijo o la hija (por ejemplo, compartir actividades y disfrutar de momentos en privacidad), que le permiten sentirse apoyado/a y seguro/a de que se le acepta tal como es.

2. El establecimiento de normas y límites claros y el seguimiento de su cumplimiento. Implica adecuar a la edad y a las capacidades de los hijos y de las hijas, por su edad, no por su sexo, las exigencias y los métodos que usan los adultos para lograr que los cumplan. Supone exponer de manera clara y firme las expectativas de los adultos, al igual que los criterios que usan para definir que un comportamiento es mejor que otro. Se ha encontrado que los niños y las niñas cuyos cuidadores les establecen estándares de conducta altos, pero ajustados a su edad y a sus capacidades, también se plantean metas más altas y realizables para sí mismos/as. También es importante hacer preguntas al hijo o la hija que le permitan identificar por qué su comportamiento (por ejemplo, no dedicar suficiente tiempo al estudio) produjo determinada consecuencia (por ejemplo, perder la materia). De esta manera, se favorece el desarrollo de su sentido de responsabilidad, sin desalentar su individualidad y su independencia.

3. El fomento de la autonomía supone aceptar que los hijos y las hijas tienen la capacidad de pensar, sentir y actuar de manera independiente y que, de acuerdo con su nivel de desarrollo, se les debe permitir tomar decisiones y solucionar sus problemas. La autonomía se desarrolla cuando los adultos les exigen que actúen de acuerdo con su edad, les hacen pensar sobre las consecuencias que tiene su comportamiento para ellos y para los demás, les ayudan a plantear alternativas para solucionar problemas o les permiten explorar el ambiente y aprender de la experiencia.

4. La disposición a intercambiar información, experiencias, necesidades, expectativas y sentimientos a través de una comunicación clara y abierta.

En la tabla 1 se presentan ejemplos concretos de la manera como un padre o una madre lleva a cabo estas prácticas de socialización. La/lo invitamos a revisar estos ejemplos y a identificar aquellas prácticas que usted recuerda que caracterizaban la relación con su padre o su madre cuando usted estaba pequeño/a. ¿En qué medida esas prácticas de socialización desarrollaron en usted patrones de acción que lo/la caracterizan en la actualidad? (Por ejemplo, tiene dificultades para organizar su tiempo, seguir rutinas y establecer límites a su comportamiento y al comportamiento de otros).

Adolescent development. *Annual Review of Psychology, 52*, 83-110; Steinberg, L. y Silverberg, S. B. (1986). The vicissitudes of autonomy in early adolescence. *Child Development, 57*, 841-851.

Tabla 1. Prácticas de socialización del padre o de la madre

Aceptación incondicional	Establecimiento de límites	Fomento de la autonomía	Apertura a la comunicación
a) Reconoce las necesidades fisiológicas y psicológicas del niño/a, responde a ellas teniendo en cuenta su edad. abrazándolo/a, acariciándolo/a, besándolo/a, arrullándolo/a. b) Le dice frecuentemente "te amo". c) Se interesa en sus actividades. d) Le permite colaborar en los oficios de la casa. e) Resalta los aspectos positivos de cada uno de sus hijos/as. f) Evita las comparaciones. g) Recuerda que los seres humanos somos imperfectos, no espera que sus hijos/as sean la excepción. h) Evita amenazar con el retiro del afecto cuando el/la hijo/a se equivoca: "Si sigues portándote así, te voy a dejar con tus abuelos". i) Acepta que los/las hijos/as no son una réplica exacta de los adultos, son diferentes y no tienen por qué ser como los padres esperan que sean. j) Al corregir, hace referencia al comportamiento que no califica al hijo/a como persona; dice: "No me gusta esto que estás haciendo porque puedes hacerte daño"; evita decir: "Deja de ser tan necio, pareces un saltamontes". k) Expresa interés por lo que hace el/la hijo/a cuando está fuera de casa.	a) Establece rutinas de aseo, sueño, alimentación, juego. b) Elabora con todos los integrantes de la familia (adultos y niños) una lista de las tareas domésticas y define responsabilidades sin establecer diferencias por sexo. c) Dice claramente lo que espera: "Quiero que al terminar de jugar recojas todos los juguetes y los pongas en el canasto". d) Es consistente (estable), es decir, si dice que antes de ir a dormir deben lavarse las manos y cepillarse los dientes, exige siempre el cumplimento de esta norma. e) Establece sanciones relacionadas con la falta y que permiten a los/las hijos/as repararla y aprender de la experiencia: "Habíamos acordado que ibas a esforzarte más en tus estudios; como tus notas siguen siendo deficientes, no vas a salir a jugar durante la semana. Llegas del colegio, descansas 30 minutos y luego te dedicas a hacer tus tareas y a estudiar". f) Es firme, evita ceder a la manipulación. Si impone una sanción: "No ves televisión hasta que termines de recoger los juguetes", lo cumple. g) Está al tanto de lo que hacen los niños y niñas, dónde se encuentran, con quién se relacionan, y verifica que aunque no está con ellos/as, las reglas que han acordado se cumplen. h) Dedica tiempo a explicar la razón por la cual impone una regla, les permite a los/as hijos/as ver las consecuencias que tiene su comportamiento para sí mismos/as y para otros.	a) Crea espacios físicos libres de riesgo que invitan a la realización de actividades exploratorias sin molestar a otros. b) Permite a los/as hijos/as hacer las cosas que intentan hacer por sí mismos/as: vestirse, comer, elegir ropa y juguetes, bañarse. c) Reconoce el esfuerzo de los/as niños/as y los/as elogia. d). Evita hacerles las cosas que ya pueden hacer por sí mismos/as e) Recuerda que no siempre tiene la razón. f) Permite a los hijos/as conocer por qué es importante hacer determinadas cosas y por qué se les impide hacer otras. g) Reconoce sus equivocaciones y pide disculpas. h) Les permite a sus hijos/as expresar sus ideas y opiniones respecto a la ropa que van a ponerse, el juguete que quieren usar o el juego en el que quieren participar. i) Solicita la opinión de los hijos/as cuando van a preparar los alimentos o cuando van a tomar una decisión que los/as afecta. j) Tiene en cuenta la opinión o punto de vista de los/las hijos/as.	a) Propicia espacios de juego y conversación. b) Reconoce y acepta las emociones de los hijos/as y les enseña a expresarlas con palabras: "Estás triste", "Estás enojado/a", "Yo sé que te dolió mucho", "Yo también me siento mal cuando las cosas no me salen bien", "A mí también me daba miedo la oscuridad". c) Favorece la interacción entre niños y niñas, invitándolos a compartir actividades, juegos y juguetes. d) Comenta a los niños y niñas sobre sus emociones, sus experiencias, sus deseos, sus planes. e) Dedica tiempo para hablar sobre la forma como se comportan las personas y las implicaciones que tiene ese comportamiento: "Saben, hoy cuando venía en el bus vi cuando un jovencito le robaba la cartera a una señora, me dio tanta tristeza ver a esa pobre señora gritando desesperada, a lo mejor llevaba la platica del mercado…". f) Expresa interés auténtico en conocer el punto de vista de los niños y de las niñas.

La importancia que tienen las prácticas de socialización sexual en la familia se evidencia en los resultados de diversas investigaciones. Por ejemplo, se ha encontrado que la *aceptación incondicional* es una de las prácticas parentales que más inciden en el bienestar psicológico de los hijos e hijas adolescentes.[8] Asimismo, se ha encontrado que, en la medida en que los/las adolescentes se sienten más cercanos a sus padres, el efecto de la presión de los pares frente a los aspectos sexuales disminuye, lo cual funciona como factor protector.[9] Además, se ha observado que el apoyo y la cercanía emocional de las madres con sus hijas se asocian con una edad más tardía de inicio de la actividad sexual de las adolescentes, y que un alto nivel de satisfacción con la relación madre e hija reduce la probabilidad de que la hija tenga relaciones sexuales de riesgo, incrementa la frecuencia de uso de métodos anticonceptivos y disminuye el riesgo de embarazos no deseados.[10]

Para tener en cuenta...

Los factores protectores son aquellos que disminuyen la probabilidad de que se presente una situación, evento o comportamiento que tiene efectos adversos para la salud y que simultáneamente permiten experimentar mayor bienestar físico, psicológico y social, es decir contribuyen con la calidad de vida de las personas.

Con respecto a la *supervisión o monitoreo* parental del comportamiento de los hijos, diversos investigadores han encontrado que la supervisión de las

8 Kurdek, L. K. y Fine, M. A. (1994). Family acceptance and family control as predictors of adjustment in young adolescents: ¿Linear, curvilinear, or interactive effects? *Child Development, 65,* 1137-1146; Wenk, D., Hardesty, C. L., Morgan, C. y Blair, S. L. (1994). The influence of parental involvement on the well-being of sons and daughters. *Journal of Marriage and the Family, 56,* 229-234.
9 Whitbeck, L., Conger, R. y Kao, M. (1993). The influence of parental support, depressed affect, and peers on the sexual behaviors of adolescent girls. *Journal of Family Issues, 14,* 261-278; Scaramella, L. V., Conger, R. D., Simons, R. L. y Whitbeck, L. B. (1998). Predicting risk for pregnancy by late adolescence: A social contextual perspective. *Developmental Psychology, 34,* 1233-1245; Jaccard, J. y Dittus, P. J. (2000). Adolescent perceptions of maternal approval of birth control and sexual risk behavior. *American Journal of Public Health 90,* 1426-1430; Miller, B. C., Norton, M. C., Curtis, T., Hill, E. J., Schvaneveldt, P. y Young, M. H. (1997). The timing of sexual intercourse among adolescents: Family, peer, and other antecedents. *Youth and Society, 29,* 54-83.
10 Jaccard, J., Dittus, P. J. y Gordon, V. V. (1996). Maternal correlates of adolescent sexual and contraceptive behavior. *Family Planning Perspectives, 28,* 159-165, 185; Rodgers, K. B. (1999). Parenting processes related to sexual risk-taking behaviors of adolescent males and females. *Journal of Marriage and the Family, 61,* 99-109.

actividades de los hijos y las hijas adolescentes se asocia consistentemente con bienestar psicológico, que es uno de los factores determinantes de la demora en la iniciación de la actividad sexual y de comportamientos sexuales de menor riesgo.[11] Esto probablemente ocurre porque la falta de supervisión parental se traduce para los hijos en el aumento de oportunidades y de tiempo para tener relaciones sexuales tempranas.[12]

En cuanto a la *comunicación familiar*, diversos estudios revelan que ésta tiene un impacto significativo en las prácticas sexuales de los jóvenes.[13] Por ejemplo, se ha encontrado que los estudiantes de secundaria que hablan con sus padres acerca del sida y del VIH tienen menor probabilidad de practicar actividades sexuales sin protección y de tener múltiples parejas sexuales que aquellos que no hablan de estos temas en familia.[14]

¿Cuál es la fuente de información más confiable para las y los adolescentes?

En un estudio en el que participaron 381 estudiantes de secundaria residentes en una comunidad rural en Colombia, se encontró que la madre es la persona con quien más frecuentemente reconocen, mujeres y hombres, que sentirían más confianza para aclarar dudas sobre problemas familiares (20.2%), para resolver problemas con amigos (17%), para hablar con confianza sobre relaciones de pareja (16.2%) y para hablar sobre sexualidad (27.7%).[15]

---

11 Small, S. A. y Kerns, D. (1993). Unwanted sexual activity among peers during early and middle adolescence: Incidence and risk factors. *Journal of Marriage and the Family, 55*, 941-952; Small, S. A. y Luster, T. (1994). Adolescent sexual activity: An ecological, risk factor approach. *Journal of Marriage and the Family, 56*, 181-192.

12 Miller, K. S., Forehand, R. y Kotchick, B. (1999). Adolescent sexual behavior in two ethnic minority samples: The role of family variables. *Journal of Marriage and the Family, 61*, 85-98; Luster, T. y Small, S. A. (1994). Factors associated with sexual risk-taking behaviors among adolescents". *Journal of Marriage and the Family, 56*, 622-632.

13 Vandell, D. L. (2000). Parents, peer groups, and other socializing influences. *Developmental Psychology, 36*, 699-710.

14 Holtzman, D. y Robinson, R. (1995). Parent and peer communication effects on AIDS-related behavior among U.S. high school students. *Family Planning Perspectives, 27*, 235-240.

15 Vargas-Trujillo, E., Gambara, H., Balanta, P., Ibarra, C., Rojas, A.M. (2009). "Yo Decido Mi Vida": Decisiones Sexuales en la Adolescencia. Informe final del proyecto "Decisiones sexuales en la adolescencia: diseño y evaluación de un programa de formación desde la perspectiva de género y derechos". Madrid, España: UAM, Uniandes.

Finalmente, la capacidad de los padres para *promover la autonomía* de las hijas y los hijos, a la vez que establecen límites y se presentan como emocionalmente disponibles, es central en el desarrollo posterior de la capacidad para entablar relaciones románticas caracterizadas por la cercanía, la intimidad y la autonomía.[16] Se ha encontrado que los/las jóvenes que experimentan autonomía en las relaciones con sus madres desarrollan también la autonomía en sus relaciones románticas. Específicamente, aquellas mujeres jóvenes que se sienten a gusto al hacer explícitas sus diferencias en las relaciones con sus madres tienden a sentirse más cómodas al expresar sus desacuerdos frente a sus compañeros románticos.[17]

¿Cómo influye en la sexualidad adolescente la percepción que tienen los jóvenes de la relación con sus padres?

Los estudios del Grupo Familia y Sexualidad[18] que se han desarrollado con estudiantes de secundaria de todos los niveles socioeconómicos en la ciudad de Bogotá revelan que la percepción que tienen los adolescentes de las relaciones con sus madres y padres favorece el desarrollo de expectativas más positivas de las relaciones románticas y una mayor confianza en sí mismos para manejar las exigencias de una relación de pareja. Los datos también muestran que un contexto familiar caracterizado por altos niveles de aceptación, comunicación y supervisión parental se asocia con una menor frecuencia de relaciones sexuales pre-penetrativas y penetrativas y, además, se relaciona con actitudes menos sexistas y menos favorables hacia las relaciones sexuales durante la adolescencia.

---

16 Scharf, M. y Mayseless, O. (2001). The capacity for romantic intimacy: Exploring the contribution of best friend and marital and parental relationships. *Journal of Adolescence, 24*, 379-399.

17 Taradash, A., Connolly, J. A., Pepler, D., Craig, W. y Costa, M. (2001). The interpersonal context of romantic autonomy in adolescence. *Journal of Adolescence, 24*, 365-377.

18 Vargas-Trujillo, E. y Barrera, F. (2002). *El papel de las relaciones padres-hijos y de la competencia psicosocial en la actividad sexual de los adolescentes.* Documentos CESO N° 32. Bogotá, Colombia: Universidad de los Andes, Facultad de Ciencias Sociales; Vargas-Trujillo, E. y Barrera, F. (2003). Actividad sexual y relaciones románticas durante la adolescencia: algunos factores explicativos. Bogotá: *Documentos CESO* N° 62, Universidad de los Andes; Vargas-Trujillo, E., Barrera, F., Burgos, M. C. y Daza, B. C. (2004). Influencia de los programas televisivos con contenido sexual sobre el comportamiento de los adolescentes. *Documentos CESO,* N° 82, Bogotá: Ediciones Uniandes.

En el estudio más reciente se encontró que la comunicación y la supervisión de los padres se asocian con las cogniciones que influyen sobre la experiencia sexual. Los hallazgos indican que cuando el adolescente percibe que la comunicación y la supervisión que caracterizan la relación con sus padres son deficientes, hay una mayor probabilidad de que desarrolle cogniciones que pueden dificultar el logro de las tareas propias de la juventud, a saber: la definición de lo que quiere hacer como hombre o como mujer, asumiendo una actitud crítica frente a las normas y expectativas de género; la formación de relaciones caracterizadas por la cercanía, la calidez y la reciprocidad (vinculación), y la autonomía; la capacidad para tomar decisiones sobre su vida sexual de manera planeada, reflexiva y sistemática.

La escuela

El contexto escolar es un espacio privilegiado para el aprendizaje, la participación y la generación de nuevos conocimientos que trascienden las aproximaciones irreflexivas y, en muchas ocasiones, multiplicadoras de creencias infundadas relacionadas con la sexualidad.[19]

Además, en los últimos años, a la escuela se le ha asignado la tarea de incluir en el plan de estudios la educación de la sexualidad. Para el Grupo Familia y Sexualidad la educación de la sexualidad es el derecho de toda persona (sin distinción por sexo, edad, condición socioeconómica, origen étnico o por cualquier motivo) a buscar y obtener información veraz (fundamentada en evidencia científica) y oportuna (de acuerdo con su proceso de desarrollo y las situaciones que enfrenta en cada etapa) acerca de su dimensión sexual con el fin de contar con los conocimientos, las actitudes y las habilidades (competencias) que se requieren para tomar decisiones sexuales autónomas y para llevar a la acción prácticas de cuidado de sí mismas (autocuidado), de otras personas (mutuo-cuidado) y de su entorno (socio-cuidado). El proceso de educación de la sexualidad les compete a distintos agentes de socialización en diversos contextos, no es exclusivo del contexto escolar y tampoco es suficiente que se limite a este ámbito. La educación de la sexualidad debe reconocer lo que la sociedad necesita que sus miembros conozcan y sepan hacer para ejercer sus derechos y exigirlos y para desempeñar adecuadamente el papel social, económico y político que les corresponde.

19 Ariza, C., Cesari, M. D. y Galán, M. G. (1991). *Programa integrado de pedagogía sexual en la escuela*. Instituto Borja de Bioética. Madrid, España: Ediciones Narcea S. A.

Si bien la educación de la sexualidad, como parte del proceso de socialización sexual, se da fundamentalmente en la familia, en el ámbito escolar se complementa y amplía. Cabe señalar que en este contexto las maestras y los maestros tienen un papel relevante, en tanto que educan a partir de sus propias actitudes y comportamientos y no sólo a través de lo que comunican verbalmente.

Se ha encontrado que la concepción personal que tienen los maestros acerca de la sexualidad incide en el sentido y la dirección que le dan al proceso educativo. Si la concepción de la sexualidad es negativa, la acción educativa que emprenda el maestro estará basada en el temor y la sanción. Pero si dicha concepción parte de la consideración de la sexualidad como una de las dimensiones de la identidad, así como de su rol en la garantía de los derechos humanos sexuales y reproductivos de las y los estudiantes, emprenderá acciones educativas orientadas al fomento de la autonomía.

El trabajo en investigación e intervención que realiza el grupo Familia y Sexualidad con diferentes grupos (jóvenes en contextos urbanos y rurales, de distintos niveles educativos, con docentes, padres de familia y tomadores de decisiones) le ha permitido identificar que los procesos pedagógicos que contribuyen al desarrollo de habilidades para el mantenimiento de la salud se caracterizan porque: a) facilitan el acceso a información actualizada, libre de sesgos y fundamentada en evidencia sobre asuntos concernientes a la sexualidad; b) promueven el reconocimiento y el ejercicio de los derechos humanos sexuales y reproductivos; c) propician el análisis crítico de los propios contextos con el fin de clarificar las actitudes que favorecen u obstaculizan la adopción de prácticas de autocuidado, mutuo-cuidado y socio-cuidado.

¿Cómo ha sido la educación sexual de los jóvenes en Colombia?

En las entrevistas cualitativas[20] que se realizaron a jóvenes de ambos sexos en Bogotá y Cali, en el marco del estudio sobre fecundidad adolescente, se encontró que, salvo contadas excepciones, tanto en la familia como en el colegio se asocia la sexualidad con la genitalidad y, consecuentemente, la educación sexual apunta a la prevención de las consecuencias que se derivan de la actividad sexual: infecciones de transmisión sexual, embarazo, aborto y métodos anticonceptivos. De esta manera, los procesos socioculturales y psicológicos que la determinan se encuentran completamente ausentes de sus reflexiones y elaboraciones al respecto.

---

20 Vargas-Trujillo, E., Henao, J. y González, C. (2005). Fecundidad adolescente en Colombia: incidencia, tendencias y determinantes. Un enfoque de historia de vida. Estudio Cualitativo. *Documentos CESO* N° 95. Bogotá: Universidad de los Andes.

Según los jóvenes, uno de sus primeros acercamientos al tema de la sexualidad se presentó cuando se enteraron de cómo nacen y se hacen los bebés. En Bogotá y Cali, este hecho ocurrió entre los 9 y los 13 años, a través de varias fuentes. La mayor parte de las jóvenes señalaron que sus madres y los profesores del colegio fueron los primeros en explicarles sobre el tema, mientras que, en el caso de los jóvenes, sus amigos y hermanos mayores fueron las primeras personas en tratar el asunto con ellos.

En pocos casos, las jóvenes señalaron contar con un espacio de discusión sobre la sexualidad con sus madres, el cual se caracterizó por trascender la esfera reproductiva y ahondar también en el ámbito del afecto y la comunicación. Según algunas jóvenes, sus madres empezaron por contarles con claridad y tranquilidad cómo nacen y se hacen los niños; más adelante las orientaron sobre sus relaciones de pareja y sobre la utilización de métodos anticonceptivos.

Es común en todos los niveles socioeconómicos que las madres, y en especial los padres, eviten tratar el tema de la actividad sexual con sus hijos e hijas. Se encontró que en muchas ocasiones las madres plantean en algún momento el tema a sus hijas, pero nunca lo vuelven a retomar. Esto lleva a que las jóvenes no desarrollen suficiente confianza y apertura respecto a la comunicación con sus madres y, por lo tanto, impide que en la familia encuentren respuestas claras para resolver sus inquietudes.

Para los jóvenes la situación generalmente es más difícil, en la medida en que las madres sienten que este tipo de temas debe ser tratado entre hombres, idealmente con el padre, quien por lo general no lo hace. En las pocas ocasiones en las que los jóvenes mencionaron que sus padres los habían instruido sobre la actividad sexual, la información fue confusa.

En ausencia de fuentes de información confiables en el medio familiar, y dado que la educación sexual en el contexto escolar generalmente ocurre a destiempo, los jóvenes tienen que resolver sus inquietudes en torno a la sexualidad recurriendo a los amigos y a las parejas románticas. Los medios de comunicación, como la televisión, los libros y las revistas, se convierten también en recursos importantes por medio de los cuales los y las jóvenes obtienen información sobre el tema de la actividad sexual.

La narrativa de los participantes reveló que el papel de estas fuentes de información no se reduce a permitir una primera aproximación al aspecto genital y reproductivo de la sexualidad humana, sino que también proporcionan conocimiento fundamental sobre las formas correctas e incorrectas en las que se relacionan los hombres y las mujeres, y sobre lo que se espera de cada uno de los sexos en una relación de pareja.

En el ámbito escolar, en Bogotá y Cali se encontraron dos tendencias en la estructura de los programas de educación sexual. Un poco más de la mitad de los planteles educativos incluye los temas relacionados con la sexualidad en el plan de estudios que se desarrolla en noveno y décimo. En los otros colegios, la educación sexual se limita a la realización de conferencias esporádicas por parte de un profesional experto o de instituciones externas. Independientemente de la estructura del programa, la educación sexual que se ofrece en los colegios tiene varias características en común. En primera instancia, aborda exclusivamente temas como los órganos sexuales, las infecciones de transmisión sexual, los métodos anticonceptivos, el embarazo y el aborto. Otra de las características de los cursos de educación sexual que mencionaron los y las jóvenes es su carácter descriptivo y superficial, bajo el cual no se promueve la reflexión en torno a las temáticas.

Otros jóvenes señalaron que las exposiciones tenían un carácter directivo que no permitía el diálogo entre los alumnos y el profesor o expositor, y que, por lo tanto, no tenía en cuenta sus vivencias y expectativas. Igualmente, los y las jóvenes señalaron que la educación que recibían en el colegio estaba orientada a generar temor frente a la actividad sexual.

El grupo de pares

Otro contexto de socialización sexual particularmente relevante es el del grupo de compañeros. En la infancia, los otros niños y niñas cumplen su función como agentes de socialización sexual a través de los mensajes que intercambian durante el juego. Aunque en el primer año de vida muchos juegos y juguetes son comunes tanto para el niño como para la niña, los adultos comienzan a intervenir para que uno y otro utilicen los objetos que son "apropiados para cada sexo". Así, no es raro observar que hacia los cinco años los grupos comienzan a excluir de sus juegos a los miembros de otro sexo, con frases tales como: "Vete, éste no es un juego para niñas", "Los niños no pueden estar aquí, estamos hablando cosas de niñas". Estas frases revelan el medio sexista en el que han sido socializados los niños y niñas, y mantienen la separación de los sexos.

En la adolescencia, el grupo de pares no sólo representa al grupo de jóvenes con quienes la persona se relaciona e interactúa cara a cara, sino que también hace referencia a aquel grupo con el cual se siente identificado de alguna manera (por ejemplo, los grupos de música, los grupos deportivos, los grupos políticos, entre otros). La influencia del grupo de pares no depende de la participación directa del individuo en el grupo; el solo hecho de que se sienta identificado con un grupo de referencia es suficiente para afectar sus cogniciones y, por lo tanto, su comportamiento.[21]

En general, se diferencian tres tipos de influencia interpersonal: a) la influencia directa, en la que los pares y amigos dan ejemplo y refuerzan determinado tipo de comportamiento; b) la influencia indirecta, que se establece a través de los vínculos interpersonales que crean intereses y valores comunes;[22] c) la influencia normativa, que implica actuar conforme la persona percibe que las figuras significativas lo harían, desean que lo haga y aprobarían.

Se ha encontrado que la influencia de los pares o del grupo de amigos en el proceso de socialización sexual, al igual que la de los otros agentes de socialización, se da a través de la información que proporcionan acerca de diferentes aspectos de la sexualidad, mediante el intercambio de creencias y experiencias, y por medio de las normas implícitas y explícitas que se construyen en el grupo sobre asuntos como el comportamiento apropiado para hombres y para mujeres, la edad de inicio de la actividad sexual, la aprobación o desaprobación de las relaciones sexuales durante la adolescencia o fuera del matrimonio o el uso de métodos de protección.[23]

Diversos estudios han tratado de identificar las relaciones que existen entre las actitudes, las normas, las expectativas, el comportamiento del grupo de iguales y los comportamientos de los niños y los adolescentes.[24] Estos estudios han permitido establecer que el grupo de pares cumple un papel relevante en la conformidad respecto a diferentes intereses, preferencias y conductas asociadas con uno y otro sexo. Por ejemplo, en los grupos de hombres se refuerzan la agresividad y la independencia, mientras que en los de mujeres se promueven la empatía, la expresividad y la preocupación por el bienestar de los otros.[25] De esta manera, tener un grupo de pares que acepta y actúa conforme a los roles de género tradicionales será un factor de influencia muy importante para el desarrollo de la sexualidad durante la adolescencia.

21 Cotterell, J. (1996). *Social Networks and Social Influences in Adolescence*. Londres: Routledge.

22 Kandel, D. (1978). Homophily, selection, and socialization in adolescent friendships. *American Journal of Sociology, 84*, 427-436.

23 Eshleman, J. R. (1994). *The Family*. Londres: Allyn & Bacon; Moore, S. y Rosenthal, D. (1993). *Sexuality in Adolescence*, Londres: Routhledge.

24 Chen, Ch., Greenberger, E., Lester, J., Dong, Q. y Guo, M. (1998). A cross-cultural study of family and peer correlates of adolescent misconduct. *Developmental Psychology, 34*, 770-781; Jessor, R., Van Den Bos, J., Vanderry, J., Costa, F. M. y Turbin, M. S. (1995). Protective factors in adolescent problem behavior: Moderator effects and developmental change. *Developmental Psychology, 31*, 923-933.

25 Fuertes, A. (1996) Redefinición sexual y de género. En J. Fernández (Ed.). *Varones y mujeres. Desarrollo de la doble realidad del sexo y del género*. Madrid: Pirámide.

En cuanto a la actividad sexual, se ha observado que la edad de la primera relación sexual se puede explicar, en parte, por la influencia del grupo de pares. Otros investigadores han encontrado que la actividad sexual de los adolescentes está determinada por el comportamiento del mejor amigo o amiga o de la persona con la cual se tiene una relación estable o romántica.[26] Sin embargo, otros investigadores plantean que la actividad sexual está más relacionada con la percepción que tienen los jóvenes de las actitudes de sus amigos frente a la misma que con lo que realmente hacen sus amigos con su vida sexual.[27]

Efectivamente, se ha encontrado que la norma social tiene un efecto más fuerte que las actitudes personales sobre la intención de tener relaciones sexuales.[28] Los datos indican que la motivación principal de las personas para iniciar su actividad sexual no es que sientan que sea divertida, sino que no quieren quedarse atrás con respecto al grupo de su misma edad.[29]

Para evaluar la norma de pares los investigadores preguntan acerca del número de amigos o compañeros que la persona percibe que tienen relaciones sexuales.[30] De esta manera, en las investigaciones del Grupo Familia y Sexualidad en Bogotá[31] se ha encontrado que cuando el adolescente percibe que la "mayoría" o "muchos" de los jóvenes de su edad han empezado a tener relacio-

---

26 Perkins, D. F., Luster, T., Villarruel, F. A. y Small, S. (1998). An ecological, risk factor examination of adolescents' sexual activity in three ethnic groups. *Journal of Marriage and the Family*, *60*, 660-673; Miller, B. C., McCoy, J. K. y Olson, T. D. (1986). Dating age and stage as correlates of adolescent sexual attitudes and behavior. *Journal of Early Adolescent Research*, *1*, 361-371; Gaston, J. F., Jensen, L. y Weed, S. (1995). A closer look at adolescent sexual activity. *Journal of Youth and Adolescence*, *24*, 465-479; Small, S. A. y Luster, T. (1994). Adolescent sexual activity: An ecological, risk factor approach. *Journal of Marriage and the Family*, *56*, 181-192.

27 Small y Luster. *Idem*.

28 Gillmore, M. R., Archibald, M. E., Morrison, D. M., Wilsdon, A., Wells, E. A., Hoppe, M. J., Nahom, D. y Murowchick, E. (2002). Teen sexual behavior: Applicability of the Theory of Reasoned Action. *Journal of Marriage and Family*, *64*, 885-897.

29 Kinsman, S. B., Romer, D., Furstenberg, F. F. y Schwarz, D. F. (1998). Early sexual initiation: The role of peer norms. *Pediatrics*, *102*, 1185-1192.

30 Magnani, R. J., Seiber, E. E., Zielinski Gutierrez, E. y Vereau, D. (2001). Correlates of sexual activity and condom use among secondary-school students in urban Peru. *Studies in Family Planning*, *32*, 53-66.
Miller, B. C., Norton, M. C., Curtis, T., Hill, E. J., Schvaneveldt, P. y Young, M. H. (1997). The timing of sexual intercourse among adolescents: Family, peer, and other antecedents. *Youth and Society*, *29*, 54-83; Whitaker, D. J., Miller, K. S. y Clark, L. F. (2000). Reconceptualizing adolescent sexual behavior: Beyond did they or didn't they? *Family Planning Perspectives*, *32*, 111- 124.

31 Vargas-Trujillo, E. y Barrera, F. (2003). *Actividad sexual y relaciones románticas durante la adolescencia: algunos factores explicativos*. Bogotá: *Documentos* CESO N° 62, Universidad de los Andes; Vargas-Trujillo, E., Barrera, F., Burgos, M. C. y Daza, B. C. (2004). Influencia de los programas televisivos con contenido sexual sobre el comportamiento de los adolescentes. *Documentos* CESO, N° 82, Bogotá: Ediciones Uniandes.

nes sexuales, puede llegar a creer que éste es un comportamiento "esperado" o "deseable" para su edad. Esta creencia de que "la mayor parte" de los jóvenes tiene actividad sexual es uno de los factores que lleva a los adolescentes que no han tenido relaciones genitales a creer que hacen parte de una minoría y que, por lo tanto, deben preocuparse por satisfacer aquello que perciben como la "norma de pares".[32]

¿Cómo influyen los amigos en el inicio de relaciones sexuales?

En un estudio con adolescentes de Bogotá y Cali,[33] se encontró que la influencia, directa e indirecta, del grupo de referencia es una razón que motiva a las adolescentes a tener relaciones sexuales. Este testimonio de una mujer en Bogotá nos muestra este hecho: "... todos hablaban en mi colegio de eso, todas mis amigas hablaban de que ellas habían estado con sus novios, entonces me decían: 'Usted ya está quedada' [a los 16 años], que '[su novio] se va a conseguir otra para estar con ella porque eso es lo que les gusta a los muchachos'... yo les decía que ahí es donde uno se da cuenta si lo quieren a uno o no, pero ellos me decían que no, que eso no importa, que el sexo es algo primordial en una relación...".

Pero los hombres no escapan de esta influencia. Un joven de estrato medio de Cali expresa con mucha claridad la permanente presión a la que se ven sometidos los adolescentes para iniciar actividad sexual: "La edad, el medio, el mundo... es una edad en la que todo lo ataca a uno, uno ve y escucha cosas siente cosas, y todo eso como que lo llama a uno, y cuando está el momento y se presta para todo, se hace".

Los medios de comunicación

Varios autores coinciden en afirmar que, en la actualidad, los medios de comunicación son proveedores importantes de información para los niños y jóvenes. Aunque la televisión continúa siendo el medio de comunicación más popular y de mayor influencia entre las generaciones más jóvenes de nuestra sociedad, no debemos olvidar el particular interés que manifiestan hacia determinados programas radiales, internet, los videos musicales y los juegos de video.

---

32 Salamanca, H. (2012). Norma subjetiva e intención de iniciar actividad sexual en la adolescencia: una intervención. Tesis de Maestría, Departamento de Psicología, Universidad de los Andes.

33 Vargas-Trujillo, Henao y González (2005). Fecundidad adolescente..., *op. cit.*

Se ha encontrado que los medios de comunicación cumplen su función como agentes de socialización sexual reflejando en el contenido de sus programas lo que es aceptado en el medio sociocultural, en lugar de convertirse en agentes de cambio. Es así como en los medios de comunicación se muestra a los hombres y a las mujeres representando los papeles que tradicionalmente se les ha asignado a uno y a otro en función de su sexo. Estos mensajes contribuyen a tener una visión parcializada, inexacta y deformada de los hombres y de las mujeres, lo cual favorece el mantenimiento de normas y expectativas de género sexistas.

Además, se ha encontrado que los comportamientos, actitudes, emociones e ideas relativas a temas sexuales, que de manera explícita o implícita exhiben los personajes de la televisión, pueden convertirse en modelo para los televidentes, que van construyendo cogniciones sobre aspectos sexuales que pueden guiar su comportamiento. Las cogniciones son procesos que intervienen entre los estímulos externos que son observables y el comportamiento de las personas en las situaciones de la vida diaria.[34] Los datos disponibles en Colombia indican que la exposición a programas televisivos con contenido sexual favorece la construcción de creencias, actitudes, expectativas, percepciones, valoraciones y significados acerca de la sexualidad (cogniciones), y que estas cogniciones guían el comportamiento sexual de los niños, las niñas y los/as jóvenes.[35]

Concretamente, la televisión proporciona a los niños y las niñas información que no obtienen de otras fuentes, y les permite conocer las normas sociales sobre los comportamientos sexuales que son aceptados y permisibles.

En cuanto a los efectos de esta información, recientemente ha aparecido abundante literatura que muestra que los materiales eróticos y sexualmente explícitos –pornográficos– promueven en las personas una insensibilidad sexual, una actitud cínica acerca del amor y el matrimonio, y la percepción de que la actividad sexual con desconocidos y con múltiples parejas sexuales es la norma socialmente aceptada.[36] Más aún, se ha encontrado que los medios de comu-

---

34 Conner, M. y Norman, P. (1996). The role of social cognition in health behaviours. En M. Conner y P. Norman (Eds.). *Predicting Health Behavior* (pp. 1-22), Filadelfia: Open University Press.

35 Fox, W. (2003). Los niños, las telenovelas y las relaciones de pareja: un análisis del discurso. Trabajo de Grado. Bogotá: Departamento de Psicología, Universidad de los Andes; Fox, W., Santos, C. y Vargas-Trujillo, E. (2004). Contenido sexual en la programación de la franja infantil y familiar de la televisión colombiana: un estudio piloto. *Revista Latinoamericana de Sexología*, 19, 1, 5-14; Vargas-Trujillo y Barrera F. (2004). *Influencia de los programas televisivos con contenido sexual sobre el comportamiento de los adolescentes.* Informe Final presentado a la Comisión Nacional de Televisión. Bogotá: Departamento de Psicología, Universidad de los Andes.

36 Bushman, B. J. y Cantor, J. (2003). Media ratings for violence and sex: Implications for policymakers and parents. *American Psychologist, 58*, 130-141.

nicación que presentan contenidos sexuales combinados con violencia pueden tener efectos particularmente nocivos en las personas.[37]

Los estudios que analizan el contenido sexual de los mensajes televisivos revelan que, a pesar de que éste pocas veces es visualmente explícito, porque la mayoría de las conductas sexuales que se muestran son relativamente "modestas", sí transmite información a los jóvenes sobre temas que no les llegan por medio de otras fuentes como la escuela, los padres o los educadores.[38] La preocupación frente a este contenido surge ante la evidencia de que los mensajes, además de exagerar la importancia de la actividad sexual en las relaciones de pareja, dan la impresión de que las relaciones sexuales ocurren de forma espontánea y romántica, y de que están libres de riesgo y responsabilidades.[39]

Un aspecto delicado acerca de la influencia del contenido sexual en la televisión se refiere a su efecto diferencial en función de la edad de los observadores. Aunque el contenido sexual que aparece en los diferentes medios de comunicación puede afectar a cualquier grupo de edad, los adolescentes son particularmente vulnerables.[40] Los adolescentes, especialmente los más jóvenes, pueden ser más sensibles a los mensajes sobre temas de sexo porque se encuentran en un período de desarrollo en el que los roles de género, las actitudes y los comportamientos sexuales se están moldeando. Además, los adolescentes aún no han completado el desarrollo de las habilidades cognoscitivas que se requieren para analizar críticamente los mensajes que presentan los medios y para tomar decisiones teniendo en cuenta las posibles consecuencias de su comportamiento.

37 Allen, M., D'Alessio, D. y Brezgel, K. (1995). A meta-analysis summarizing the effects of pornography II: Aggression after exposure. *Human Communication Research, 22*, 258-283; Linz, D., Donnerstein, E. y Penrod, S. (1987). Findings and recommendations of the Attorney General's Commission on Pornography: Do the psychological facts fit the political fury? *American Psychologist. 42*, 946-953.

38 Kunkel, D., Cope, K. M. y Colvin, C. (1996). *Sexual Messages on Family Hour Television: Content and Context.* Menlo Park, CA: Kaiser Family Foundation; Fox, W. y Santos, C. (2002). Análisis de contenido sexual en los programas de audiencia infantil. *Documentos CESO.* Bogotá: Universidad de los Andes; Roberts, D. (2000). Media and youth: Access, exposure, and privatization. *J. Adolesc. Health 27S*, 8-14.

39 Ward, L. M. (2002). Does television exposure affect emerging adults' attitudes and assumptions about sexual relationships? Correlational and experimental confirmation. *Journal of Youth and Adolescence, 31*, 1-15.

40 Gruber, E. y Grube, J. W. (2000). Adolescent sexuality and the media: A review of current knowledge and implications. *Western Journal of Medicine, 172*, 3, 210-214.

> **¿Cómo influye la televisión en el comportamiento sexual de los adolescentes?**
>
> Los resultados de un estudio realizado con estudiantes de secundaria en Bogotá[41] indican que la cantidad de televisión que ven los adolescentes, al igual que el tipo de programas que ven y la relación que establecen con ellos, se asocia con sus expectativas, sus actitudes, sus creencias y sus valoraciones románticas y sexuales. Se encontró que los jóvenes que ven con mayor frecuencia géneros televisivos con alto contenido sexual, como las telenovelas y los videos musicales, expresan actitudes más sexistas y más favorables hacia la actividad sexual en la adolescencia.
>
> El estudio permitió establecer que la televisión cumple un papel fundamental en la definición de la actitud personal, que es la cognición que más influye en la intención de los/las adolescentes de tener relaciones sexuales en la adolescencia. Se encontró que, a mayor exposición a programas con contenido romántico, más favorable es la actitud personal hacia las relaciones sexuales en la adolescencia.

Preguntas frecuentes

¿Por qué es tan difícil hablar sobre el tema de la sexualidad con los padres?

Como se mencionó en este capítulo, hay varios factores que pueden estar relacionados con la dificultad que muchos jóvenes tienen para hablar de ciertos temas con sus padres; entre ellos, podemos citar la percepción de falta de aceptación por parte de los padres, la insuficiente apertura a la comunicación y las actitudes de los padres hacia distintos aspectos de la sexualidad.

Adicionalmente, en los capítulos anteriores se mencionan varias razones que explican la dificultad que tienen los padres para abordar estos temas con sus hijos: la definición que manejan del concepto "sexualidad", el contexto sociocultural en el que crecieron o al que pertenecen y el medio familiar, escolar y social en el que fueron socializados, entre otros.

Por lo anterior, esperamos que este libro se constituya en la disculpa perfecta para comenzar a hablar de este tema en familia; una manera sencilla de hacerlo consiste en comentar con los padres los resultados de las investigaciones que se han mencionado en los distintos apartados.

41 Vargas-Trujillo y Barrera (2004). *Influencia de los programas televisivos..., op. cit.*

¿Qué son los estándares sexuales?

Los estándares sexuales son los patrones de comportamiento que socialmente se consideran apropiados o ideales. Por ejemplo, en algunas sociedades se da gran importancia a la abstinencia y, por lo tanto, sólo se aceptan las relaciones sexuales en el contexto del matrimonio; en otras sociedades existe el doble estándar, es decir, se aceptan las relaciones sexuales prematrimoniales para los hombres pero no para las mujeres; en otras, se observa lo que se ha denominado permisividad con afecto, es decir, se aprueban las relaciones sexuales pero sólo en el contexto de relaciones afectivas, estables y con compromiso; en otras, se aceptan las relaciones sexuales, independientemente de que haya involucramiento afectivo entre los participantes. En Colombia, un estándar sexual que se identificó a través de entrevistas con adolescentes de Bogotá y Cali es el que denominamos permisividad protegida.[42] Este estándar corresponde a la aprobación de las relaciones sexuales, siempre y cuando se eviten riesgos como el embarazo y las infecciones de transmisión sexual.

¿Cuál es el estándar sexual actual?

Se ha encontrado que el estándar sexual actual es "condicional": sí a las relaciones sexuales fuera del matrimonio pero… por amor, en una relación estable, protegida. Además, los estudios del Grupo Familia y Sexualidad indican que el "doble estándar" ha evolucionado; antes sólo los hombres podían tener relaciones sexuales fuera del matrimonio; actualmente, los estándares sexuales difieren según el sexo: la permisividad sexual sin afecto sigue siendo más tolerada para los hombres; en las mujeres se tolera la permisividad con afecto.

¿Cómo se expresa el doble estándar sexual?

El "doble estándar" se expresa de muchas formas; algunas de ellas son:

1. La expresión del deseo: la mujer es pasiva, no tiene la iniciativa; el hombre es activo, es el que propone.
2. La percepción negativa de las mujeres por ser sexualmente experimentadas: los hombres prefieren una mujer menos permisiva sexualmente para casarse. Para salidas casuales, las mujeres permisivas sexualmente son más deseables.
3. La valoración que se hace de las personas cuando son activas sexualmente: las mujeres con "mucha experiencia sexual" son juzgadas más duramente,

---

42 Vargas-Trujillo, Henao y González. Fecundidad adolescente en Colombia:…, *op. cit.*

mientras que los hombres son "verdaderos hombres", "unos duros", las mujeres son "fáciles", "unas zorras".

4. Las decisiones sexuales: Estar preparado(a) para un encuentro sexual inicial sugiere que se tenía la expectativa de la relación sexual, una mujer preparada puede ser percibida como sexualmente permisiva, un hombre preparado puede ser percibido como "que eso es lo único que busca en la relación".

¿Por qué es necesario reconocer que en el proceso de socialización sexual se reproduce el doble estándar?

Es importante porque se ha encontrado que el "doble estándar" puede competir con el deseo de tener relaciones sexuales libres de riesgo. Los estudios muestran que tanto hombres como mujeres evitan reconocer abiertamente su deseo sexual, prefieren no hablar del tema y no planear sus primeros encuentros sexuales, para evitar las sanciones negativas: las mujeres, para no ser etiquetadas como "fáciles"; los hombres, para evitar el rechazo de su pareja, lo que va en detrimento de la autonomía y el ejercicio de los derechos humanos sexuales y reproductivos.

¿Qué relación hay entre el proceso de socialización sexual y la educación sexual?

En el Grupo Familia y Sexualidad hemos logrado establecer que la educación de la sexualidad, tal como se ha implementado en nuestro país, es un proceso que se realiza de manera intencional, generalmente en el contexto escolar, que en la mayoría de los casos con el fin de prevenir que los/las jóvenes se involucren en comportamientos sexuales de riesgo.

Dado que en el Grupo asumimos que la sexualidad es mucho más que sexo, es decir, es un aspecto de la persona que no se reduce a la genitalidad, planteamos que su formación ocurre en el proceso de socialización sexual. Desde nuestra perspectiva, la formación de la sexualidad es un proceso que dura toda la vida. Este proceso de formación, que puede ocurrir de manera intencional o no, está orientado a promover la construcción de una sexualidad saludable. Para lograr su finalidad, este proceso implica:

1. Brindar información relacionada con la sexualidad, basada en el conocimiento científico disponible sobre el tema.

2. Crear un contexto relacional que posibilite a la persona desarrollar actitudes y habilidades características de una sexualidad saludable.

3. Ser facilitado por personal capacitado y sensible a las particularidades de cada grupo según su edad, origen étnico y contexto sociocultural.

Por lo anterior, en este libro se busca que las personas obtengan información clara, concreta, específica y científica acerca de la sexualidad, al mismo tiempo que se propician situaciones para que las personas que lo leen revisen diversos aspectos de sí mismas, integren críticamente la información que reciben del entorno, logren tomar decisiones autónomas y actúen libremente sin dejarse manipular por influencias externas.

Para reflexionar...

Elabore una lista de algunas de las normas sociales que regulan el comportamiento sexual de las personas en su familia, en su relación de pareja, en su grupo de amigos y en el contexto social en el que usted se mueve.

¿Cuáles de estas normas se aplican a los hombres y cuáles a las mujeres?

¿Por qué cree que las normas sociales que regulan el comportamiento sexual son diferentes para hombres y mujeres?

¿Cuáles de estas normas cree usted que atentan contra los derechos sexuales de las personas?

¿De qué manera puede usted contribuir a cambiar esas normas?

3

Soy hombre, soy mujer

Para reflexionar…

- ¿Qué es lo que más le gusta de su cuerpo?
- ¿Qué es lo que menos le gusta de su cuerpo?
- ¿Qué tan frecuentemente compara usted la apariencia de su cuerpo con la de otras personas?
- Durante el día ¿qué tan frecuentemente piensa en cómo luce su cuerpo?
- ¿Qué tanto le preocupa que la ropa que usa le haga lucir atractiva/o?
- ¿Qué tanto le afecta lo que otras personas piensan acerca de su cuerpo?
- ¿Qué tanto tiempo del día dedica a realizar actividades (ejercicio, alimentación, arreglo personal, entre otras) para lograr que su cuerpo luzca bien?
- ¿Qué tan atractiva/o físicamente se siente usted?
- ¿Qué tan satisfecho/a se siente con la apariencia de su cuerpo?

La mayoría de los libros y cursos sobre sexualidad comienza con la temática de los aspectos biológicos que diferencian a los hombres de las mujeres. Es decir, presentan lo concerniente a la anatomía y la fisiología sexual, por una parte, y el papel de los diferentes órganos en la respuesta sexual y en el proceso reproductivo, por otra. En este libro nos vamos a apartar un poco de esta forma tradicional de abordar el tema, básicamente porque creemos que, si bien su comprensión es pertinente, las personas interesadas pueden encontrar suficiente información al respecto en otros textos.

Esto no significa que estemos pasando por alto que el cuerpo, biológicamente hablando, es lo que posibilita a las personas experimentar placer y reproducirse, dos de las funciones que tradicionalmente se le han atribuido a la sexualidad. No obstante, dado que desde nuestra perspectiva la sexualidad no se reduce a la genitalidad, nuestro énfasis en este apartado no será en la fisiología de los órganos sexuales y su papel en la actividad sexual y el proceso reproductivo.

En este libro, nuestro objetivo es que usted reconozca que las características físicas de su cuerpo sexuado son los cimientos sobre los cuales usted construye su sexualidad. Como dijimos en la introducción, el *sexo* que se nos asigna en el momento del nacimiento a partir de la apariencia de nuestros genitales, incluso desde antes, desencadena una serie de procesos socioculturales y psicológicos que marcan de manera definitiva nuestra existencia como individuos sexuados: la manera como nos vemos, la descripción y valoración que hacemos de nosotros mismos, las necesidades que buscamos satisfacer, las metas que nos proponemos, las decisiones que tomamos y la forma como nos comportamos con nosotros mismos y los demás.

Por lo anterior, asumimos que la comprensión de nuestra sexualidad exige que nos aproximemos a ese cuerpo sexuado, que lo miremos detenidamente, que establezcamos qué es lo que lo hace diferente del de otras personas, que nos preguntemos lo que nos gusta y nos disgusta de él y que lo aceptemos con todas sus potencialidades y limitaciones. Concretamente, en este capítulo queremos que usted reconozca su cuerpo como un instrumento de relación consigo mismo y con los demás, que le permite experimentar placer, es decir, disfrutar de la vida y ser feliz. De esta manera, esperamos que usted descubra la importancia de la identidad con el sexo para el desarrollo de la sexualidad, es decir para la conformación de la noción que tiene de sí mismo/a como individuo sexual.

Tenga en cuenta...

La identidad con el sexo hace referencia a la idea que tiene la persona de sí misma como perteneciente a una categoría definida por los aspectos biológicos que la caracterizan sexualmente. La identidad con el sexo supone la percepción de afinidad, compatibilidad y conformidad con las características biológicas que se consideran distintivas de las personas que pertenecen al grupo de las mujeres o al de los hombres. Esas características biológicas que caracterizan sexualmente a los individuos incluyen los aspectos genéticos, anatómicos, hormonales y fisiológicos que intervienen en el proceso de diferenciación sexual.

Identidad con el sexo

En la introducción definimos el concepto de identidad como un constructo que representa la noción que la persona tiene de sí misma. La identidad, como constructo, no es directamente observable; para acceder a ella tenemos que recurrir a medidas indirectas. Una manera muy utilizada en psicología para conocer los atributos y comportamientos que la persona ha incorporado a su identidad consiste en solicitarle que complete la frase: "Yo soy...", con todo aquello que, en su opinión, la describe. En la introducción también dijimos que una persona que ha construido una sexualidad saludable se caracteriza porque al describirse tiene en cuenta su dimensión sexual. Es decir, es alguien que al completar la frase: "Yo soy..." tiene en cuenta, entre otros aspectos, si es un hombre o si es una mujer y qué tan satisfecha/o y orgullosa/o se siente con el hecho de pertenecer a una de esas dos categorías biológicas. Esa descripción de la persona como individuo sexuado incluye, también, el conjunto de cogniciones y sentimientos que tiene acerca de su apariencia física.

A primera vista éste parece un asunto simple y sencillo que no tiene trascendencia. Pocas personas tendrían dificultades para incluir en una frase su sexo, si eso les da puntos en una valoración psicológica. No obstante, el asunto es más complejo porque no se trata solamente de reconocer explícitamente el sexo de asignación. Reconocer que "soy hombre" o que "soy mujer" supone conocer y aceptar las potencialidades y limitaciones que tiene ese cuerpo biológico: la contextura física, la distribución del vello corporal, el tono de la voz, el funcionamiento hormonal, la capacidad para la sensualidad y el erotismo, la función en el proceso reproductivo, entre otros muchos aspectos.

Tenga en cuenta...

Sensualidad: capacidad del ser humano para experimentar placer a través de los sentidos: la vista, el olfato, el oído, el gusto, el tacto.

Erotismo: capacidad para responder a aquellos estímulos internos y externos efectivos para activar el deseo de la persona y de buscar alternativas para obtener placer y gratificación sexual.

Zonas erógenas: partes del cuerpo que al ser estimuladas activan el deseo y producen sensaciones placenteras. Estas partes del cuerpo intervienen en la respuesta sexual pero no se limitan a los órganos sexuales.

Actividad sexual: continuo de comportamientos motivados por el deseo sexual y orientado hacia el placer y la gratificación, independientemente de que estos culminen o no en el orgasmo. La actividad sexual puede ser autoerótica y socioerótica.

1. Autoerótica: No involucra a otra persona
   a) Respuestas reflejas a experiencias internas
      - Erecciones
      - Lubricación vaginal
      - Contracciones pélvicas
      - Eyaculación nocturna (sueños húmedos)
   b) Fantasías sexuales
   c) Exploración genital
   d) Autoestimulación
   e) Masturbación
2. Socioerótica: Involucra a otra persona
   a) No penetrativa
      - Juegos sexuales infantiles
      - Cogerse la mano
      - Besarse
      - Abrazarse
      - Caricias en diferentes partes del cuerpo
   b) Penetrativa

Estos aspectos, que son determinados por procesos biológicos, para muchas personas son fuente de insatisfacción. Seguramente, usted habrá escuchado frases tales como: "Daría lo que fuera por quitarme todos estos vellos de las piernas", "No me gusta que me vean en traje de baño porque mi pecho y mis piernas son tan lampiños como los de una mujer", "Aunque me estoy matando de hambre no logro bajar estos kilos que me sobran en la cadera", "Últimamente me la paso en el gimnasio y aun así no logro desarrollar el cuerpo de un 'verdadero hombre', sigo igual de flaco", "Tan rico que los hombres pueden comer de todo sin que se les note", "Tan pronto logre ahorrar lo suficiente, me mando a operar los senos", "Tengo que ponerme a dieta porque de lo contrario no voy a poder usar bikini en las vacaciones". Todos estos comentarios denotan algún grado de inconformidad con el propio cuerpo y, particularmente, con los atributos físicos que caracterizan a uno y otro sexo. En este capítulo veremos que, a mayor grado de inconformidad con el cuerpo, la persona tendrá mayor dificultad para construir una sexualidad saludable.

¿Cómo se dan cuenta las personas de lo que significa ser un hombre o una mujer?

El estudio cualitativo sobre fecundidad adolescente, desarrollado por el Grupo Familia y Sexualidad en cooperación con el Centro de Estudios sobre Desarrollo Económico CEDE,[1] aporta evidencia sobre la importancia que tienen los cambios físicos de la pubertad en el desarrollo de la sexualidad. Tanto en Bogotá como en Cali, la pubertad fue identificada por los y las jóvenes como el momento en el que se convirtieron en hombres o en mujeres. Sin embargo, los cambios que identifican con este hecho son diferentes, al igual que los significados que les atribuyen.

Mientras que para los hombres los cambios físicos no se relacionan de manera directa con el proceso de convertirse en hombres, para la mayor parte de las mujeres la menarquia marca la transición entre ser niña y ser mujer. Se encontró que el convertirse en hombre se asoció con cambios en lo psicológico y en lo social, particularmente, porque comienzan a experimentar una mayor apertura e interés por nuevas actividades y por conocer otras personas y contextos, porque ocurren cambios en la forma de relacionarse con las mujeres y porque se empieza a tomar distancia de los padres. En contraste, dejar de ser una niña y convertirse en una mujer, para la mayor parte de las jóvenes se asocia con un proceso fisiológico: la menarquia.

Tanto en Bogotá como en Cali, se encontró que los cambios físicos de la pubertad generaron en la mayor parte de hombres y mujeres transformaciones en la forma de percibir y sentir su cuerpo. Es así como los y las jóvenes señalaron haber comenzado a interesarse más por su arreglo y cuidado personal, y a tener preocupaciones que antes no tenían. Según lo reportado por los y las jóvenes, en ese período empiezan a percibir su cuerpo como un recurso de comunicación y de atracción interpersonal y, por lo tanto, surge un mayor interés por su apariencia física. Acorde con esta nueva percepción de su cuerpo, se encontró que la mayor parte de los y las jóvenes se sentían presionados/as para satisfacer los estándares de belleza vigentes en su contexto sociocultural. Además, mediante la comparación con estos estándares de belleza establecían diferencias con sus propios cuerpos, las cuales eran valoradas como deficiencias.

---

1 Vargas-Trujillo, E., Henao, J. y González, C. (2005). Fecundidad adolescente en Colombia: incidencia, tendencias y determinantes. Un enfoque de historia de vida. Estudio cualitativo. *Documentos CESO*. Bogotá: Universidad de los Andes.

Identidad con el sexo, bienestar psicológico y sexualidad saludable

A la psicología, como ciencia, le interesa la diversidad de factores que intervienen en el inicio, mantenimiento y finalización del comportamiento humano. Uno de los objetivos de la investigación psicológica es, precisamente, explicar por qué ocurre el comportamiento y predecir su ocurrencia a partir de la identificación de los procesos psicológicos y sociales que lo determinan.

En este apartado vamos a abordar algunos de los procesos psicológicos que se han asociado con el comportamiento sexual de las personas. El conocimiento de esos procesos psicológicos nos permite comprender los comportamientos de las personas que son determinantes de su bienestar psicológico y del desarrollo sano de su sexualidad. Entre los factores psicológicos que mayor atención han recibido en este campo y que vamos a tratar a continuación se encuentran las actitudes, las creencias, las emociones, las normas y las expectativas que tienen las personas hacia su propio cuerpo sexuado.

Las actitudes revelan la disposición que tiene la persona para actuar a favor o en contra de algo. Las actitudes de las personas hacia su cuerpo sexuado nos ayudan a entender por qué las personas actúan como lo hacen en determinadas circunstancias. Las actitudes hacia el cuerpo están determinadas por tres factores que las anteceden: las creencias que la persona tiene en relación con su cuerpo, la evaluación positiva o negativa que realiza de cada una de esas creencias, y las emociones que se activan ante los aspectos biológicos que la caracterizan sexualmente. Una persona puede tener diversas creencias acerca de su cuerpo pero éstas, por sí solas, no determinan su comportamiento. Por ejemplo, cuando encontramos a una persona que cree que su peso y su talla están determinados en gran medida por factores hereditarios (genéticos), que valora positivamente esa creencia porque está fundada en evidencia de diversos estudios sobre el tema, y que cuando se mira al espejo se siente orgullosa de esa imagen que se refleja, contamos con mayores y mejores elementos para anticipar su comportamiento: esta persona, muy probablemente, pocas veces compara su cuerpo con el de otras personas, no se preocupa si la ropa que usa la hace ver mejor o peor que a las otras personas y durante el día no está pendiente de cómo luce para agradar a los demás y de lo que piensan los otros acerca de su apariencia.

Tenga en cuenta...

Mientras que el comportamiento humano, como dijimos en la introducción, es directamente observable, los procesos psicológicos que ocurren antes, durante o después de la ejecución de una acción no lo son. Las/los profesionales de la psicología accedemos a ellos a través de medidas indirectas: lo que la persona dice en una entrevista, responde en una prueba, representa en una obra teatral, crea en una obra de arte y relata acerca de su vida, entre otras.

Este otro ejemplo nos permite ilustrar mejor este planteamiento. Una mujer puede expresar una actitud negativa hacia su cuerpo si a) piensa que a los hombres sólo les atraen las mujeres bellas físicamente y que una mujer bella es la que mide como mínimo 1,74 y usa talla 2 (creencias), b) considera que es importante ser bella para atraer a los hombres (valoración de la creencia), c) cuando se mira al espejo se siente triste y decepcionada porque su figura no satisface ese estándar de belleza (emociones). Esta actitud la puede inducir a hacer dietas restrictivas, a hacer ejercicio físico en exceso, a evitar cualquier situación de carácter sexual o a vivir estas experiencias con inseguridad.

En la figura 5 se presenta otro ejemplo de cómo las actitudes se relacionan con el comportamiento. Las creencias se construyen, como dijimos en el capítulo anterior, a lo largo de la vida por medio de la experiencia, el ejemplo de las personas significativas y la información que recibimos a través de diferentes fuentes. Si en nuestro contexto familiar cada vez que nos subimos un poco de peso somos objeto de criticas y burlas; si además observamos que nuestras figuras parentales (madre, padre o cuidadores) otorgan un gran valor a la delgadez, rechazan o critican a las personas con sobrepeso u obesas, y para mantenerse delgadas se someten a regímenes alimentarios estrictos, es posible que lleguemos a creer que hacer dieta es fundamental para mantenernos delgadas/os, que una persona delgada es más bonita que quien tiene unos kilos de más; que las personas bellas son más atractivas y exitosas.

Si estas creencias son, además, reforzadas por los medios de comunicación, es muy probable que terminemos valorando positivamente la delgadez porque ése es un requisito para otras cualidades relevantes socialmente (la belleza, el atractivo físico, el éxito). Si a esto le sumamos el hecho de que nos sentimos culpables y avergonzadas/os cada vez que vamos a comprar ropa y la talla que nos corresponde no nos queda, obtenemos la mezcla perfecta para que nuestra intención sea hacer dieta para mantenernos delgadas/os. Se ha encontrado que la intención es el mejor predictor de nuestro comportamiento. La relación entre la actitud negativa hacia el propio cuerpo y el uso de estrategias extremas para perder peso (por ejemplo, hacer dietas restrictivas, usar píldoras para adelgazar, abusar de laxantes) ha sido verificada por diversas investigaciones sobre trastornos alimenticios como la anorexia y la bulimia.[2]

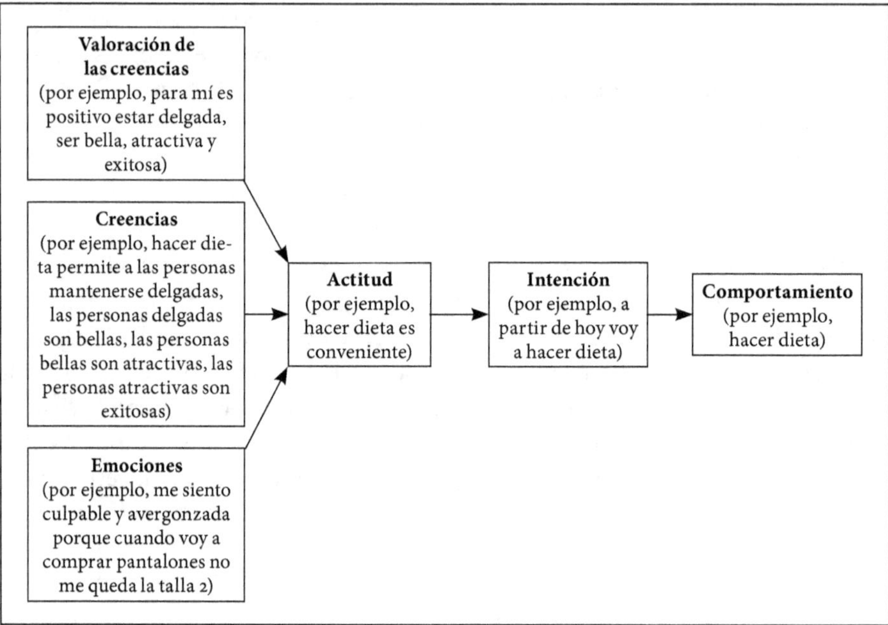

Figura 5. Determinantes del comportamiento

Tenga en cuenta...

Las actitudes están determinadas por las creencias que la persona posee acerca de un objeto (ya sea una cosa, una persona, una institución o una situación), la valoración positiva o negativa que realiza de cada una de esas creencias y la emoción que se activa ante el objeto.

En la actualidad, la actitud negativa hacia el propio cuerpo es uno de los problemas más generalizados. En efecto, se ha encontrado que tanto hombres como mujeres se preocupan por la apariencia de su cuerpo. Los estudios además han revelado que entre la población joven, independientemente del sexo, se observan

2 Stice, E. (2002). Risk and maintenance factors for eating pathology: A meta-analytic review. *Psychological Bulletin, 128,* 825-848.

altos niveles de insatisfacción con el cuerpo. El peso, la talla, la apariencia y la forma son las principales características corporales que constituyen fuente de preocupación e insatisfacción entre las mujeres y los hombres.[3]

Para tener una idea de la situación, basta con mirar la oferta y demanda de servicios y productos para modificar la apariencia corporal de las personas: implantes de senos, pectorales, glúteos y cabello; lipoescultura, liposucción, faloplastia (alargamiento y engrosamiento del pene), himenoplastia (reconstrucción del himen), diseño de sonrisa, tratamientos para adelgazar, depilación definitiva, maquillaje permanente, productos cosméticos para disimular las imperfecciones o que prometen devolver el tiempo, gimnasios, entrenadores personales, diseñadores de moda. Si nos detenemos un poco a examinar los atributos físicos que con mayor frecuencia las personas desean cambiar, descubrimos que la mayoría tiene que ver con aspectos que son determinados por factores genéticos y hormonales característicos del sexo (la distribución del vello corporal, la distribución de la grasa y de la masa muscular, la forma y el tamaño de la cintura, el abdomen, el pecho, los senos, el pene y los glúteos). Esto nos lleva a plantear que, en la actualidad, un alto grado de inconformidad con el cuerpo sexuado se ha convertido en la gallina de los huevos de oro para una gran variedad de profesionales e instituciones.

Pero más allá del costo económico que implica "transformar" un cuerpo que no nos satisface, lo verdaderamente preocupante es su impacto en el bienestar psicológico y la sexualidad. Los hallazgos de diversas investigaciones indican que la insatisfacción con el cuerpo se destaca en aquellas situaciones que lo pueden poner al descubierto: usar traje de baño, usar vestidos ceñidos o con escotes. Las personas que tienen una actitud negativa hacia su cuerpo también tienden a evadir las experiencias de carácter sexual, en tanto implican que otra persona huela, acaricie, vea o entre en contacto físico con su cuerpo. Estas personas se avergüenzan de su propio cuerpo, por lo que evitan las situaciones sociales y los eventos en los que otras personas lo pueden ver, oler o tocar, particularmente aquellas partes con las que se sienten menos a gusto (las manos, las orejas, la espalda, el pecho, los senos, la cintura, la cadera, el pene, los glúteos o las piernas).

También se ha encontrado que durante la actividad sexual las personas que se preocupan demasiado por su apariencia física pueden asumir el rol de espectadoras, en lugar de centrarse en lo que están sintiendo. En estas circunstancias,

---

3 Olivardia, R., Pope, H. G., Borowiecki, J. J., y Cohane, G. H. (2004). Biceps and body image: The relationship between muscularity and self-esteem, depression and eating disorder symptoms. *Psychology of Men & Masculinity, 5,* 112-120; Paxton, S. J., Eisenberg, M. E. y Neumark-Sztainer, D. (2006). Prospective predictors of body dissatisfaction in adolescent girls and boys: A five-year longitudinal study. *Developmental Psychology, 43,* 5, 888-899; Schooler, D. y Ward, M. (2006). Average Joes: Men's relationships with media, real bodies, and sexuality. *Psychology of Men & Masculinity, 7,* 1, 27-41.

las invaden dudas acerca de su atractivo y competencia sexual: ¿Soy tan atractiva como las otras parejas con las que ha estado? ¿Se habrá dado cuenta de que me he subido dos kilos? ¿Será mi pene suficientemente grande como para dejarla satisfecha? ¿Qué pensará de esta celulitis? ¿Será que le molesta el olor de mi sudor? La ansiedad que generan estos interrogantes interfiere con la respuesta sexual y la gratificación erótica, y por lo tanto impide que las relaciones con otros sean placenteras.

En el caso de los hombres, se ha encontrado que una de sus principales preocupaciones con respecto a su cuerpo es el tamaño del pene. La preocupación por el pene se asocia con la creencia de que su tamaño es un signo de masculinidad.[4] Popularmente, se cree que el tamaño del pene determina la satisfacción sexual de la pareja y que es posible calcular sus dimensiones a partir del tamaño de los pies, las manos o la estatura. Los medios de comunicación, especialmente la pornografía, contribuyen a mantener estas ideas. Estas creencias, obviamente infundadas, generan una ansiedad innecesaria que incide en el bienestar psicológico de los hombres.

Por ejemplo, aunque las investigaciones realizadas por sexólogos muestran que el pene erecto del 68% de los hombres mide entre 11,7 cm y 15,2 cm, cerca de la mitad (45%) de los hombres se sienten insatisfechos con las dimensiones de su pene. La percepción que tienen los hombres del tamaño de su pene está asociada con la valoración que hacen de otros atributos de sí mismos. Se ha encontrado que quienes califican su pene como "grande" reportan sentirse más satisfechos con su cuerpo y ser más atractivos que aquellos que califican su pene como "pequeño". Además, los hombres que están más satisfechos con el tamaño de su pene se sienten más seguros de sí mismos y tienen menos temores frente al hecho de que su pareja los vea desnudos durante la actividad sexual, que quienes se sienten insatisfechos.

Lo anterior significa que, desde la perspectiva psicológica, la importancia del cuerpo para el desarrollo de la sexualidad no radica, exclusivamente, en el potencial que tiene para producir placer a través de la actividad sexual o para permitir la reproducción de la especie, sino en la percepción que el individuo tiene de sí mismo. Las personas viven su vida a través del cuerpo; por lo tanto, la actitud que expresen hacia él tiene un papel central en el desarrollo de su identidad[5] y, particularmente, de su faceta sexual.

En los últimos años, los/las profesionales de la psicología que se han interesado en examinar la actitud que tienen las personas hacia su propio cuerpo han encontrado que un alto grado de inconformidad o insatisfacción con este aspecto de sí mismas se relaciona con diversos problemas de salud: depresión, desórdenes

---

4 Kilmartin, C. T. (1994). *The Masculine Self*. Nueva York: Macmillan (p. 219).
5 Schooler y Ward, *op. cit.*

alimenticios, abuso de esteroides anabólicos, disfunciones sexuales, prácticas de autocuidado deficientes, comportamientos sexuales de riesgo, entre otros.[6]

Esta situación es aún más preocupante si se tiene en cuenta que en la actualidad, la inconformidad con el cuerpo es un problema que no sólo afecta a los hombres y mujeres jóvenes, como ocurría hace una década, sino también a las personas adultas, a los niños y a las niñas. Por ejemplo, se ha encontrado que en menores de 7 a 12 años de edad, el 42% de las niñas y el 44% de los niños se encuentran insatisfechos con su cuerpo.[7]

Ante esta situación, la educación de la sexualidad constituye una alternativa para promover la adopción de prácticas de cuidado. Para tal fin es recomendable facilitar:

• El conocimiento de las partes del cuerpo desde edades tempranas.

• El reconocimiento de las diferencias anatómicas y funcionales entre el cuerpo de las mujeres y el de los hombres.

• Información oportuna y veraz acorde a la edad y en un ambiente tranquilo sobre los cambios que experimenta el cuerpo a lo largo de la vida.

Como se indicó en capítulos anteriores, de esta manera se propicia la adopción de prácticas de autocuidado y mutuo cuidado y se ofrecen oportunidades para la realización de los derechos humanos sexuales y reproductivos.

---

6 McKinley, N. M. y Hyde, J. S. (1996). The objectified body consciousness scale. *Psychology of Women Quarterly, 20*, 181-215; Fredrickson, B. L. y Roberts, T. (1997). Objectification theory: Toward understanding women's lived experiences and mental health risks. *Psychology of Women Quarterly, 21*, 173-206; Fredrickson, B. L., Roberts, T. A., Noll, S. M., Quinn, D. M. y Twenge, J. M. (1998). That swimsuit becomes you: Sex differences in self-objectification, restrained eating, and math performance. *Journal of Personality & Social Psychology, 75*, 269-284; Calogero, R. M. (2004). A test of objectification theory: The effect of the male gaze on appearance concerns in college women. *Psychology of Women Quarterly, 28*, 16-21; Calogero, R. M., Davis, W. N. y Thompson, J. K. (2004). The sociocultural attitudes toward appearance questionnaire (SATAQ-3): Reliability and normative comparisons of eating disordered patients. *Body Image, 1*, 193-198; Noll, S. M. y Fredrickson, B. L. (1998). A mediational model linking self-objectification, body shame, and disordered eating. *Psychology of Women Quarterly, 22*, 623-636; Roberts, T. A. (2004). Female trouble: The menstrual self-evaluation scale and women's self-objectification. *Psychology of Women Quarterly, 28*, 22-26; Slater, A. y Tiggemann, M. (2002). A test of objectification theory in adolescent girls. *Sex Roles, 46*, 343-349; Tiggeman, M. y Lynch, J. (2001). Body image across the life span in adult women: The role of self-objectification. *Developmental Psychology, 37*, 243-253; Tiggemann, M. y Slater, A. (2001). A test of objectification theory in former dancers and non-dancers. *Psychology of Women Quarterly, 25*, 57-64.

7 Truby, H. y Paxton, S. (2002). Development of the Children's Body Image Scale. *British Journal of Clinical Psychology 41*, 185-203.

Identidad con el sexo, normas y expectativas sociales

La identidad se desarrolla a lo largo de la vida; no obstante, durante la juventud adquiere organización y particular importancia. Esto en razón de que en esta etapa los cambios hormonales acentúan las diferencias físicas entre los hombres y las mujeres, lo cual tiene efectos importantes tanto para la persona como para quienes viven a su alrededor. Los cambios físicos que se producen en la pubertad hacen que las personas no sólo se vean físicamente diferentes sino que también piensen, sientan, juzguen y actúen de forma distinta.[8] Las relaciones que habían establecido desde la niñez se transforman, y además adquieren la capacidad para la reproducción.

Como consecuencia, cada joven requiere de un período de adaptación en el que la evaluación de sí mismo/a como persona está íntimamente conectada a su identidad con el sexo.[9] En este período de la vida la persona se reconoce como perteneciente a una categoría definida por los aspectos biológicos que la caracterizan (mujer/hombre) y tiene la capacidad para mirarse y cuestionarse en qué medida eso que es corresponde con lo que "debería ser" o con lo que a lo largo de la vida ha definido como "ideal".

Es decir, nadie evalúa el propio cuerpo sexuado en abstracto; la evaluación se hace siempre de acuerdo con ciertos criterios. Estos criterios se derivan de las condiciones históricas de cada sociedad y de la importancia que en ella se otorgue a la apariencia física. Es decir, cada sociedad o grupo tiene definidos unos estándares de "belleza" y "atractivo físico" a partir de los cuales se realiza la autoevaluación: ¿Cuáles son los estándares de "belleza" y "atractivo físico" definidos en nuestra sociedad para las mujeres y para los hombres? ¿Qué tanta importancia atribuyen las personas a los estándares de belleza y atractivo físico vigentes en nuestro contexto sociocultural? ¿Qué implicaciones tiene percibir que el propio cuerpo no cuenta con los atributos físicos que son valorados socialmente?

Para responder a estas preguntas podemos citar los hallazgos de diversos estudios que indican que las personas, en la actualidad, particularmente las más jóvenes, tienden a dar una gran importancia a los estándares de belleza y atractivo físico, y que quienes perciben que no los satisfacen tienen niveles más bajos de bienestar psicológico, los cuales se expresan en niveles altos de depresión y ansiedad social o niveles bajos de autoestima.[10]

---

8 Tejero, A. (1996). Los cambios biológicos durante la adolescencia. En J. Fernández (Ed.). *Varones y mujeres. Desarrollo de la doble realidad del sexo y del género.* Madrid: Pirámide.

9 Rosenberg, M. (1965). *Society and the Adolescent Self-Image.* Middletown, CT: Wesleyan University Press.

10 Cash, T. F., Morrow, J. A., Hrabosky, J. I. y Perry. A. A. (2004). How has body image changed? A cross-sectional investigation of college women and men from 1983 to 2001. *Journal of Consul-*

Como mencionamos previamente, los hallazgos de diversos estudios indican que, en los últimos años, la evaluación que hacen las mujeres y los hombres jóvenes de su apariencia y su atractivo físico es cada vez más negativa y que la preocupación por el sobrepeso tiende a ser más alta a medida que pasa el tiempo. De acuerdo con los investigadores, no hay duda de que actualmente las sociedades transmiten mensajes que promueven un ideal del cuerpo de las mujeres y de los hombres poco realista, lo cual determina que las personas experimenten niveles altos de insatisfacción con su apariencia, su atractivo físico y, en general, consigo mismas.[11]

En efecto, los estándares de belleza y atractivo físico que transmiten diversos agentes de socialización, particularmente los medios de comunicación, se han convertido en normas sociales que están afectando la autovaloración tanto de las mujeres como de los hombres. Por ejemplo, se ha encontrado que la Barbie constituye un ícono cultural de la belleza femenina, que provee "un modelo de rol" al cual aspira una alta proporción de mujeres. Esto a pesar de que la Barbie es tan excepcionalmente delgada, que su peso y sus proporciones corporales no sólo son inalcanzables sino insanas.[12]

De acuerdo con los expertos en el tema, el efecto de los medios de comunicación es más fuerte, en la medida en que sus mensajes transmiten la idea de que la belleza (sinónimo de cuerpo delgado para las mujeres y de cuerpo atlético para los hombres) está asociada con niveles altos de popularidad, éxito profesional y satisfacción en las relaciones románticas y sexuales. Cuando las personas se exponen continuamente a este tipo de mensajes interiorizan este ideal o norma social. Esta norma social se constituye en un estándar personal determinante de las actitudes y los comportamientos hacia el propio cuerpo y hacia el de las otras personas.[13]

Es así como el bombardeo de mensajes que recibimos a diario, relacionados con el estándar de belleza vigente en el contexto sociocultural en el que vivi-

---

ting & Clinical Psychology, 72, 6, 1081-1089; McKinley, N. (2006). The developmental and cultural contexts of objectified body consciousness: A longitudinal analysis of two cohorts of women. *Developmental Psychology, 42,* 4, 679-687; Tolman, D. L., Impett, E. A., Tracy, A. J. y Michael, A. (2006). Looking good, sounding good: Femininity ideology and adolescent girls' mental health. *Psychology of Women Quarterly, 30,* 85-95.

11 Cash, Morrow, Hrabosky y Perry, *op. cit.*

12 Dittmar H, Halliwell E. y Ive S. (2006). Does Barbie make girls want to be thin? The effect of experimental exposure to images of dolls on the body image of 5- to 8-year-old girls. *Developmental Psychology, 42,* 2, 283-292.

13 Ahern A. y Hetherington M. M. (2006). The thin ideal and body image: An experimental study of implicit attitudes. *Psychology of Addictive Behaviors, 20,* 338-342; Dohnt, H. K. y Tiggemann, M. (2006). The contribution of peer and media influences to the development of body satisfaction and self-esteem in young girls: A prospective study. *Developmental Psychology, 42,* 929-936.

mos, nos permite comprender el hecho de que las personas se sientan cada vez más inconformes con su propio cuerpo y que el trato que reciben quienes no satisfacen ese ideal desconozca sus derechos fundamentales. Por ejemplo, se ha encontrado que las personas que socialmente se consideran poco atractivas y con sobrepeso se enfrentan a situaciones tales como discriminación en el trabajo, rechazo en el grupo de pares, exclusión social, maltrato por parte del personal de salud y ridiculización pública. Estas situaciones, indudablemente, afectan su bienestar psicológico y, en general, su calidad de vida.

¿Qué sentimientos experimentan los/las jóvenes en relación con su propio cuerpo durante la primera relación sexual?

En el estudio que realizó el Grupo Familia y Sexualidad con jóvenes de Bogotá y Cali se encontró que los sentimientos que aparecieron con mayor frecuencia en la primera relación sexual fueron el miedo y la vergüenza.[14] Los temores de los hombres se asocian, por una parte, con su necesidad de demostrar suficiente capacidad para responder sexualmente y para proporcionar placer a su pareja: "... miedo de que todo el mundo dice que uno se viene rapidísimo... o de que uno lo tuviera chiquito... que la vieja dijera que es mal polvo...", "A que quedara mal, uno tiene preocupaciones: ¿será que uno lo tiene más o menos para hacerla sentir bien?", "Tenía miedo en ese momento, tenía bastante miedo, más que todo porque no sabía ni quién era".

Las mujeres, por su parte, reportaron haber sentido miedo por lo que experimentan físicamente ante la "pérdida de la virginidad", y vergüenza por la apariencia de su propio cuerpo: "Yo estaba asustada porque uno sangraba, porque decían que eso dolía mucho...", "Yo tenía miedo, vergüenza, porque decían que cuando una mujer pierde la virginidad, sangra... entonces yo decía: qué vergüenza estar sangrando ahí y que el otro lo vea... igual porque yo tenía ese complejo... ¡ay! que el gordito...", "Yo no fui educada para tener pena de mi cuerpo... yo no creo que sea divina, pero tampoco me importa que me digan que soy fea... eso para mí no es algo importante. Pero cuando estuve con él, a mí me dio un poco de pena, porque era el primer hombre al que me le desnudaba así vulgarmente, /míreme, aquí estoy/... entonces eso me daba pena...".

---

14 Vargas-Trujillo, Henao y González, *op. cit.*

Preguntas frecuentes

¿Por qué se pone tanto énfasis en el reconocimiento y aceptación del cuerpo?

En este libro partimos de un supuesto: nadie puede cuidar y valorar lo que no conoce. En ese sentido, si pretendemos promover el desarrollo de una sexualidad saludable en quienes lo leen, necesitamos partir del autoconocimiento como condición básica para la autovaloración y el autocuidado.

¿En qué momento la persona se da cuenta del sexo al cual pertenece?

Alrededor de los tres años, la niña y el niño "saben" a qué sexo pertenecen. A medida que crece, el niño va descubriendo que ciertas partes de su cuerpo son diferentes de las de su mamá o de otras niñas de su edad. De igual forma, la niña descubre que su cuerpo es distinto del de su papá o del de otros niños, y parecido al de su mamá. Mediante la observación, el niño y la niña comparan su cuerpo con el de los demás y van percatándose de las diferencias y similitudes.

¿Es normal que algunas mujeres tengan un seno más grande que el otro?

Sí. Generalmente el seno izquierdo es un poco más grande que el derecho en la mayoría de las mujeres, al igual que la mayoría de las partes de nuestro cuerpo, que, al contrario de lo que pensamos, no son idénticas.

¿Qué consecuencias puede tener el practicarse
una cirugía plástica en los senos?

Depende de la cirugía que se practique. Cuando se trata de una cirugía para aumentar su volumen, las consecuencias pueden consistir en diferentes complicaciones, como la conformación de una cápsula fibrosa alrededor del implante, lo que le proporciona una apariencia poco natural y lo hace duro al tacto. Otras complicaciones incluyen la ruptura de los implantes, los hematomas y las infecciones.

En el caso de las cirugías para disminuir el volumen de los senos, las consecuencias pueden ser menos severas e incluyen el entumecimiento de ciertas áreas y cicatrices de apariencia desagradable.

¿Es cierto que una mujer con senos grandes es más activa sexualmente?

Es totalmente falso. La respuesta sexual de una mujer no depende nunca del tamaño de sus pechos, sino de una combinación de factores hormonales, bioquímicos, cerebrales, ambientales, situacionales, personales, relacionales y culturales. El tamaño de los senos no está entre estos factores, a excepción de que sean estimulados, y en ello no interviene el tamaño.

¿Es verdad que el tamaño del pene influye en el orgasmo femenino?

Falso. La vagina se adapta perfectamente al tamaño del pene, es un canal "virtual" cuya estructura muscular permite hasta el paso de un bebé. Además, es importante recordar que las mujeres también se excitan por otros y muy variados estímulos (visuales, olfativos, auditivos, táctiles, gustativos y psicológicos).

Aplico lo aprendido

Observe detenidamente cada una de las partes de su cuerpo desnudo frente a un espejo.

¿Cuáles son las partes de su cuerpo que más le gustan?
¿Qué partes de su cuerpo cambiaría, si fuera posible hacerlo? ¿Por qué?
¿Qué mensajes ha recibido de su familia, de sus amigos/as o de su pareja con respecto a su cuerpo?
¿Qué piensa y cómo se siente al verse totalmente desnudo?

En general, ¿cuál diría usted que es su actitud hacia su cuerpo?

¿Cómo ha afectado su comportamiento esta actitud hacia su cuerpo?

Al hacer este ejercicio, ¿qué descubrió acerca de sí mismo/a?

¿Para qué es útil este ejercicio de autoobservación?

4
Soy masculina/o, soy femenina/o, soy persona

Para reflexionar...

Haga una tabla con cuatro columnas: la primera corresponde a las mujeres; la segunda, a los hombres; la tercera, a las personas en general, sin distinción por sexo; la última corresponde a usted. Ahora complete la tabla respondiendo a las siguientes preguntas:

1. ¿Qué cualidades, defectos, gustos, intereses, emociones y comportamientos caracterizan a las mujeres?
2. ¿Qué cualidades, defectos, gustos, intereses, emociones y comportamientos caracterizan a los hombres?
3. ¿Qué cosas pueden hacer las mujeres que no pueden hacer los hombres?
4. ¿Qué cosas pueden hacer los hombres que no pueden hacer las mujeres?
5. ¿Qué cualidades, defectos, gustos, intereses, emociones y comportamientos caracterizan tanto a los hombres como a las mujeres, es decir, a las personas, independientemente de su sexo?
6. ¿Qué cosas pueden hacer las personas, es decir, tanto los hombres como las mujeres?
7. ¿Qué cualidades, defectos, gustos, intereses, emociones y comportamientos cree usted que lo/a caracterizan?
8. ¿Qué cosas puede hacer usted que no pueden hacer las personas del otro sexo?

Contraste la descripción que hace de usted mismo/a con las listas que hizo para describir a los hombres, a las mujeres y a las personas en general: ¿qué conclusión puede plantear a partir de esta comparación?

¡Esto es cuestión de género!

Diversos autores coinciden en afirmar que el hecho de ser hombre o mujer determina la mayoría de los asuntos fundamentales de la vida de las personas: los talentos que desarrollan, el concepto que tienen de sí mismas y de otros, las oportunidades que se les brindan, las metas que se proponen, los roles que desempeñan, las relaciones que establecen, las decisiones que toman, entre otros.[1]

Además, se ha observado que, desde el nacimiento, las características sexuales primarias posibilitan que la persona se vea expuesta a diversas experiencias que le permiten ir construyendo la noción que tiene de sí misma como hombre o mujer. Algunas de esas experiencias incluyen mensajes implícitos y explícitos sobre:[2]

1. El trato diferencial que se da a las personas con base en su estatus biológico de ser hombre o mujer (sexismo).

2. Las creencias colectivas incuestionables que prevalecen en torno a los sexos (estereotipos de género).

3. Las exigencias o imposiciones acerca de "cómo deben ser" y sobre "cómo no deben ser" los hombres y las mujeres (normas o prescripciones de género).

4. Las expectativas acerca de las funciones y los patrones de conducta que corresponden a uno u otro sexo (roles sexuales y roles de género).

5. La definición de lo que se considera femenino, masculino o andrógino (neutro) en cada grupo social (género).

Esos mensajes implícitos y explícitos que se transmiten en el proceso de socialización sexual, a través de la interacción con distintos agentes sociales, le permiten a la persona ir elaborando respuestas para la pregunta: "¿Quién soy yo sexualmente?". Como ya dijimos en la introducción, lograr responder a esta pregunta es crucial para consolidar la identidad, es una tarea central del desarrollo y es fundamental para lograr un desarrollo saludable de la sexualidad. En este capítulo nos vamos a referir específicamente a la *identidad con el género*.

---

1 Fernández, J. (1996). Identidad sexual e identidad de género. En: J. Fernández (Ed.). *Varones y mujeres. Desarrollo de la doble realidad del sexo y del género*. Madrid: Pirámide; Nicolson, P. (1996). *Gender, Power and Organizations: a Psychological Perspective*. Londres: Routledge; Bussey, K. y Bandura, A. (1999). Social cognitive theory of gender development and differentiation. *Psychological Review, 106*, 676-713; Egan, S. K. y Perry, D. G. (2001). Gender identity: A multidimensional analysis with implications for psychosocial adjustment. *Developmental Psychology, 37*, 451-463; David, H. P. y Russo, N. F. (2003). Psychology, population, and reproductive behavior. *American Psychologist, 58*, 193-196.

2 Fernández, *op. cit.*; Kilmartin, C. (1999). *The Masculine Self*. Nueva York: Macmillan Publishing Company.

> **Tenga en cuenta...**
>
> La identidad con el género es el constructo que integra la noción que tiene la persona de los atributos y los comportamientos que la caracterizan, teniendo en cuenta lo que la sociedad en la que vive establece como deseable y apropiado para los hombres y para las mujeres.

La identidad con el género resulta de la evaluación que hace la persona de la medida en la que ha adoptado o no las formas o modos de actuar del sexo al que pertenece, y de qué tanta conformidad expresa con las normas y los patrones sociales asignados a los hombres y a las mujeres.[3] Para lograr consolidar la identidad con el género, la persona necesita reconsiderar sus preferencias, necesidades, valoraciones y emociones a la luz de los mensajes que recibe de su entorno social sobre "lo que debe ser o hacer" como hombre o como mujer.[4]

Como dijimos en la introducción, a través de un proceso consciente de reflexión, cuestionamiento personal y análisis crítico de los mensajes acerca del género que prevalecen en su entorno, la persona reconoce y acepta:[5]

1. La descripción y valoración que hace de sí misma como una persona femenina, masculina o andrógina.

2. Los sentimientos que experimenta frente a sí misma al "darse cuenta" de que con su comportamiento satisface o no las expectativas y patrones de conducta que socialmente se tienen de ella como hombre o como mujer.

3. La necesidad de obtener aprobación por parte de las figuras significativas, y que la motiva o no a ceder a las presiones sociales para que adopte como criterio para actuar las normas y prescripciones que socialmente se han definido sobre "cómo deben ser" o "cómo no deben ser" los hombres y las mujeres.

4. La descripción y valoración que hace del otro sexo.

5. La descripción y valoración que hace de la feminidad y de la masculinidad.

---

3 Fernández, *op. cit.*

4 Fuertes, A. (1996). Redefinición sexual y de género. En J. Fernández (Ed.). *Varones y mujeres. Desarrollo de la doble realidad del sexo y del género.* Madrid: Pirámide.

5 Fernández, *op. cit.;* Egan, S. K., y Perry, D. G. (2001). Gender identity: A multidimensional analysis with implications for psychosocial adjustment. *Developmental Psychology, 37,* 451-463.

¿Qué tanto se relacionan la identidad con el sexo y la identidad con el género?

En un estudio realizado en Bogotá con 298 jóvenes de ambos sexos (162 mujeres y 136 hombres), con una edad promedio de 21 años (mínima 16 y máxima de 29 años), de estratos 3 y 4, se examinaron estos dos aspectos de la sexualidad a través de un cuestionario.[6] Los datos revelaron que la identidad con el sexo no se asocia significativamente a la identidad con el género. Se encontró que el grado de satisfacción que experimenta la persona con el hecho de ser hombre o mujer no necesariamente implica que haya una mayor o menor conformidad con las normas y expectativas de género. Esto es, una persona puede describirse como hombre y sentirse altamente satisfecha de ser hombre y, al mismo tiempo, sentir que los atributos y comportamientos que la caracterizan no corresponden a lo que socialmente se considera deseable y apropiado para su sexo. Es decir, mientras que su identidad con el sexo revela altos niveles de conformidad, su identidad con el género revela bajos niveles de conformidad. También puede ocurrir que una persona que se describe como hombre se sienta muy insatisfecha de su sexo (su identidad con el sexo revela bajos niveles de conformidad); no obstante, se siente satisfecha al reconocer que los atributos y comportamientos que la caracterizan sexualmente corresponden a lo que socialmente se espera (su identidad con el género revela altos niveles de conformidad).

Identidad con el género y bienestar psicológico

Se ha observado que las normas y las expectativas culturales que la persona acepte o asuma son determinantes relevantes de la valoración que haga de sí misma como hombre o como mujer.[7] Por ejemplo, socialmente se espera que las mujeres se caractericen por la expresividad, la sensibilidad, la interdependencia

---

6 Rojas, A. M. (2007). Identidad de género y consumos culturales televisivos: más allá de las diferencias por sexo. Tesis de Maestría, Departamento de Psicología. Bogotá: Universidad de los Andes.

7 Statham, A. y Rhoades, K. (2001). Gender and self-esteem. Narrative and efficacy in the negotiation of structural factors. En T. J. Owens, S. Stryker y N. Goodman (Eds.). *Extending Self-Esteem Theory and Research. Sociological and Psychological Currents* (255-284). Cambridge, Reino Unido: Cambridge University Press.

y la tolerancia, mientras que de los hombres se espera que se caractericen por la inteligencia, la habilidad atlética, la independencia, la agresividad y la asertividad.[8] Esto explica los hallazgos de las investigaciones que han encontrado que mientras que la valoración de sí mismos en los hombres está centrada en la competencia, en las mujeres está basada en su capacidad para establecer y mantener relaciones con otros.

Los estudios también revelan que, en la medida en que la cultura occidental, particularmente la norteamericana, tiende a valorar más los rasgos masculinos que los femeninos, las mujeres que incorporan al concepto de sí mismas las características consideradas típicamente femeninas interiorizan un rol de género devaluado culturalmente.[9] Este hecho puede explicar que en diversos estudios los datos indiquen que las mujeres tienen un nivel significativamente más bajo de autovaloración que los hombres.[10]

Consistentemente con este planteamiento, se ha encontrado que los dominios que son relevantes para la valoración que tienen los jóvenes acerca de sí mismos pueden ser diferentes para los hombres y para las mujeres.[11] Así, mientras muchos hombres basan su valor personal en el dominio académico y profesional, la valoración de sí mismas de la mayoría de las mujeres se fundamenta en su apariencia física.

Tenga en cuenta...

Con el término rol de género hacemos referencia al conjunto de comportamientos que culturalmente se consideran femeninos (característicos de las mujeres) y masculinos (característicos de los hombres). El rol de género tiene dos componentes principales: los estereotipos de género y las normas de género.

---

8 Harper, J. F. y Marshall, E. (1991). Adolescents' problems and their relationship to self-esteem. *Adolescence, 26, 104,* 799-808.

9 Chodorow, N. (1987). Feminism and difference: Gender, relation, and difference in psychoanalytic perspective. En M. R. Walsh (Ed.), *The Psychology of Women: Ongoing Debates.* Londres: Yale University Press.

10 Chubb, N. H., Fertman, C. I. y Ross, J. L. (1997). Adolescent self-esteem and locus of control: A longitudinal study of gender and age differences. *Adolescence, 32, 125,* 113-129.
Harter, S. (1999). *The Construction of the Self: A Developmental Perspective.* New York: The Guilford Press; Kling, K. C., Hyde, J. S., Showers, C. J. y Buswell, B. N. (1999). Gender differences in self-esteem: A meta-analysis. *Psychological Bulletin, 4,* 470-500.

11 Byrne, B. M. y Shavelson, R. J. (1987). Adolescent self-concept: The assumption of equivalent structure across gender. *American Educational Research Journal, 24,* 365-385.

> Los estereotipos de género son creencias generalizadas, fijas e incuestionables acerca de las características que tienen las personas por el hecho de ser biológicamente hombres o mujeres. Por ejemplo, la creencia de que los hombres son competitivos, agresivos y activos sexualmente, y que las mujeres no lo son.
>
> Las normas de género son las pautas sociales que prescriben lo que las personas "deben o no ser" y lo que "deben o no hacer", por el hecho de ser biológicamente hombres o mujeres. Un ejemplo de norma de género es la que prescribe que "una verdadera mujer" les debe dar prioridad a la maternidad y a la crianza de los hijos.
>
> Se ha observado que las personas que asumen, sin cuestionar, los estereotipos y las normas de género exhiben actitudes más sexistas que quienes asumen una posición crítica frente a estos componentes del rol de género. Las actitudes sexistas revelan la disposición del individuo a considerar que uno de los sexos es superior. Estas actitudes determinan un trato diferencial hacia las personas en función de su sexo y la tendencia a descalificarlas para hacer ciertas actividades, realizar determinados oficios, ocupar ciertos cargos, o tener ciertos privilegios y obligaciones, por el simple hecho de ser hombres o mujeres.

Otros estudios también han logrado establecer que las expectativas de género tienen un efecto importante en las percepciones que tienen las mujeres de sí mismas. Los datos indican que las mujeres que se identifican más con los roles femeninos estereotipados informan percepciones más negativas de su habilidad atlética y de su apariencia física que las que tienden a identificarse tanto con atributos considerados socialmente femeninos como masculinos.[12]

Los investigadores plantean que esto obedece a que históricamente los deportes han sido considerados un dominio masculino, y a que, en las últimas dos décadas, los estándares de belleza femenina se han vuelto cada vez más ideales y exigentes. La dificultad que tienen las mujeres para satisfacer los estereotipos culturales asociados con el atractivo físico parece contribuir a la disminución sistemática que se observa en sus niveles de autovaloración desde los primeros años de la secundaria. Esto es particularmente notorio en las mujeres "femeninas", quienes tienen un riesgo más alto de desarrollar evaluaciones negativas de sí mismas. Estas mujeres, además, informan percepciones más negativas

---

12 Harter, S. (1999). *The Construction of the Self: A Developmental Perspective.* Nueva York: The Guilford Press.

de su competencia académica, la cual socialmente se considera un atributo masculino.

En otros estudios también se ha encontrado que las mujeres tienden a basar su valor personal en su apariencia física y que, en general, al ser comparadas con los hombres, son significativamente más negativas en la evaluación que hacen de esta faceta de sí mismas.[13]

Identidad con el género y sexualidad saludable

Diversos estudios realizados en todo el mundo, especialmente a partir de la Conferencia Internacional de Población y Desarrollo en 1994, muestran que la tendencia a atribuir a las personas características y comportamientos distintos en función del sexo se asocia con múltiples procesos de salud-enfermedad relacionados con la sexualidad.[14] Por esa razón, se ha llegado a afirmar que las normas y expectativas de género que determinan la noción que la persona tiene de sí misma como individuo sexual influyen sobre su comportamiento. Es decir, la percepción de la persona de lo que se considera aceptable socialmente para los hombres y para las mujeres determina qué tan saludable es su sexualidad.

Para ilustrar esta situación, basta con mencionar algunos ejemplos. Diversos estudios han encontrado que la sexualidad de algunos hombres latinos está relacionada con la paternidad. Para estos hombres, tener un hijo no sólo es un signo de masculinidad sino también de madurez. Ante esta situación, las mujeres, afirman los autores, están en una posición desventajosa que implica sacrificar su propio bienestar y proyecto de vida para poder satisfacer las necesidades y deseos de sus parejas de ser padres y, de esta manera, asegurar su fidelidad y estabilidad.[15]

13 Marsh, H. W. (1989). Age and sex effects in multiple dimensions of self-concept: Preadolescence to early adulthood. *Journal of Educational Psychology, 81*, 417-430; Block, J. y Robins, R. W. (1993). A longitudinal study of consistency and change in self-esteem form early adolescence to early adulthood. *Child Development, 64*, 909-923; Knox, M. (1998). Adolescents' possible selves and their relationship to global self-esteem. *Sex Roles: A Journal of Research*, Consultado el 14 de julio de 2003 en http://www.findarticles.com.

14 Hawkes, Pachauri, S. y Mane, P. (2002). Editorial introduction. *Culture, Health & Sexuality* 4, 125-131; Goodyear, R. K., Newcomb, M. D. y Allison, R. D. (2000). Predictors of Latino men's paternity in teen pregnancy: Test of a mediational model of childhood experiences, gender role attitudes, and behaviors. *Journal of Counseling Psychology, 47*, 116-128; Small, S. A. y Luster, T. (1994). Adolescent sexual activity: An ecological, risk factor approach. *Journal of Marriage & the Family, 56*, 181-192.

15 Goodyear, Newcomb y Allison, *op. cit.*

En otros estudios se ha logrado establecer que los adolescentes hombres que han sido padres tienden a creer que causar un embarazo es un signo de masculinidad,[16] y que los adolescentes que expresan mayor conformidad con los roles de género tradicionales piensan que tener hijos incrementa su masculinidad.[17]

En cuanto a la actividad sexual, las evaluaciones sobre las cogniciones de género han mostrado que las personas que puntúan alto en masculinidad suelen tener fantasías e involucrarse en prácticas sexuales que incluyen conductas violentas con más frecuencia que quienes puntúan como andróginas o femeninas.[18]

Por otro lado, se ha encontrado que la edad se asocia negativamente con roles de género en los que predominan los estereotipos y las normas sobre la masculinidad. Los datos revelan que la conformidad con el género tiende a disminuir con la edad y que en la juventud, particularmente en la adolescencia temprana, las personas tienden a reportar mayores niveles de adherencia a los estereotipos y normas de género.[19]

Tenga en cuenta…

La identidad con el género es un aspecto de la sexualidad mucho más complejo de lo que se describe en este capítulo y de lo que la mayoría de las personas piensan. No es un asunto que podamos determinar únicamente preguntando lo que la persona piensa acerca de cómo deben ser los hombres o las mujeres (sus cogniciones), o lo que siente frente a las normas y expectativas de género (sus emociones), o lo que hace en determinadas circunstancias (sus comportamientos). La identidad de género incide permanentemente en nuestra vida cotidiana, sin que nos demos cuenta, sin que seamos conscientes de las múltiples formas sutiles en las que eso que hemos aprendido a través del proceso de socialización determina lo

---

16 Resnick, M. D., Chambliss, S. A. y Blum, R. W. (1993). Health and risk behaviors of urban adolescent males involved in pregnancy. *Families in Society, 74*, 366-374; Vargas-Trujillo, E., Henao, J. y González, C. (2004). *Fecundidad adolescente en Colombia: incidencia, tendencias y determinantes. Un enfoque de historia de vida. Estudio cualitativo.* Bogotá: Departamento de Psicología, Universidad de los Andes.

17 Marsiglio, W. (1993). Adolescent males' orientation toward paternity and contraception. *Family Planning Perspectives, 25*, 22-31.

18 García-Vega, Fernández García, Rico Fernández (2005).Género y sexo como variables moduladoras del comportamiento sexual en jóvenes universitarios. Psicothema, Vol. 17, No. 1, pp 49-56.

19 Cournoyer, R. J. y Mahalik, J. R. (1995). Cross-Sectional study of gender role conflict examining college-aged and middle-aged men. *Journal of Counseling Psychology, 42*, 11-19.

que hacemos o dejamos de hacer. Dedique unos minutos a observar a su alrededor, vea lo que hacen los hombres y las mujeres que conoce, cómo se relacionan entre sí, qué decisiones toman, qué tipo de tareas desempeñan, qué posiciones ocupan en la sociedad. Seguramente descubrirá cosas interesantes de las cuales no se había percatado antes. Por ejemplo, en un salón de clases es posible que, cuando se organicen grupos de trabajo, éstos estén conformados por hombres y mujeres; analice: ¿Quiénes deciden lo que se va a hacer? ¿Quiénes organizan y planean? ¿Quiénes toman notas? ¿Quiénes se encargan de hacer el informe? ¿Quiénes intervienen más en la discusión? ¿Las ideas de quiénes son más escuchadas? ¿Quiénes obtienen mayor reconocimiento o aceptación por lo que dicen y hacen?

Con respecto a las mujeres, se ha observado que las diferencias de género definen las oportunidades, las responsabilidades, los roles y el grado de autonomía que tienen en las relaciones con los hombres. En efecto, las relaciones de poder que se observan en muchos contextos impiden que las mujeres puedan asumir una opción libre en las decisiones relativas a la sexualidad. Por ejemplo, se ha observado que la presión psicológica, emocional y financiera, o el miedo a las consecuencias sociales obligan a muchas mujeres a renunciar a su derecho de resistirse a las relaciones sexuales cuando no las desean.[20]

Este tipo de relaciones sexuales no consensuales cubren un amplio espectro: van desde el abuso sexual hasta la violación, pasando por las formas de coacción sexual que ocurren en la calle, el trabajo, la escuela, las citas, las relaciones románticas o de noviazgo y el matrimonio. De acuerdo con los expertos, este tipo de relaciones está asociado con algunos de los procesos de salud-enfermedad que más preocupan en la actualidad: el embarazo no intencional y sus complicaciones, la infección por el VIH y las otras infecciones de transmisión sexual que pueden causar cáncer cervico-uterino e infertilidad.

Tenga en cuenta…

Aunque la condición de las mujeres con respecto a los hombres ha cambiado en los últimos años, psicológicamente las mujeres continúan estando en desventaja. Esto es particularmente notorio en las relaciones

---

20 Best, K. (2005). Las relaciones sexuales no consensuales minan la salud sexual. *Network en español,* 23, 4, disponible en http://www.fhi.org/sp/RH/Pubs/Network/v23_4/nt2341.htm.

> de pareja. Se ha observado que las mujeres supeditan sus necesidades a las de sus parejas, por lo que no asumen un papel activo en los procesos de toma de decisiones que afectan su sexualidad. El siguiente relato de una estudiante universitaria de estrato 6 de Bogotá ilustra cómo las normas de género que establecen que la mujer debe ser, entre muchas otras cosas, "dócil, amable, complaciente, cálida, sensible y paciente" puede exponer a las mujeres a riesgos para su salud: "Si a mi novio no le gusta usar el condón, porque dice que no se siente lo mismo, a mí no me cuesta nada complacerlo".

Otros problemas que aquejan con mayor frecuencia a las mujeres y que están asociados con las costumbres culturales y con las expectativas y suposiciones sociales acerca de lo que significa ser hombre o mujer son: la violencia doméstica, el desplazamiento forzoso, la prostitución y la trata de personas.

Para concluir, es conveniente señalar que, aunque en muchos contextos ya se ha logrado transformar algunas de las normas culturales de género que ubican en situación de vulnerabilidad a los hombres y a las mujeres, aún hace falta mucho camino por recorrer. Los programas de formación en sexualidad se orientan en ese sentido. El desarrollo sano de la sexualidad de las personas no va a ser posible mientras continúen adoptando para sí mismas, de manera irreflexiva y acrítica, las normas de género que establecen diferencias jerárquicas entre las personas en función de su sexo. Es decir, mientras se perpetúen las normas de género que determinan que las mujeres deben ser dóciles, pacientes, dependientes, pasivas sexualmente y respetuosas de la autoridad masculina, al mismo tiempo que las normas para los hombres se relacionan con poder, control, independencia, fuerza, valentía y experiencia sexual desde muy temprana edad.

> **¿Cómo influyen las normas de género en el comportamiento romántico y sexual de las y los jóvenes?**
>
> En un estudio[21] realizado con estudiantes de secundaria de colegios públicos y privados de todos los estratos de Bogotá, se encontró que los hombres presentaban niveles más altos de actitudes sexistas que las mujeres.

---

21 Vargas-Trujillo, E., Barrera, F., Burgos Cantor, M. C. y Daza Mancera, B. C. (2006). Influencia de los programas televisivos que incluyen contenido sexual en el comportamiento de los adolescentes colombianos. En Comisión Nacional de Televisión (Eds.) *Los jóvenes y la televisión* (Vol. 2, pp. 222-306). Bogotá: CNTV Programa de Investigaciones Académicas sobre Televisión.

> Además, se observó que los adolescentes, hombres y mujeres, que presentan niveles altos de actitudes sexistas tienden a valorar más favorablemente las relaciones sexuales en la adolescencia, a creer que los métodos de protección son poco efectivos, a tener expectativas menos favorables de las relaciones románticas y a percibirse menos competentes para manejar las situaciones de índole sexual que se presentan en las relaciones de pareja.
>
> También se encontró que las/los jóvenes que informaron haber comenzado a tener relaciones sexuales a una edad más temprana presentan niveles más altos de actitudes sexistas. Estos/as jóvenes, además, informan una menor comunicación con la pareja sobre el uso de métodos de protección, y haber utilizado métodos de protección menos efectivos en el primer encuentro sexual.

Preguntas frecuentes

¿Cómo se construye la identidad con el género?

Se han propuesto varias teorías para explicar el desarrollo de la identidad con el género y todas coinciden en que se trata de un proceso, que es aprendido y que puede cambiar con el tiempo.[22] En este libro hemos expuesto que la identidad con el género, al igual que los otros aspectos de la sexualidad, se construye en el proceso de socialización sexual. Es así como se ha observado que la presión ejercida por la familia sobre los niños y las niñas para acomodar su conducta a lo que socialmente se considera apropiado para cada sexo (rol de género) se realiza de forma rígida y consistente, especialmente en los primeros cinco años de vida. Esta presión en la familia disminuye progresivamente porque el inicio de la escolaridad favorece que otros agentes sociales (los pares y los maestros) presionen en la dirección marcada por los estereotipos y las normas sociales, reforzando aquellos comportamientos asociados al género que han sido aprendidos previamente en el ambiente familiar.

Esta presión social para la adquisición de los roles de género es particularmente fuerte en el caso de los hombres. Se ha encontrado que la ansiedad que genera en los adultos la identidad con el género de los hombres y su posible orientación sexual puede explicar, en parte, esta excesiva presión para que actúen

22 Rojas, A.M. (2012). *Infancia, cogniciones de género y medios de comunicación. Proyecto de tesis doctoral,* Departamento de Psicología, Universidad de los Andes.

como "verdaderos hombres", según lo establecido socialmente.[23] En diversos estudios, se ha encontrado que los niños se adhieren más rígidamente a un rol masculino que las niñas a un rol femenino, lo cual evidencia la mayor presión que reciben de los agentes sociales.[24]

Una vez que niños y niñas han sido capaces de discriminar aquellas características propias de cada sexo, comienza el proceso mediante el cual se adquieren el conocimiento y el sentido psicológico de sí mismo como masculino o femenino (identidad con el género). Esta fase se caracteriza por el incremento progresivo del conocimiento del contenido del estereotipo de género y el sentimiento de poseer o no personalmente los comportamientos y las características que socialmente se consideran más apropiados para las personas del mismo sexo: "Yo soy una niña, luego, debo ser cariñosa... debo jugar con muñecas... debo estar en la casa con mi mamá", "Yo soy un niño, luego, debo ser fuerte, debo jugar fútbol... debo estar en la calle con mis amigos".[25]

Se ha encontrado que los niños menores de siete años perciben que manifestar comportamientos contrarios al rol de género puede cambiar el sexo de la persona. Después de esta edad aumenta la comprensión de la arbitrariedad de los estereotipos y de las normas asociadas con el rol de género pero, al mismo tiempo, estos niños consideran adecuado su cumplimiento, en razón de las posibles consecuencias sociales que tendría la expresión de comportamientos contrarios a la norma, particularmente para los hombres.[26]

En la adolescencia, junto con el desarrollo físico y hormonal de la pubertad, la persona experimenta cambios importantes en sus capacidades cognoscitivas que le van a permitir pensar acerca de las posibilidades que tiene, como hombre o como mujer, más allá de la realidad concreta en la que vive; integrar diferentes perspectivas a la vez; planificar el curso de una acción y anticipar posibles consecuencias; pensar en sí mismo, autoevaluarse y autorregularse. Estas nuevas competencias cumplen un papel importante en la comprensión del sí mismo y en el proceso de consolidación de la identidad con el género.[27]

---

23 Sánchez, A. (1996). El desarrollo del sexo como variables estímulo durante la infancia. En J. Fernández (Ed.). *Varones y mujeres. Desarrollo de la doble realidad del sexo y del género.* Madrid: Pirámide.

24 Sánchez, A. (1996). La evolución del género durante la infancia. En J. Fernández (Ed.). *Varones y mujeres. Desarrollo de la doble realidad del sexo y del género.* Madrid: Pirámide.

25 *Ibid.*

26 *Ibid.*

27 Fuertes, *op. cit.*

¿Es cierto que si a los niños se les permite jugar con muñecas y a las niñas con carros, esto puede afectar su identidad con el sexo?

Esto de ninguna forma es cierto. La mayor parte del desarrollo de los procesos cognoscitivo, afectivo y comportamental de los niños y las niñas se da a través del juego. Por medio del juego se explora, conoce y reproduce el mundo actuando y relacionándose con otros para ir forjando una identidad y una personalidad estructuradas que les van a permitir crecer saludablemente. Dado que en el mundo adulto es posible observar que los hombres y las mujeres conducen carro, cargan a sus hijos y juegan con ellos, participan en actividades domésticas, es obvio que a los niños algunas veces les guste jugar con muñecas y a las niñas con carritos. De esta manera, reproducen la forma en que actúan los adultos (papá juega con los niños, mamá va a trabajar).

Hay que tener en cuenta una cosa: Es el medio sociocultural el que nos transmite que unos juguetes son sólo para los hombrecitos y otros para las mujercitas, cuestión que los niños y las niñas no tienen en cuenta; en ellos no existe esa discriminación; para ellos son simplemente juguetes.

¿Es cierto que las diferencias en el comportamiento de los hombres y las mujeres obedecen a diferencias cerebrales entre los sexos?

Las investigaciones relacionadas con las diferencias cerebrales entre hombres y mujeres no son concluyentes. Algunos investigadores han encontrado diferencias en el tamaño, la estructura y el funcionamiento cerebral de hombres y mujeres. Por ejemplo, se ha llegado a plantear que los hemisferios derecho e izquierdo de los hombres tienen funciones distintas, específicas y especializadas, mientras que en las mujeres no se ha encontrado este nivel de especialización hemisférica. Sin embargo, investigaciones recientes indican que estas diferencias no constituyen evidencia suficiente para concluir que el comportamiento de hombres y mujeres está determinado biológicamente, porque aún no se ha logrado establecer de manera contundente que las diferencias en el tamaño, la estructura y el funcionamiento cerebral están asociadas significativamente con diferencias en las habilidades, características y comportamientos de las personas.

¿Es verdad que los hombres son superiores a las mujeres en razonamiento analítico y habilidades matemáticas?

No se han encontrado diferencias en las pruebas sobre estilos analíticos cognitivos o razonamiento lógico entre hombres y mujeres. Algunos estudios al respecto se contradicen en sus conclusiones, por lo cual no hay evidencia que sustente dicho planteamiento.

¿Es cierto que los hombres experimentan diferentes emociones que las mujeres?

Ambos sexos experimentan las mismas emociones, la diferencia radica en la forma como se expresan estas emociones. Por ejemplo, a los hombres se les enseña desde pequeños que no deben llorar o mostrar temor, mientras que a las mujeres se les enseña que tienen que ser cariñosas y tiernas.

¿Las mujeres son más sociables que los hombres?

Los hombres y las mujeres presentan igual interés en los estímulos sociales. Ambos sexos responden de igual forma a los refuerzos que provienen de su entorno y muestran igual interés en las relaciones con otras personas. Algunos estudios han establecido que en la infancia no hay ninguna diferencia entre los niños hombres o mujeres para jugar con otros niños.

¿Por qué insistir en la transformación de los roles de género si ya las mujeres hacen todo lo que antes era exclusivamente de los hombres?

Efectivamente, los roles que desempeñan los hombres y las mujeres han experimentado grandes cambios en las últimas cuatro décadas, lo cual ha permitido que las mujeres incursionen en terrenos que antes eran exclusivos de los hombres. Sin embargo, estos cambios han sido aditivos, no sustitutivos, es decir, las mujeres han adicionado el trabajo fuera del hogar a su rol tradicional de cuidado y protección de la familia: un gran número de mujeres actualmente son empleadas, esposas y madres.

Por supuesto que los hombres tradicionalmente también han ocupado múltiples roles en su vida como empleados, esposos y padres, pero lo que se ha observado es que los hombres dedican su energía al trabajo fuera del hogar, y que a su rol como esposo y padre le dedican mucho menos tiempo y esfuerzo, lo cual los libera del estrés que esto puede generar.

Por otro lado, se ha observado que estos cambios en el rol de la mujer no han ido acompañados de cambios paralelos en el rol del hombre. Pocos hombres se han dado la oportunidad de ser más abiertos y espontáneos en la expresión de sus emociones, y de experimentar los beneficios de establecer relaciones más cercanas e íntimas. Probablemente, la devaluación que tradicionalmente se ha hecho de estas características consideradas "típicamente femeninas" ha impedido que los hombres, al igual que las mujeres, quieran incorporarlas a su repertorio conductual.

En este sentido, las investigaciones han mostrado que las mujeres desean que los hombres estén dispuestos a ser más comunicativos con su pareja y a expresar con más libertad sus ideas y sentimientos. A las mujeres también les gustaría que los hombres fueran mucho más activos con sus familias y que participaran más en el trabajo de la casa y el cuidado de los hijos. Lograr este cambio en los roles de los hombres y de las mujeres implica un proceso largo, que incluye:

• Reconocer que existen diferencias en las habilidades que hemos aprendido a lo largo de la vida, y que en muchas ocasiones descalificamos aquellas que consideramos "femeninas" y sobrevaloramos las que consideramos "masculinas".

• Dar la oportunidad a los hombres de aprender aquellas habilidades que las mujeres aprendieron desde que eran niñas, particularmente las que tienen que ver con la capacidad para ponerse en el lugar del otro (empatía emocional), para identificar las propias emociones y para comunicarse afectivamente. Esto permitirá a los hombres establecer un mayor equilibrio en su vida emocional, de tal forma que no tengan que recurrir a la agresión cuando experimentan emociones que los hacen sentir vulnerables, y a la actividad sexual cuando desean expresar afecto.

• Realizar un trabajo personal (en los casos que sea necesario, con ayuda de un terapeuta) que permita a hombres y mujeres reconocer de qué manera su propia historia de vida, su relación con sus figuras de identificación femeninas y masculinas, el temor a la culpa, a la vergüenza y a la vulnerabilidad, los/las llevaron a adoptar una identidad con el género que no les ha permitido crecer emocionalmente y sentirse satisfechos/as consigo mismos/as.

Con las futuras generaciones, se requiere modificar las pautas que se utilizan para la socialización sexual de hombres y mujeres, permitiendo que los niños y las niñas desarrollen actividades similares, expresen sus sentimientos y desarrollen aquellas habilidades que les van a permitir adaptarse mejor a las exigencias de su medio.

¿A qué se refieren con el término "trans"?

Este término está siendo utilizado por grupos activistas defensores de los derechos de las personas que expresan sexualidades diversas para distinguir y visibilizar a las personas que transitan entre un sexo y otro (transexual) o entre un género y otro (transgénero).

El término *transexual* describe a las personas que desde muy temprana edad manifiestan inconformidad con la apariencia de su cuerpo, particularmente la de sus órganos sexuales: "se sienten metidos en un cuerpo que no les pertenece". Es decir, se trata de personas cuya *identidad con el sexo* no está en sintonía con la categoría sexual (hombre o mujer) que les fue asignada al nacer.

De otro lado, la identidad con el género, como ya se ha explicado ampliamente en este capitulo, corresponde al grado de conformidad que la persona expresa frente a las normas sociales que establecen cómo deben ser y actuar mujeres y hombres. Por lo tanto, el término transgénero distingue a la persona con algún grado de inconformidad con las normas y expectativas socioculturales que definen cómo deben ser y actuar las personas según su sexo.

Aplico lo aprendido…

Si quiere reflexionar sobre su identidad con el género, lo/la invitamos a que responda a las siguientes preguntas:

¿Qué es lo que lo/la caracteriza como hombre o como mujer?
¿En qué medida su comportamiento satisface las expectativas y patrones de conducta que socialmente se tienen de los hombres o de las mujeres? ¿Cómo se siente al respecto?
¿Hasta qué punto hace lo que esperan de usted, como hombre o como mujer, sus padres, amigos o pareja, con el fin de obtener su aprobación?
¿Qué es lo que más valora y envidia del otro sexo?
¿Qué son para usted la feminidad y la masculinidad?
¿Qué tan femenino/a o masculino/a es usted?
¿Qué cosas ha dejado de hacer en su vida por temor a que se le juzgue como poco femenina/o o masculino/a?

Ahora que ha terminado de leer este capítulo y de hacer este ejercicio, responda a la pregunta: ¿Quién soy yo sexualmente?

5
Soy heterosexual, soy homosexual, soy bisexual

Otro de los aspectos relevantes que debemos explorar acerca de nuestra sexualidad para responder a la pregunta: "¿Quién soy yo sexualmente?" es el de la orientación sexual. En la introducción dijimos que una sexualidad saludable implica la aceptación y revelación a otros de la propia orientación sexual. La orientación sexual está definida por el sexo (no el género) de las personas por las cuales nos sentimos interesadas/os y atraídas/os física, emocional y sexualmente. Teóricamente, se han definido tres categorías para las orientaciones sexuales posibles:

Heterosexual: describe a las personas cuyo interés físico, emocional y sexual está dirigido preferentemente hacia personas del otro sexo.

Homosexual: corresponde a las personas cuyo interés físico, emocional y sexual está dirigido preferentemente hacia individuos del mismo sexo.

Bisexual: se refiere a las personas cuyo interés físico, emocional y sexual está dirigido tanto hacia hombres como hacia mujeres.

Aunque estas tres orientaciones sexuales han sido las mas estudiadas, las ultimas investigaciones han demostrado que existen otras dos formas de afiliación afectivo-erótica entre las personas.[1] Aquellas personas que sienten atracción hacia personas transgénero denominan su orientación como *transorientada*. Y aquellas personas que no sienten ningun tipo de atracción sexual o afectiva como *asexuales*. Estas dos nuevas categorías se encuentran en investigación, por lo cual, en este libro solamente se nombran y no se profundiza sobre ellas.

Tenga en cuenta...

El interés de las personas bisexuales por individuos de ambos sexos no se reduce a la relación sexual genital. La mayoría de las personas bisexuales usualmente tiende a sentirse más atraída, por uno de los dos sexos. Aunque prefieran a un sexo más que al otro, tienden a interesarse por ambos sexos y a permanecer abiertas a una relación romántica y sexual tanto con hombres como con mujeres.

Además, se han descrito diferentes tipos de bisexualidad, entre ellos, la simultánea o concurrente y la serial. La bisexualidad simultánea o concurrente se refiere a tener relaciones románticas y sexuales con un hombre y una mujer en el mismo período de la vida. Bisexualidad serial es la alternancia de parejas sexuales, hombres y mujeres, a lo largo del tiempo.

Aunque esta categorización nos facilita aproximarnos al tema de la orientación sexual y comunicarnos al respecto, en la actualidad existe abundante evidencia que indica que la dicotomía orientación sexual homosexual/orientación sexual heterosexual no existe en la realidad y que algunos individuos en diferentes momentos de su historia personal pueden experimentar pequeños cambios en una dirección u otra.[2]

---

1 Davies, D. (2012), Orientación sexual. Londres, UK.

2 Dickson, N., Paul, C. y Herbison, P. (2003). Same-sex attraction in a birth cohort: Prevalence and persistence in early adulthood. *Social Science & Medicine*, 56, 1, 607-1, 615; Diamond, L. M.

En efecto, en la actualidad se reconoce que la orientación sexual es, en primer lugar, el resultado de la interacción compleja de factores biológicos, cognitivos y sociales y, en segundo lugar, que su expresión involucra varios aspectos, entre otros:[3] a) la atracción emocional; b) el deseo sexual; c) las fantasías sexuales; d) la actividad sexual; e) el estilo de vida. Por ejemplo, una persona que se autodefine como heterosexual puede al mismo tiempo o en distintos momentos de su vida: a) sentirse atraída emocionalmente por personas de su mismo sexo; b) estar interesada sexualmente en personas del otro sexo; c) incluir en sus fantasías eróticas a personas de ambos sexos; d) tener experiencias sexuales con personas del mismo sexo; e) mantener una relación de pareja estable con una persona del otro sexo.

Este ejemplo evidencia que algunas personas pueden experimentar intereses emocionales y sexuales hacia personas tanto de uno como del otro sexo, por lo que el reconocimiento y la aceptación de su orientación sexual no son una tarea sencilla. Estas personas requieren, probablemente, un período un poco más largo de cuestionamiento y reflexión personal para llegar a definir, por sí mismas, los atributos y comportamientos que las caracterizan en cuanto a su orientación sexual. Es decir, para lograr su *identidad con la orientación sexual*.

Tenga en cuenta...

La identidad con la orientación sexual es el constructo que integra la noción que tiene la persona de los atributos y los comportamientos que la caracterizan sexualmente, teniendo en cuenta el sexo de las personas por las cuales experimenta interés y atracción física, emocional o sexual. Para reconocer la propia orientación sexual, la persona debe cuestionarse acerca del sexo de las personas a) involucradas en sus fantasías sexuales, b) hacia quiénes experimenta atracción física o emocional, c) que activan su deseo sexual, d) con quienes participa en actividades sexuales, e) con quienes establece relaciones románticas. También debe considerar su estilo de vida.

(1998). Development of sexual orientation among adolescent young adult women. *Developmental Psychology*, 34, 1085-1095; Diamond, L. M. (2000). Sexual identity, attractions, and behavior among young sexual-minority women over a 2-year period. *Developmental Psychology*, 36, 241-250; Diamond, L. M. (2003). Was it a phase? Young women's relinquishment of lesbian/bisexual identities over a 5-year period. *Journal of Personality & Social Psychology*, 84, 352-364; Garnets, L. D. (2002). Sexual orientations in perspective. *Cultural Diversity & Ethnic Minority Psychology*, 8, 115-29.

3 American Psychological Association. (2002). Ethical principles of psychologists and code of conduct. *American Psychologist, 57*, 1060-1073.

El *estilo de vida* se refiere al conjunto de comportamientos que caracterizan la forma como vive una persona y como satisface sus necesidades físicas y psicológicas: el tipo y la calidad de las relaciones interpersonales que establece, lo que consume, la forma de vestir, las actividades que realiza, los hábitos y las prácticas de autocuidado que lleva a cabo. Por ejemplo, en la edad adulta temprana, en su mayoría, las personas deciden si quieren quedarse solas, sin involucrarse en relaciones románticas o sexuales, si prefieren quedarse solas para estar en libertad de tener relaciones sexuales con diferentes parejas casuales u ocasionales; si están interesadas en vivir con alguien pero sin ningún compromiso de por medio; si están dispuestas a establecer una relación de pareja abierta (se permiten relaciones sexuales con otras personas por fuera de la pareja) o cerrada (con compromiso y exclusividad); si desean casarse y tener o no hijos, entre otras cosas.

Otro aspecto que vale la pena resaltar es que la identidad con la orientación sexual es diferente del comportamiento. La identidad con la orientación sexual tiene que ver con el autorreconocimiento y la aceptación que hace la persona de que su interés físico, emocional y sexual está dirigido preferentemente hacia personas del otro sexo, del mismo sexo o de ambos sexos. Las personas pueden expresar o no su orientación sexual con su comportamiento. Por ejemplo, una persona puede reconocer que su orientación sexual es homosexual (identidad con la orientación sexual) y establecer o no relaciones románticas o sexuales con personas de su mismo sexo (comportamiento).

Para tener en cuenta...

Actualmente, se recomienda el uso del término *heterosexual* como un adjetivo aceptable para personas que tienen relaciones afectivas o sexuales hombre-mujer y que no se involucran en ningún tipo de actividad sexual con personas del mismo sexo. Los términos *lesbiana*, *gay* y *bisexual* (LGB) se recomiendan como adjetivo, en lugar de la palabra "homosexual", para referirse a personas específicas. En lugar del sustantivo "homosexuales", se recomienda decir *mujer/es lesbiana/s, hombre/s gay* y *persona/s bisexual/es* cuando se usa como sustantivo para referirse a un grupo específico. Esta recomendación tiene varios propósitos:

1. Evitar la connotación negativa que tiene la palabra "homosexual", que históricamente ha sido asociada con estereotipos tales como "anormal", "patológico", "desviado", "criminal", "perverso".
2. Hacer visibles a las mujeres que se sienten excluidas, en tanto que el término homosexual generalmente se asume que hace referencia exclusivamente a hombres que tienen relaciones afectivas y sexuales con hombres.
3. Diferenciar entre la persona que se identifica a sí misma como lesbiana, gay o bisexual, de quienes tienen actividad sexual con personas de su mismo sexo pero no aceptan que tienen una orientación sexual homosexual, es decir, no se identifican como LGB.

La orientación sexual a lo largo de la vida

Con el fin de verificar cambios en la orientación sexual de los individuos a lo largo de la vida, se han realizado diversos estudios. En uno de ellos se examinaron las modificaciones que experimentaban los intereses sexuales de un grupo de hombres gay y bisexuales antes y después de casarse.[4] En el estudio se evaluó el sexo de las parejas con quienes se establecía actividad sexual, hacia quienes se experimentaban sentimientos románticos y atracción sexual, y la identidad con la orientación sexual.

Los hallazgos de dicho estudio revelan que aunque la actividad sexual de los individuos con personas del mismo sexo cambió después del matrimonio, el sexo de las personas hacia quienes se experimentaban sentimientos románticos y atracción sexual se mantuvo a lo largo del tiempo. Además, sólo en un 50% de los casos la identidad con la orientación sexual de los participantes fue coincidente con el sexo de sus parejas sexuales. Es decir, algunas personas que tenían relaciones sexuales con personas del otro sexo se describían a sí mismas como homosexuales, mientras que algunas personas que mantenían relaciones sexuales con personas del mismo sexo se identificaban como heterosexuales.

En otro estudio, en el que participaron más de 30.000 estudiantes, hombres y mujeres, de todos los niveles de secundaria, se obtuvo información relacionada con la atracción, las fantasías y las conductas sexuales con personas del mismo y del otro sexo, así como la identidad con la orientación sexual.[5] Los resultados

4 Malcolm, J. (2000). Sexual identity development in behaviorally bisexual married men. *Psychology Evolution & Gender*, diciembre, 263-299.
5 Remafedi, G., Resnick, M., Blum, R. y Harris, L. (1992). Demography of sexual orientation in adolescents. *Pediatrics, 4*, 714-721.

revelaron que algunos de los/las estudiantes manifestaron sentirse inseguros/as de su orientación sexual en cada uno de los grados de la secundaria; el porcentaje de personas inseguras de su orientación sexual fue mayor en los primeros grados de la secundaria (25,9%) y menor al final de ésta (5%). Este resultado apoya los planteamientos de diferentes autores que describen la adolescencia como un período de confusión y de consolidación de la identidad.

Uno de los pocos estudios longitudinales que se han realizado para establecer si existen cambios en los intereses sexuales de un mismo individuo una vez alcanzada la etapa adulta proviene de Nueva Zelanda.[6] Esta investigación examinó información de una muestra de 1.000 personas de los dos sexos, a las que se les había hecho seguimiento desde el nacimiento hasta los 26 años.

Los resultados de dicho estudio indican que el reconocimiento de algún grado de atracción sexual hacia personas del mismo sexo está asociado con el nivel educativo de los participantes. Es decir, las personas con niveles educativos más altos tendían a reportar con mayor frecuencia interés o atracción por personas del mismo sexo. Sin embargo, la atracción sexual homosexual no está, necesariamente, acompañada de participación en actividades sexuales con personas del mismo sexo.

Los datos también permitieron identificar algunos cambios en la orientación sexual de las personas entre los 21 y los 26 años. Durante este intervalo de tiempo, un porcentaje cercano al 6% de las mujeres y el 2% de los hombres afirmó dejar de tener una atracción exclusivamente heterosexual, al reconocer algún grado de atracción hacia otras personas de su mismo sexo. En el sentido opuesto, pero en menor proporción, algunos hombres y mujeres del estudio que a los 21 años reconocieron algún grado de interés sexual hacia personas de su mismo sexo cambiaron, al señalar un interés exclusivamente heterosexual a los 26 años.

¿Qué sabemos sobre las personas LGB en Colombia?

En un estudio realizado con 146 personas LGB (lesbianas, gay y bisexuales) de la ciudad de Bogotá,[7] se encontró que quienes se identifican a sí mismas como homosexuales experimentan con frecuencia sentimientos de atracción romántica y sexual hacia personas del otro sexo. Para el 4% de

---

6 Dickson, N., Paul, C. y Herbison, P. (2003). Same-sex attraction in a birth cohort: Prevalence and persistence in early adulthood. *Social Science & Medicine*, 56, 1, 607, 615.

7 Rincón, F. (2005). Factores contextuales e individuales que predicen el bienestar psicológico y la salud sexual de personas homosexuales. Tesis de Maestría no publicada, Departamento de Psicología. Bogota: Universidad de los Andes.

los encuestados, estos sentimientos eran más altos que los experimentados hacia personas del mismo sexo.

Aunque la expresión de intereses sexuales hacia personas del mismo y del otro sexo podría interpretarse como una tendencia hacia la bisexualidad, los análisis revelaron que en las personas homosexuales predominan los intereses sexuales hacia personas del mismo sexo. De acuerdo con estos resultados, la identificación de un individuo como homosexual está relacionada, en últimas, con la frecuencia con la que experimenta intereses sexuales hacia personas del mismo sexo.

Por otra parte, se encontró que el sentimiento de enamoramiento hacia personas del mismo sexo es la única expresión sexual frente a la cual se observaron diferencias importantes entre hombres y mujeres. Estos resultados son consistentes con los de otras investigaciones acerca de la sexualidad femenina en las que se ha encontrado que las mujeres, comparadas con los hombres, tienden a dar mayor importancia a los sentimientos románticos que a la actividad sexual.

Desarrollo de la identidad con la orientación sexual

La consolidación de la identidad con la orientación sexual, al igual que con los otros aspectos de la sexualidad que hemos abordado en los capítulos anteriores, está precedida del cuestionamiento de la propia orientación sexual y de la experimentación sexual o romántica (o ambas) durante la adolescencia.[8]

El cuestionamiento sexual constituye un conjunto de actividades internas por medio de las cuales un individuo valora, reconoce e interpreta diferentes aspectos de su experiencia personal teniendo en consideración las normas sociales acerca de la orientación sexual (por ejemplo, que la heterosexualidad es lo "normal", "apropiado", "natural" o "sano").[9]

Este proceso de cuestionamiento personal sobre la orientación sexual puede presentarse a muy temprana edad. Por ejemplo, los estudios con personas LGB adolescentes han encontrado que algunas recuerdan haber presentado desde la infancia (antes de los 10 años de edad) experiencias de atracción física

8 Carver, P., Egan, S. y Perry, D. (2004). Children who question their heterosexuality. *Developmental Psychology, 40* (1) 43-53.

9 Savin-Williams, R. (1998). Lesbian, gay and bisexual youths' relationships with their parents. En J. Patterson y A. D'Augelli (Eds.), *Lesbian, Gay and Bisexual Identities in Families: Psychological Perspectives.* Nueva York: Oxford University.

o emocional y fantasías hacia personas de su mismo sexo, acompañadas de la sensación incómoda de ser distintas a otros/as de su misma edad.[10] El siguiente relato de un hombre gay nos permite aclarar esta idea: *"Yo sentía que era diferente... mientras mis amigos hablaban de lo linda que era la Mujer Maravilla, a mí me fascinaba Superman, él a mí sí me parecía atractivo"*.

La información disponible revela que la mayor visibilidad que ha tenido la homosexualidad en años recientes ha favorecido que cada vez con mayor frecuencia las personas se cuestionen acerca de su orientación sexual, aunque sea de manera pasajera. Por ejemplo, es común que los/las niños/as en la pubertad establezcan relaciones de amistad muy estrechas con personas de su mismo sexo. Estas *relaciones homosociales* permiten a los niños y a las niñas compartir información, inquietudes y temores acerca de los cambios propios de la pubertad, adquirir confianza en sí mismos/as al verificar que lo que están viviendo es "normal", clarificar las normas y las expectativas de género. No obstante, estas relaciones pueden despertar dudas acerca de la propia orientación sexual si en la familia y la escuela comienzan a burlarse de estas relaciones y a hacer comentarios tales como "Ahí vienen los novios", "Miren a ver si se despegan un ratico, parece que estuvieran enamoradas", "Dejen de andar todo el día juntos, parece que fueran marido y mujer".

Tenga en cuenta...

Se denominan *relaciones homosociales* las amistades que se establecen entre pares del mismo sexo con el fin de satisfacer necesidades psicológicas básicas como las de aceptación y apoyo, afecto, seguridad y reconocimiento.

Cabe señalar que no todos los niños o las niñas que alguna vez se cuestionan sobre su orientación sexual, posteriormente se reconocen como personas con una identidad lesbiana, gay o bisexual.[11] De hecho, lo que se observa es que relativamente pocos/as preadolescentes se autodefinen como homosexuales. Las investigaciones sobre el tema indican que la identidad con la orientación sexual ocurre con mayor frecuencia en los últimos años de la juventud.

---

10 Savin-Williams, R. y Diamond, L. (2000). Sexual identity trajectories among sexual-minority youths: Gender comparisons. *Archives of Sexual Behavior, 29*, 607-627.

11 Golombok, S. y Tasker F. (1996). Do parents influence the sexual orientation of their children: Findings from a longitudinal study of lesbian families. *Developmental Psychology, 32*, 3-11.

En ese proceso de autorreconocimiento y aceptación cumplen un papel relevante las experiencias con pares y, particularmente, las que incorporan componentes románticos. Esas primeras relaciones románticas constituyen el escenario propicio para la exploración sexual y el establecimiento de los patrones de relación que caracterizarán las interacciones en la adultez.

Esas relaciones con pares en los primeros años de la adolescencia se caracterizan por ser casuales y de corta duración. Estas relaciones "sin compromiso", que pocas veces llegan a ser reconocidas socialmente como "relaciones de noviazgo", facilitan que se experimente con diversas modalidades de actividad sexual y, por lo tanto, favorecen el autodescubrimiento. Se ha encontrado que cuando estas experiencias se tienen con personas del mismo sexo, en lugar de determinar la orientación sexual, ayudan a los y las jóvenes a aclarar las dudas acerca de sus intereses sexuales y a reconocer su orientación sexual.[12]

¿A qué edad descubren su orientación sexual las personas LGB?

Los datos de una muestra de 146 personas LGB residentes en Bogotá señalan que alrededor de un 25% recuerda haber experimentado sentimientos de atracción hacia otros de su mismo sexo desde su infancia. Más del 50% de ellos y ellas se sintieron enamorados/as y besaron a alguien de su mismo sexo por primera vez durante su adolescencia. La única diferencia entre hombres y mujeres está relacionada con la edad de la primera relación sexual homosexual: más de la mitad de las mujeres lesbianas tuvieron su primera relación en la edad adulta, mientras que una mayor proporción de los hombres la tuvieron en la juventud. En este hecho puede estar influyendo el rol de género, dado que los hombres, independientemente de su orientación sexual, tienden a presentar una edad de inicio de actividad sexual menor que la de las mujeres.[13]

---

12 D'Augelli, A. R. (1991) Lesbian/gay development: Pedagogy of the oppressed. *Journal of Homosexuality, 22,* 213-226; Herdt, G. y Boxer, A. M. (1993). *Children of Horizons: How Gay and Lesbian Teens are Leading a New Way Out of the Closet.* Boston: Beacon Press; Savin-Williams, *op. cit.*; Savin-Williams y Diamond, *op. cit.*

13 Rincón, *op. cit.*

Factores que inciden en el proceso de desarrollo de la identidad
con la orientación sexual homosexual o bisexual

Como ya hemos mencionado, la identidad con la orientación sexual es el resultado de un proceso de cuestionamiento y reflexión personal al final del cual la persona reconoce, acepta y se compromete con los atributos y comportamientos que caracterizan este aspecto de su sexualidad. Los expertos en el tema plantean que este proceso supone atravesar diversas etapas, la última de las cuales generalmente incluye revelar a otros el hecho de no ser heterosexual y desarrollar una actitud positiva hacia la propia orientación sexual.[14]

Si bien esta manera de aproximarse a la comprensión del proceso de reconocimiento y aceptación de la orientación sexual es la más popular en la literatura, un estudio que se está llevando a cabo en este momento propone que la identidad con este aspecto de la sexualidad es el producto de la integración de cuatro procesos psicológicos: el cognoscitivo, el comportamental, el emocional y el relacional.[15] Desde esta perspectiva se plantea que las personas desarrollan su identidad con la orientación sexual a partir del reconocimiento y la aceptación de lo que piensan, lo que sienten, la manera como se comportan y el tipo de relaciones que establecen a lo largo de la vida.

Por otro lado, diversas investigaciones han encontrado que la aceptación de la orientación sexual homosexual depende de la posibilidad que tenga el individuo de:[16] a) involucrarse con grupos de minorías sexuales y buscar la compañía de otras personas LGB; b) contar con recursos de autoayuda; c) obtener asesoramiento o terapia psicológica; d) percibir que la familia acepta y apoya su orientación sexual; e) tener alguna filiación religiosa.

Otros investigadores han encontrado que la aceptación de la propia orientación sexual está relacionada con el nivel de homofobia de las personas. La *homofobia o prejuicio sexual basado en la orientación sexual* es un constructo que representa las actitudes negativas hacia las personas homosexuales. Se ha encontrado que las minorías sexuales expresan las actitudes hacia la atracción sexual entre personas del mismo sexo que reflejan el punto de vista del grupo

---

14 Cass, V. (1984). Homosexual identity formation: Testing a theoretical model. *Journal of Sex Research, 20*, 143-167; Dubé, E. (2000). The role of sexual behaviour in the identification process of gay and bisexual males. *Journal of Sex Research, 37*, 123-133.

15 Rueda. M. (2012) El significado del prejuicio sexual en las trayectorias del desarrollo de la identidad con la orientación sexual homosexual y bisexual. Tesis doctoral. Universidad de los Andes, Bogotá, Colombia.

16 Warren, F (1974). *The Liberate Man: Beyond Masculinity: Freeing Men and Their Relationships with Women.* Nueva York: Random House; Weinberg, M., Williams, C. y Pryor, D. (1994). *Dual Attraction: Understanding Bisexuality.* Nueva York: Oxford; Savin-Williams, *op. cit.*

cultural al cual pertenecen.[17] Las actitudes tienden a ser negativas cuando se basan en creencias infundadas acerca de la orientación sexual homosexual y en la idea de que la orientación sexual heterosexual es la única "natural", "normal" o "saludable". En estos casos, el proceso de socialización sexual ha propiciado que las personas que se reconocen como no heterosexuales valoren su orientación sexual LGB negativamente y se sientan culpables y avergonzadas de esta condición.[18] Entre otros efectos, el mas grave es la aparición de condiciones clínicas asociadas al desarrollo de la orientación sexual, entre las que se encuentran trastornos del afecto, trastornos de ansiedad y estrés de minoría.[19]

Los datos disponibles indican que las personas que se denominan a sí mismas como LGB y que revelan a otros su orientación sexual muestran niveles más bajos de homofobia.[20] En este mismo sentido, se ha encontrado que en algunas ocasiones, a pesar de que las personas LGB logran aceptar su orientación sexual, el medio en el que viven influye notablemente en la decisión de hacerla pública. Es decir que el dar a conocer a otros la orientación sexual no heterosexual depende de qué tanto se percibe el ambiente como *heterosexista*.[21]

Para tener en cuenta…

El término *homofobia* es el más frecuentemente utilizado para calificar las actitudes negativas hacia las personas homosexuales. Esta palabra se refiere al temor irracional a las personas homosexuales y a las cualidades que se les atribuyen. Además, incluye el temor a ser visto en su compañía o a resultar involucrado en una relación con personas LGB.

---

17 Dubé, *op. cit.*

18 Nungesser, L. (1983). *Homosexual Acts, Actors, and Identities*. NuevaYork: Praeger; Shidlo, A. (1994). Internalized homophobia: Conceptual and empirical issues in measurement. En B. Greene y G. Herek (Eds.), *Psychological Perspectives on Lesbian and Gay Issues*: Vol. 1. *Lesbian and Gay Psychology: Theory, Research, and Clinical Application* (pp. 176-205). Thousand Oaks, CA: Sage.

19 Rueda. M. & Vargas, E. (2009) Psicoterapia y orientación sexual en Colombia. Manuscrito no publicado. Universidad de los Andes.

Meyer, I. (2003) Prejudice, social stress and mental health in lesbian, gay and bisexual populations: conceptual issues and research evidence. *Psychological Bulletin*. (Vol 129, No 5, 674-697). Columbia University. NY. USA.

20 Savin-Williams, R. (1990). *Gay and Lesbian Youth: Expressions of Identity*. Nueva York: Hemisphere; Shidlo, *op. cit.*

21 Ragins, B. y Cornwell, J. (2001). Pink triangles antecedents and consequences of perceived workplace discrimination against gay and lesbian employees. *Journal of Applied Psychology*. 86, 1244-1261.

La homofobia, al igual que las otras actitudes, se fundamenta en creencias infundadas, las cuales en la actualidad se incluyen en el concepto de heterosexismo.

El *heterosexismo,* al igual que el racismo, se basa en la idea de que la propia orientación sexual (la heterosexual) es superior o mejor que las otras. El heterosexismo justifica el rechazo hacia cualquier manifestación sexual no heterosexual.[22]

El heterosexismo se expresa en diferentes formas:[23]

Heterosexismo personal o psicológico: se refiere a los prejuicios hacia las personas homosexuales y hacia aquellos rasgos que se les han atribuido estereotipadamente. Por ejemplo, creer que todas las personas homosexuales son pervertidas, abusadoras sexuales, promiscuas, trabajan en salones de belleza y están infectadas con el VIH.

Heterosexismo interpersonal: se refiere a la expresión de las actitudes personales negativas en la relación con otros. Por ejemplo, a través de chistes, comentarios de doble sentido, violencia verbal o física.

Heterosexismo institucional o cultural: se refiere a la promoción que se hace socialmente de la heterosexualidad como la única forma válida, aceptable, normal, natural, decente y aceptada de establecer relaciones afectivas y sexuales. Por ejemplo, cuando en la legislación del sistema de salud no se tiene en cuenta entre los beneficiarios de los servicios a la pareja de las personas LGB o cuando se despide del empleo a una persona por no ser heterosexual.

Otro de los factores que inciden en el proceso de desarrollo de la identidad con la orientación sexual es el apoyo social, particularmente el que proviene de figuras significativas como la madre y el padre. Los hallazgos de diversos estudios muestran que aquellos jóvenes no heterosexuales que perciben por parte de sus padres mayor aceptación de su orientación sexual y que están en contacto con redes de apoyo social reportan mayores niveles de aceptación y valoración personal, en comparación con personas LGB que no cuentan con este tipo de apoyo.[24]

---

22 Herek, G. (1994). Assesing attitudes toward lesbians and gay men: A review of empirical research with the ATLC scale. En B. Greene y G Herek (Eds.), *Lesbian and Gay Psychology* (pp. 206-228). California: Sage.

23 Kilmartin, C. (2009). *The masculine self* (4 edition). Nueva York: Sloan Publishing.

24 Savin-Williams, (1998), *op. cit.*; Savin-Williams y Diamond, *op. cit.*

> **¿De qué depende que las personas acepten su orientación sexual homosexual?**
>
> En un estudio que incluyó 88 jóvenes LGB (60 hombres y 28 mujeres), estudiantes universitarios de estratos socioeconómicos 3, 4, 5 y 6 de la ciudad de Bogotá, se examinó la relación de la homofobia, el apoyo social, la percepción de la calidad del apoyo social y la autoestima con el grado de aceptación de la orientación sexual no heterosexual. Se encontró un mayor grado de aceptación de la orientación sexual homosexual entre las personas que tienen un bajo nivel de homofobia, perciben que cuentan con una red de apoyo social y que el apoyo que les proporciona su red social es de buena calidad.[25]

Identidad con la orientación sexual y sexualidad saludable

La literatura disponible revela que un individuo que ha logrado un alto grado de identidad con su orientación sexual (independientemente de que ésta sea heterosexual, homosexual o bisexual) se caracteriza también por disfrutar de una sexualidad saludable. En la introducción dijimos que la persona que goza de una sexualidad saludable se reconoce porque exhibe altos niveles de autoaceptación; autenticidad, reciprocidad y balance entre la cercanía emocional y la autonomía en las relaciones con otros; autocontrol, dominio del medio, propósito en la vida y tendencia al crecimiento personal.

Desafortunadamente, en muchas discusiones informales sobre la orientación sexual homosexual se asume, implícitamente, que la orientación sexual heterosexual es lo normal y que las personas con intereses sexuales hacia personas del mismo sexo están psicológicamente perturbadas. Esta creencia, sostenida por tanto tiempo, ha conducido a la construcción de estereotipos acerca de que las personas LGB son infelices, desajustadas, depresivas o suicidas.

Los estudios realizados con personas que se identifican con una orientación sexual homosexual han encontrado que, efectivamente, están en mayor riesgo de presentar problemas de salud física, social, psicológica y sexual.[26] Sin embargo, los mismos estudios han señalado que no es la orientación sexual homosexual

---

25 Vargas-Trujillo, E., Villalobos, S., Trevisi, G., González, F. y García, P. (2003). Variables psicosociales asociadas con el grado de aceptación de la orientación sexual no heterosexual. *Psicología desde el Caribe, 12,* 13-38.

26 Cochran, S. (2001). Emerging issues in research on lesbians` and gay men`s mental health: Does sexual orientation really matter? *American Psychologist, 56,* 929-947; Savin-Williams (1990).

en sí misma la causante de dichos problemas sino que las actitudes sociales negativas y las características de un medio hostil hacia las personas LGB son el origen de su aparición y permanencia.

Es decir, las características de las personas LGB que indican algún tipo de desajuste relacionado con la sexualidad deben analizarse teniendo en consideración el contexto histórico y cultural en el que han crecido.[27] Un ambiente caracterizado por la homofobia y el heterosexismo difícilmente contribuye al desarrollo de la identidad con la orientación sexual homosexual o bisexual. Esto, evidentemente, tiene efectos negativos sobre el desarrollo de su sexualidad y su bienestar psicológico.[28]

Los estudios indican, por ejemplo, que los motivos de consulta psicológica más frecuentes por parte de personas LGB están relacionados con dificultades para lograr aceptar la propia orientación sexual, conflictos generados por la homofobia, problemas debidos al aislamiento familiar y a la necesidad de contar con redes de apoyo social.[29]

Igualmente, se ha observado que los individuos que crecen en ambientes altamente homofóbicos pueden exhibir altos niveles de homofobia, un menor nivel de aceptación de la propia orientación sexual y bajos niveles de bienestar psicológico.[30]

En Colombia, un estudio realizado con 146 personas LGB (74 mujeres, 72 hombres) entre los 18 y los 25 años de edad, la mayoría de ellas (67%) con estudios universitarios, mostró que las personas homosexuales en Bogotá presentan un funcionamiento psicológico caracterizado por la sensación de autorrealización, autonomía y aceptación de sí mismas. Los individuos con mayor grado de bienestar se caracterizan por tener mayor nivel de apoyo por parte de personas cercanas y por sentirse competentes para enfrentar acciones de discriminación ejercidas por parte de otras personas. Otro factor que incide favorablemente en

---

op. cit.; Savin-Williams, R. (2001). Suicide attempts among sexual-minority youths population and measurement issues. *Journal of Consulting & Clinical Psychology. 69*, 983-991.

27 American Psychological Association (2000). Guidelines for psychotherapy with lesbian, gay and bisexual clients. *American Psychologist, 55*, 1440-1451.

28 Garnets, L. (2002). Sexual orientations in perspective. *Cultural Diversity & Ethnic Minority Psychology, 8*, 115-129; Herek, G. (2000). The psychology of sexual prejudice. *Current Directions in Psychological Science, 9*, 19-22; Herek, G. (2002). The psychology of sexual prejudice. En L. Garnets y D. Kimmel (Eds.). *Psychological Perspectives on Lesbian, Gay and Bisexual Experiences* (pp.154-164). Nueva York: Columbia University Press; Cochran, *op. cit.*; Meyer, I. (2003). Prejudice, social stress and mental health in LGB populations: Conceptual issues and research evidence. *Psychological Bulletin, 129*, 647-697.

29 Murphy, J. y Rawlings, E. (2002). A survey of clinical psychologists on treating lesbian, gay, and bisexual clients. *Professional Psychology: Research & Practice, 33*, 183-189.

30 Dubé, *op. cit.*

el nivel de bienestar de estas personas es el hecho de estar vinculadas a redes sociales homosexuales.[31]

Para tener en cuenta…

La homosexualidad y la bisexualidad, al igual que ser zurdo o ambidiestro, son características que se presentan en un grupo minoritario de la población, pero esto no significa que estas personas sean "anormales" o "patológicas".

Preguntas frecuentes

¿Los homosexuales nacen o se hacen?

Ésta es una pregunta que aparece con frecuencia en los talleres de educación sobre sexualidad y que revela el heterosexismo prevaleciente en la cultura: casi nadie se pregunta sobre el desarrollo de la identidad con la orientación sexual heterosexual. Un gran volumen de la investigación en el tema de la orientación sexual ha sido impulsado por el interés de explicar por qué algunas personas son homosexuales o bisexuales, es decir, por qué asumen orientaciones menos comunes que la heterosexualidad; hasta el momento, no existe una teoría que sea suficiente para explicar la orientación sexual. Probablemente existen tantas explicaciones posibles al por qué una persona se siente atraída emocional y sexualmente por otra, como personas en el mundo. El conocimiento que tenemos sobre la sexualidad, hasta la fecha sólo nos permite afirmar que nadie es responsable de tener el gusto que tiene, que éste se va descubriendo con el tiempo; de lo que sí somos responsables es de lo que hacemos una vez nos hemos dado cuenta de que nos gusta una u otra cosa, una u otra persona.

Con el fin de ilustrar al lector sobre algunas de las teorías que se han propuesto para responder a este interrogante, a continuación sintetizamos algunas de ellas, las cuales difieren en el énfasis que hacen en causas biológicas, psicológicas o sociales.[32]

Las *teorías de origen biológico* plantean que la orientación sexual tiene explicación en el carácter innato, hormonal o cerebral del ser humano. Los pri-

---

31 Rincón, *op. cit.*

32 DeLamater, J. y Hyde, J. S. (2004). Conceptual and theoretical issues in studying sexuality in close relationships. En J. Harvey, A. Wenzel, y S. Sprecher (Eds.), *Handbook of Sexuality in Close Relationships*. Mahwah, NJ: Erlbaum.

meros intentos de explicar las orientaciones sexuales distintas a la heterosexual partían de la idea de que las personas homosexuales tenían realmente el sexo cromosómico del otro sexo y no el del sexo que se les había asignado al nacer, hipótesis que fue rechazada con los primeros estudios que se llevaron a cabo. Más recientemente, se ha planteado que existe un gen que determina la orientación sexual, y que, en el caso de los hombres homosexuales (no de las mujeres), estaría localizado en el cromosoma x. Sin embargo, los resultados de las investigaciones al respecto no son concluyentes porque, por una parte, presentan serias fallas metodológicas y, por otra, porque estadísticamente los resultados no son significativos.

Otros investigadores plantean que la orientación sexual depende de los niveles de hormonas femeninas y masculinas presentes en el organismo. Desde esta perspectiva, la homosexualidad masculina se explica por un desequilibrio hormonal y, por lo tanto, por la feminización de la persona. Sin embargo, los resultados de otras investigaciones muestran que con el ajuste de los niveles de andrógenos en estas personas no se logra producir ningún cambio en la orientación sexual.

La hipótesis biologicista que actualmente tiene mayor aceptación es la neuroendocrinológica, la cual plantea que, durante el período prenatal, las hormonas sexuales no sólo actúan sobre el desarrollo de los órganos sexuales, sino que también inciden en la diferenciación sexual de la estructura cerebral, haciendo que los cerebros de los hombres sean diferentes de los de las mujeres y sean más sensibles a determinadas hormonas sexuales. No obstante, la evidencia empírica disponible en este sentido aún no es concluyente.

Las *explicaciones ambientalistas*, por su parte, pueden ser organizadas en dos grandes categorías, para ninguna de las cuales existe sustento empírico suficiente. En primer lugar están las aproximaciones psicoanalíticas que plantean que la orientación sexual es el producto de las experiencias significativas de la primera infancia. Desde esta perspectiva, los hombres homosexuales tienen en su infancia un patrón parental que consiste en una madre posesiva, indulgente en exceso y dominante, y un padre hostil, ambivalente y lejano. No obstante, las investigaciones que han examinado esta hipótesis se han encontrado con todo tipo de familias.

En segundo lugar, la perspectiva comportamental propone que la orientación sexual es el resultado de experiencias específicas de asociación, imitación, reforzamiento o castigo. Entre las experiencias que se han propuesto como explicativas de la homosexualidad están: el temor al otro sexo, el abuso sexual infantil por parte de personas del mismo sexo, el inicio de la actividad sexual en la pubertad o adolescencia con el grupo de iguales o las experiencias heterosexuales negativas. Sin embargo, hay aspectos en la explicación de la homosexualidad que la perspectiva conductual no ha logrado resolver; por ejemplo, si se tiene en cuenta que las personas se inclinan a realizar conductas que son reforzadas por su medio social, no habría una razón para que existieran personas no heterosexuales, ya que la homosexualidad y bisexualidad no sólo no son reforzadas, sino que son castigadas socialmente. Si se tomara el proceso de imitación como un factor explicativo de la homosexualidad y la bisexualidad, sería posible señalar que el comportamiento de las personas no heterosexuales no fue aprendido a partir de la imitación de sus padres o familiares cercanos, que en su mayoría son heterosexuales. Desde la perspectiva comportamental, se plantea como posible explicación de la homosexualidad la asociación que ésta podría tener con las experiencias heterosexuales negativas o con experiencias traumáticas, como es el caso del abuso sexual.

Por otro lado, las *explicaciones interaccionistas* asumen que la orientación sexual, al igual que cualquier otro comportamiento humano, es el resultado de la interacción entre factores biológicos y contextuales. En el caso específico de la orientación sexual, existe una predisposición biológica que, en un ambiente específico y en determinados períodos críticos, se evidencia o se minimiza.

Por último, las *explicaciones cognoscitivas y volitivas* proponen que la orientación sexual es el resultado de un proceso de toma de decisiones consciente, a partir del cual las personas deciden con quién o con quiénes prefieren tener relaciones afectivas y eróticas. Frente a este planteamiento, surge la pregunta: ¿por qué una persona elegiría consciente y voluntariamente una orientación no heterosexual en un contexto homofóbico y heterosexista?

¿Es la orientación sexual un asunto de elección personal?

No. Las personas no pueden elegir su orientación sexual. Las personas descubren su orientación sexual a medida que crecen. La mayoría de las personas descubren el sexo de las personas por las cuales se sienten interesadas en la pubertad o adolescencia temprana, sin haber tenido ningún tipo de experiencia sexual previa. A partir de ese descubrimiento, las personas pueden decidir cómo van a expresar su orientación sexual, es decir, cómo van a comportarse.

¿La orientación sexual se puede cambiar con psicoterapia?

No. Se ha encontrado que algunas personas que viven en contextos homofóbicos y heterosexistas buscan ayuda psicológica con el fin de lograr modificar su orientación sexual homosexual. En estos casos, el objetivo del tratamiento está dirigido a promover la aceptación de la orientación sexual, a fin de garantizar el bienestar psicológico y sexual de la persona. Desafortunadamente, algunos profesionales, que asumen la homosexualidad como una "enfermedad", ofrecen servicios de tratamiento para "convertir" a las personas en heterosexuales.

Los estudios que han examinado este tipo de tratamientos evidencian no sólo su ineficacia sino el potencial que tienen para producir efectos negativos en las personas. Uno de los pioneros y mayores promotores de la *Terapia Reparativa* es Robert Sptizer, psiquiatra estadounidense que durante décadas se empeñó en demostrar que la orientación sexual podía cambatirse y que las personas podían ser heterosexuales si lo deseaban. En abril de 2012 se retractó de sus postulados, porque después de realizar 200 entrevistas telefónicas con los casos mas exitosos de personas que había tratado y habían tenido seguimiento por parte del movimiento ex-gay, encontró que inclusive después de muchos años de terapia y oración, la mayoría de estas personas todavía tenían deseos sexuales por personas de su mismo sexo.[33]

¿Por qué en la actualidad se observa que hay más homosexuales que deciden "salir del clóset"?

En primer lugar, varios cambios sociales y políticos recientes han favorecido el reconocimiento y la aceptación de la diferencia como un aspecto positivo de las personas. En Colombia, por ejemplo, el respeto a la diferencia es un derecho consagrado en la Constitución Política de 1991. En el mismo sentido ha operado la conformación de organizaciones constituidas por personas LGB.[34] Estas organizaciones luchan por el reconocimiento y respeto de los derechos de las personas LGB y la aceptación de las diferencias en el campo de las preferencias sexuales.

La ciencia también ha contribuido a que en la actualidad haya un mayor respeto por la diferencia. Las investigaciones en el tema de la sexualidad han revelado la inadecuación de los estereotipos y prejuicios sociales acerca de las personas con orientaciones sexuales diferentes de la heterosexualidad.

Estos cambios en el contexto social han promovido modificaciones en las actitudes individuales hacia la propia orientación sexual homosexual y, por ello, es más probable que en la actualidad las personas se sientan libres de revelarla a los demás.

¿Por qué es tan difícil para las personas homosexuales aceptar su orientación sexual?

Para algunas personas LGB, el proceso de desarrollo y aceptación de su identidad con la orientación sexual es difícil porque perciben que su orientación sexual

---

33 Davies, D. (2012a). Los esfuerzos para cambiar la orientación sexual (terapia reparativa) y las peticiones de cambiar la orientación sexual. Londres, UK.

34 Ver el caso de Stone Wall en Estados Unidos y Colombia Diversa o Transer en Colombia.

contradice los estándares sociales. Además, sienten que son diferentes de la mayoría de las personas, lo cual las lleva a sentirse "anormales" y solas. Esto es aún más difícil cuando el descubrimiento de la orientación sexual ocurre en la adolescencia, período de la vida en el que la aceptación por parte del grupo de pares es un factor determinante del autorreconocimiento y la autovaloración. El proceso de autoaceptación será más o menos fácil, dependiendo de diversos factores, entre ellos, la calidad del apoyo social con el que cuente la persona, el grado de aceptación incondicional y de apoyo a la autenticidad percibido en el contexto familiar y el nivel de homofobia y discriminación percibido en el entorno inmediato.

Por ejemplo, en un estudio realizado por el Grupo Familia y Sexualidad, que contó con la participación de 85 personas, 43 hombres (20 heterosexuales, 20 gays y 3 bisexuales) y 42 mujeres (25 heterosexuales, 10 lesbianas y 7 bisexuales) entre los 18 y los 25 años de edad, residentes en Bogotá, se encontró que las personas LGB perciben una menor aceptación por parte de su madre y de su padre que las personas heterosexuales. Las personas LGB también informaron niveles más bajos de apoyo a la autenticidad en el contexto familiar. En dicho estudio también se encontró que las personas más dispuestas a revelar a otros su orientación sexual son las que perciben mayores niveles de aceptación materna y paterna, y de apoyo a la autenticidad.[35]

Tenga en cuenta…

La *percepción de aceptación parental* se refiere a los comportamientos de padres y madres que expresan fundamentalmente satisfacción y valoración hacia sus hijos/hijas.

El *apoyo a la autenticidad*, por su parte, se refiere a las oportunidades que se le brindan a la persona en la familia para expresar abiertamente la noción que tiene de sí misma como individuo sexual.

¿Qué significan los términos transgénero, transexual, travesti?

Con el término *transgénero* se describe a las personas que experimentan y/o expresan su identidad sexual de forma diferente de lo que esperaría la mayoría de la gente. Es un término sombrilla que incluye tanto a las personas transexuales

---

35 Castro, J. A. (2007). Percepción de aceptación parental, identidad sexual y autenticidad: un estudio piloto. Trabajo de grado no publicado, Departamento de Psicología. Bogotá: Universidad de los Andes.

y travestis como a quienes expresan características de género que no corresponden con las normas y expectativas sociales que se tienen del sexo que ha sido asignado a la persona desde el nacimiento.

El término *transexual* hace referencia a la persona cuya identidad con el sexo y su identidad con el género no coinciden. Estas personas viven o desean vivir como las personas del otro sexo. La persona transexual no se siente cómoda con su sexo biológico o de nacimiento, por lo que puede tomar hormonas recetadas por un médico y hacerse cirugías para lograr que su cuerpo sea congruente con su identidad sexual. En algunos casos, estas personas se realizan cambios quirúrgicos u hormonales parciales porque no se sienten a gusto con el hecho de pertenecer a un sexo exclusivamente.

Se denomina *travesti a la* persona que usa el vestuario del otro sexo. La diversidad de personas que se incluyen en esta categoría varía tanto en función de la cantidad de prendas del otro sexo que usan como en las razones que motivan su comportamiento. Algunas lo hacen para expresar su adhesión o conformidad con el otro género; otras lo hacen por diversión; otras, porque de esta manera logran sentirse bien emocionalmente; y otras para obtener gratificación sexual. En su mayoría, las personas que se visten con prendas del otro sexo son hombres y se sienten atraídos preferentemente por mujeres. Es decir, aunque disfrutan vistiéndose con la ropa y los accesorios del otro sexo, son heterosexuales, tienen pareja e hijos.

En la categoría *transgénero* también se incluye a las personas que se sienten inconformes con el rol de género que socialmente se les ha asignado de acuerdo con su sexo y, en consecuencia, optan por asumir el rol que se ha establecido para los miembros del otro sexo. La adopción de un rol de género diferente del que socialmente se ha asignado a los hombres y a las mujeres no tiene nada que ver con la orientación sexual.

Recordemos que la *homosexualidad* hace referencia a la persona cuyo interés físico, emocional y sexual está dirigido preferentemente hacia individuos del mismo sexo, no precisamente porque esté insatisfecha con su sexo y desee pertenecer al otro, ni porque quiera adoptar el rol de género que no le corresponde.

¿Es cierto que en las parejas homosexuales una de las dos personas hace de hombre y la otra de mujer?

Muchas personas creen que los miembros de las parejas homosexuales asumen en su relación los roles de género tradicionales: es decir que una persona asume el papel femenino y la otra el papel masculino. Este estereotipo refleja claramente nuestra actitud heterosexista, según la cual una verdadera relación debe involucrar dos roles diferentes y complementarios: uno pasivo (el de la mujer) y otro activo (el del hombre). Esta creencia también se basa en la idea de que las personas homosexuales quieren ser del otro sexo.

Al respecto, las investigaciones han mostrado que las parejas homosexuales rechazan los roles de género tradicionales en sus relaciones. En la mayoría de las parejas, ninguno de los dos asume exclusivamente el rol de proveedor o la responsabilidad de las tareas domésticas, las obligaciones sociales, la toma de decisiones, la actividad sexual, y todos los derechos y deberes son distribuidos de acuerdo con los intereses y las habilidades personales.

¿Qué ocurre con la orientación sexual de los hijos de padres homosexuales?

Una de las principales preocupaciones de quienes se oponen a que las personas homosexuales tengan hijos se relaciona con la creencia de que su orientación sexual puede afectar el desarrollo de los/las hijos/as, particularmente su sexualidad. Sin embargo, los estudios que se han hecho al respecto comparando niños/niñas de madres/padres homosexuales con los de madres/padres heterosexuales no han encontrado ninguna diferencia de desarrollo en los siguientes cuatro ámbitos críticos:[36] inteligencia, adaptación psicológica, adaptación social y popularidad con sus amistades. También es importante señalar que dichos estudios no han revelado diferencias en la orientación sexual entre los hijos de mujeres homosexuales (lesbianas) y los de madres heterosexuales.[37]

Frente a esta situación cabe preguntarse: si la orientación de los padres determina la orientación sexual de los/as hijos/as, ¿por qué hay hijos/as de padres heterosexuales que son LGB, transexuales, transgénero o travestis?

36 Clarke, V. (2002). Sameness and Difference in Research on Lesbian Parenting. *Journal of Community & Applied Social Psychology, 12*, 210-222; Millbank, J. (2003). From here to maternity: A Review of the Research on Lesbian and Gay Families. *Australian Journal of Social Issues, 38,* 4, 541-600; Perry, Burston, Stevens, Golding *et al.* (2004). Children's play narratives: What they tell us about lesbian – mother families, *American Journal of Orthopsychiatry. 74,* 4, 467-479; DeMino, Appleby, Fisk (2007). Lesbian mothers with planned families: A comparative study of internalized homophobia and social support, *American Journal of Orthopsychiatry. 77,* 1, 165-173; Parke, R. D. (2004). Development in the family. *Annual Review of Psychology, 55,* 365-399; APA online (2007). Respondiendo a sus preguntas sobre orientación sexual y homosexualismo. Consultado en http://www.apa.org/topics/orientacion.html

37 Patterson, C. J. (2000). Family relationships of lesbians and gay men. *Journal of Marriage & Family, 62,* 1052-1069.

Aplico lo aprendido

Piense por unos minutos…

¿A qué edad experimentó por primera vez interés físico, emocional o sexual hacia otra persona? ¿Cuál era el sexo de esa persona?

¿Qué sexo tienen las personas que aparecen en sus fantasías y sueños eróticos?

¿Alguna vez ha besado, acariciado o tenido actividad sexual con personas de su mismo sexo?

¿Cuál es su orientación sexual?

¿Qué tan satisfecho/a y orgulloso/a se siente con su orientación sexual?

6
Yo soy… yo

Para reflexionar…

- ¿Qué cree usted que dirían su papá, su mamá, sus hermanos/as, su mejor amigo/a, su pareja, sus compañeros de clase y sus profesores si les pedimos que nos describan cómo es usted sexualmente?
- ¿Qué aspectos cree usted que tendrían en cuenta estas personas para describirlo/a sexualmente?
- ¿Todas estas personas lo/a describirían de la misma forma?
- ¿Cuál de todas estas personas nos haría la mejor descripción de usted? ¿Cuál descripción coincidiría más con la que usted hace de sí mismo/a?
- ¿Cómo explica estas diferencias y similitudes?

Una de las tareas centrales de la persona durante la juventud consiste en integrar el conocimiento que tiene de sí misma para responder a la pregunta: "¿Quién soy yo?". En efecto, se espera que al finalizar este período de la vida la persona haya logrado definir lo que se conoce como identidad. En este capítulo vamos a abordar el papel de la dimensión sexual en el desarrollo de la identidad.

> *—¿Quién eres tú? —preguntó la oruga.*
> *—Pues verá usted, señor, yo no estoy muy segura de quién soy ahora, en este momento; pero al menos sí que sé quién era cuando me levanté esta mañana; lo que pasa es que he sufrido varios cambios desde entonces.*
>
> *Alicia en el país de las maravillas*[1]

---

1 Carroll, L. (1865). *Alice's Adventures in Wonderland.* Londres: Macmillan.

El concepto de identidad

Actualmente, el tema de la identidad es central para los estudiosos de las ciencias sociales porque, a diferencia de lo que ocurría en el mundo medieval, la identidad ya no está determinada por la pertenencia a una familia o a un grupo social particular. Hoy la identidad implica un proceso de autodefinición, que se va construyendo a lo largo de la vida a partir de la interacción con los agentes de socialización disponibles en diversos contextos relacionales.

Aunque en la literatura se encuentran múltiples definiciones del concepto de identidad, en términos generales podemos decir que se trata del conocimiento coherente y diferenciado que tenemos de nosotros mismos, a partir del cual nos describimos y valoramos.[2] Esa percepción que tenemos de nosotros mismos nos permite "sentir" que seguimos siendo nosotros mismos aunque experimentemos cambios en nuestra apariencia física, en nuestra forma de pensar o actuar o se transformen las circunstancias en las que nos encontremos.[3]

Ahora bien, de acuerdo con los estudiosos del tema, la identidad se construye en diversos contextos relacionales. A través de la interacción con otros, la persona va descubriendo la forma como la ven los otros, la evaluación que hacen otros de ella y de su comportamiento, las consecuencias y resultados que tiene su comportamiento para ella misma y su entorno, y la medida en la que satisface los estándares de excelencia que la sociedad o grupo tiene definidos.[4]

En términos generales, podemos decir que la identidad personal se expresa tanto en la descripción como en la valoración que hace la persona de los distintos aspectos de sí misma: las dimensiones física, emocional, social, académica, sexual, entre otras.[5] La autodescripción y la autovaloración van transformándose a lo largo de la vida, según sean los dominios de interés específicos que adquieren relevancia en cada etapa del desarrollo.[6] Se espera que el número de dominios se incremente en la medida que se adquieren mayores habilidades cognoscitivas, sociales y conductuales. Por ejemplo, se ha observado que durante la juventud

---

2 Harter, S. y Monsour, A. (1992). Development analysis of conflict caused by opposing attributes in the adolescent self-portrait. *Developmental Psychology, 28,* 251-260.

3 James, W. (1918/1950). The consciousness of self. En W. James. *The Principles of Psychology* (Vol. I, pp. 291-401). Nueva York: Dover Publications, Inc.

4 Gecas, V. y Schwalbe, M. L. (1983). Beyond the looking-glass self: Social structure and efficacy-based self-esteem. *Social Psychology Quarterly, 46,* 2, 77-88.

5 James, *op. cit.*; Marsh, H. W. y Shavelson, R. J. (1985). Self-concept: Its multifaceted, hierarchical structure. *Educational Psychologist, 20,* 107-125.

6 Harter, S. (1999). *The Construction of the Self. A Developmental Perspective.* Nueva York: The Guilford Press.

los dominios de mayor relevancia para la autodescripción y autovaloración son los que se presentan en la tabla 2:[7]

Tabla 2. Dominios relevantes para la identidad en la juventud

Entre los 11 y los 17 años de edad	*Entre los 18 y los 25 años de edad*
Apariencia física Competencia académica Competencia atlética Aceptación de pares Amistades cercanas Relaciones románticas Comportamiento/moralidad	Apariencia física Competencia académica Habilidad intelectual Creatividad Competencia laboral Competencia atlética Aceptación de pares Amistades cercanas Relaciones románticas Relación con los padres Moralidad Sentido del humor

Al comparar estas dos etapas vemos que a partir de los 18 años surgen cinco nuevos dominios (habilidad intelectual, creatividad, competencia laboral, relaciones con los padres y el sentido del humor), aspectos que no eran relevantes en los primeros años de la juventud. Asimismo, se puede apreciar en ambos períodos la importancia de las relaciones románticas, la amistad y la aceptación de pares. Es conveniente resaltar que en todas las etapas del desarrollo aparece el dominio de la apariencia física, lo cual apoya el planteamiento de diferentes teóricos acerca de que la base para la construcción de la identidad es el propio cuerpo. Ampliando esta afirmación al tema que nos ocupa en este libro, podríamos decir que la base para la definición de la sexualidad es el propio cuerpo sexuado: un cuerpo que desde la fecundación presenta unas características genéticas, anatómicas y fisiológicas diferenciadas y que permiten a la sociedad categorizar a la persona como hombre o como mujer.

Decimos que hemos logrado integrar, sintetizar o consolidar nuestra identidad cuando esa percepción que tenemos de nosotros mismos se mantiene relativamente estable aunque cambien algunos de los dominios en los que se basa nuestra autodescripción y autovaloración. Es decir, aunque con el tiempo nuestra apariencia física cambia, las relaciones con otros se trasforman o las circunstancias particulares del contexto en el que vivimos se modifican, estas variaciones no afectan significativamente la idea general que tenemos de nosotros mismos.

7 *Ibid.*

¿Qué opinan de sí mismas las personas en la juventud?

Para responder a esta pregunta se realizó un estudio en el que se obtuvo información de 177 jóvenes universitarios, 68 (38,4%) hombres y 109 (61,6%) mujeres, que se encontraban entre los 16 y los 25 años de edad.[8] Para aproximarse al conocimiento de la identidad de estos jóvenes se evaluó el juicio que hacían acerca de sí mismos, expresado en términos de favorabilidad u opinión positiva o negativa hacia sí mismos de manera global y hacia algunos aspectos específicos (personal, físico, social y romántico). Las calificaciones promedio obtenidas para la valoración de cada una de estas dimensiones del sí mismo mostraron que, en términos generales, los jóvenes se valoran positivamente. La calificación más baja se observó para el aspecto físico.

La sexualidad como una de las facetas de la identidad

La sexualidad como constructo psicológico ha sido abordada por varios autores. No obstante, el desarrollo teórico de esta área de la psicología es limitado. Cuando se trata del tema de la identidad sexual, los investigadores se centran en examinar el reconocimiento y la aceptación de la persona de su orientación sexual y, generalmente, basan sus conclusiones en los datos disponibles de poblaciones LGBT. Esto ha generado que tanto los profesionales que trabajan en el campo de la salud sexual como la población general asuman que el desarrollo de la identidad sexual se reduce al proceso de aceptación de la orientación sexual. Es por ello que en este libro nos hemos propuesto diferenciar las diversas dimensiones de la sexualidad y, de esta manera, clarificar el tema de la identidad sexual.

En efecto, en la introducción de este libro dijimos que la sexualidad es una de las facetas de la identidad, y en los capítulos precedentes abordamos las tres dimensiones que la constituyen:

1. La dimensión biológica = el sexo.
2. La dimensión social = el género.
3. La dimensión motivacional = la orientación sexual.

8 Burgos Cantor, M. C. (2003). Influencia de la experiencia indirecta y directa con las relaciones románticas y de algunas dimensiones de la identidad en las expectativas que tienen los jóvenes acerca de la pareja romántica. Tesis de Maestría no publicada. Bogotá: Departamento de Psicología, Universidad de los Andes.

Al integrar estos elementos a la definición de identidad que enunciamos más arriba, hemos definido la *sexualidad* como la descripción y la valoración que hace la persona de estas tres dimensiones de sí misma como ser sexual. La construcción de la sexualidad, por lo tanto, implica integrar la información que tenemos de estos tres aspectos al responder a la pregunta: "¿Quién soy yo sexualmente?". Las respuestas a esta pregunta son el resultado de un proceso reflexivo y de cuestionamiento individual a través del cual la persona reconoce, evalúa y acepta:

1. El grado de afinidad que tiene con la categoría sexual (hombre/mujer) que le fue asignada desde el nacimiento a partir de la apariencia externa de sus genitales (identidad con el sexo).

2. El grado de conformidad o adhesión que presenta con las normas y expectativas que en su medio social definen la forma de ser y de comportarse los hombres y las mujeres (identidad con el género).

3. El sexo de las personas por quienes experimenta preferentemente interés o atracción física, emocional o erótica (identidad con la orientación sexual).

Para muchas personas, la sexualidad "normal" supone un alto grado de concordancia o armonía entre estas tres dimensiones. No obstante, como se ilustra en la tabla 3, no siempre hay congruencia entre la descripción y valoración que hace la persona de sí misma en relación con el sexo, el género y la orientación sexual. Por ejemplo, si se observa la columna resaltada en negrillas, podemos ver que una persona que genética, anatómica y fisiológicamente ha sido definida como mujer puede responder a la pregunta: "¿Quién soy yo sexualmente?" diciendo, entre otras cosas, soy una mujer, femenina, homosexual. En cursiva podemos observar que otra persona, con las mismas características biológicas, podría describirse como soy hombre, con atributos tanto femeninos como masculinos y bisexual (ver tabla 3).

Como mencionamos en la introducción, este proceso de reconocimiento y de aceptación de las tres dimensiones de la sexualidad cobra particular relevancia en los años de la juventud. Este período representa la transición de la inmadurez física, psicológica, social y sexual de la infancia, a la madurez de la vida adulta en estas mismas dimensiones del desarrollo. Esta transición tiene su origen en los cambios hormonales propios de la pubertad, los cuales interactúan con diversos factores individuales, familiares y sociales para facilitar el éxito o fracaso en las tareas de desarrollo de la juventud.[9]

9 Coleman, J. C. y Hendry, L. (1990). *The Nature of Adolescence.* Londres: Rothledge; Frydenberg, E. (1997). *Adolescent Coping.* Londres : Routhledge; Steinberg, L. y Morris, A. S. (2001). Adolescent development. *Annual Review of Psychology, 52,* 83-110.

Tabla 3. Relación entre las tres dimensiones de la identidad sexual

Dimensiones de la identidad sexual	Sexo							
	Mujer				*Hombre*			
Identidad con el sexo	Mujer	Mujer	**Mujer**	*Hombre*	Hombre	Hombre	Hombre	Mujer
Identidad con el género	Femenino	Masculino	**Femenino**	*Masculino/femenino*	Masculino	Femenino	Femenino	Masculino/femenino
Identidad con la orientación sexual	Heterosexual	Heterosexual	**Homosexual**	*Bisexual*	Heterosexual	Heterosexual	Homosexual	Bisexual

En efecto, al mismo tiempo que el cuerpo se transforma y que los cambios hormonales comienzan a influir sobre los intereses sexuales, se desarrolla la capacidad para entender conceptos abstractos, especular acerca de distintas alternativas de acción y razonar en términos hipotéticos. Estos cambios van acompañados de modificaciones en las relaciones con la madre, el padre, los/as hermanos/as, los/as amigos/as y el grupo de compañeros/as. Simultáneamente, la persona se enfrenta a la necesidad de hacer elecciones personales acerca de sus creencias, estándares y metas de manera autónoma.

Los cambios arriba mencionados en la vida de los y las jóvenes facilitan el desarrollo sano de su sexualidad. Para lograr esta tarea central de la juventud, la persona pasa por un proceso autorreflexivo y de autocrítica. Como resultado de este proceso se logra el autoconocimiento, es decir, la persona consigue reconocer sus potencialidades y limitaciones, autodescubrirse, autovalorarse y desarrollar la capacidad de autodeterminación. Para favorecer este proceso, los jóvenes requieren de un contexto social que les permita:

- Examinar críticamente su historia de socialización sexual.
- Reconocer y aceptar las diferentes dimensiones de la sexualidad.
- Desarrollar la imaginación y la anticipación de eventos y escenarios futuros.
- Identificar sus necesidades y definir con claridad metas y aspiraciones basadas en ideales de dignidad y respeto a los derechos sexuales de las personas.
- Elaborar estrategias para garantizar el logro de sus planes.
- Desarrollar creencias de autoeficacia, habilidades para la toma de decisiones autónomas y recursos para la autorregulación.

Como resultado de este proceso, la persona no solo será capaz de describirse en función del sexo, el género y la orientación sexual, sino también de autovalorarse. Pero esta autovaloración no se realiza en abstracto, se hace de acuerdo con ciertos criterios. Estos criterios se derivan de los estándares o parámetros de referencia vigentes en el medio en el que se desenvuelve, y dependen de las condiciones históricas de cada sociedad.

Un primer aspecto que puede incidir en la autovaloración se refiere a las normas y expectativas de género.[10] Como dijimos en el capítulo 4, se ha observado que las normas y las expectativas culturales que la persona acepte o asuma son determinantes relevantes de la valoración que haga de sí misma. En este sentido, se ha encontrado que las mujeres tienden a tener un nivel significativamente más bajo de autovaloración que los hombres,[11] lo cual puede estar relacionado con la importancia relativa que se otorga en la sociedad a los atributos femeninos y masculinos.

En la figura 6 se presentan los datos de 663 jóvenes (322 hombres, 341 mujeres), entre los 11 y los 25 años de edad (promedio: 16, 18 años), pertenecientes a tres niveles socioeconómicos, NSE (150 del NSE bajo, 137 del NSE medio y 376 del NSE alto), de Bogotá. Para obtener la información estos/as jóvenes respondieron a un cuestionario con preguntas sobre diferentes aspectos, entre ellos, la autoestima. En la figura se observa que las mujeres informaron promedios más bajos de autoestima que los hombres, particularmente en los NSE bajo y alto.[12]

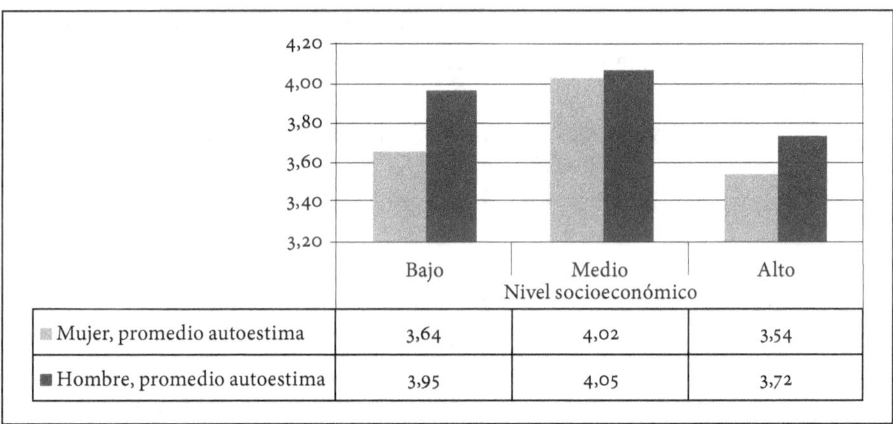

	Bajo	Medio	Alto
Mujer, promedio autoestima	3,64	4,02	3,54
Hombre, promedio autoestima	3,95	4,05	3,72

Figura 6. Promedio de autoestima de 663 jóvenes en Bogotá

10 Chodorow, N. (1987). Feminism and difference: Gender, relation, and difference in psychoanalytic perspective. En M. R. Walsh (Ed.). *The Psychology of Women: Ongoing Debates.* Londres: Yale University Press.

11 Chubb, N. H., Fertman, C. I. y Ross, J. L. (1997). Adolescent self-esteem and locus of control: A longitudinal study of gender and age differences. *Adolescence, 32, 125,* 113-129; Harper, J. F. y Marshall, E. (1991). Adolescents' problems and their relationship to self-esteem. *Adolescence, 26, 104,* 799-808; Harter, *op. cit.*; Kling, K. C., Hyde, J. S., Showers, C. J. y Buswell, B. N. (1999). Gender differences in self-esteem. A meta-analysis. *Psychological Bulletin, 125, 4,* 470-500.

12 Datos recabados por el Grupo Familia y Sexualidad entre 1998 y 2003.

¿Qué significa ser mujer?

En las jóvenes de Bogotá y Cali que se entrevistaron en el estudio sobre fecundidad adolescente en Colombia,[13] se observó la tendencia a definir el ser mujer alrededor de la maternidad. Las siguientes expresiones de una joven embarazada de estrato alto y de dos madres jóvenes de estratos medio y bajo ponen de presente la creencia de que la realización como mujeres depende de su capacidad para procrear: "Ser mujer para mí en este momento es lo más maravilloso; además, como me estoy realizando como mujer, porque voy a ser mamá, entonces me parece que es la creación de Dios más linda", "Para mí ser mujer es tener unos dones que el hombre no tiene, como tener hijos o poder crear vida", "Lo mejor que a uno le puede pasar es tener una familia, y lo peor, no tenerla, porque hay muchas mujeres que no pueden tener una familia".

La definición de la maternidad como eje fundamental de la identidad sexual de las mujeres se constata también en las ventajas que identifican de ser mujer tanto las jóvenes que no han iniciado su actividad sexual como las que sí lo han hecho: "Ser mujer implica una cantidad de cosas porque ya ante la sociedad uno tiene un papel superimportante, que es el de representar a la madre de la sociedad, prácticamente eso", "Como madre, uno tiene la familia, a uno lo rodea la familia por ser mamá". De esta manera, se evidencia la adscripción de las mujeres a los estereotipos de género y la percepción que tienen del estatus que proporciona el rol materno y de los beneficios personales que reporta.

Otro aspecto que puede incidir en la autovaloración de los hombres y de las mujeres en la juventud tiene que ver con las expectativas sociales con respecto a la actividad sexual y el efecto que éstas tienen para uno y otro sexo. Para nadie es un secreto que aunque en las últimas décadas se han flexibilizado las normas con respecto a las relaciones sexuales en la adolescencia y fuera del matrimonio, aún existen diferentes expectativas sobre los comportamientos apropiados para cada sexo en esta esfera de la vida.[14]

---

13 Vargas-Trujillo, E., Henao, J. y González, C. (2004). *Fecundidad adolescente en Colombia: incidencia, tendencias y determinantes. Un enfoque de historia de vida.* Informe final del estudio cualitativo presentado a Colciencias y al Fondo de Población de Naciones Unidas. FNUAP. Bogotá: Centro de Estudios de Desarrollo Económico, CEDE, Universidad de los Andes.

14 Meier, A. (2002). *Adolescent Sex and Subsequent Mental Health: How Sex Affects Adolescent Depression and Self-Esteem.* Documento de trabajo No. 2002-07, Universidad de Wisconsin, Center for Demography and Ecology.

Así, por ejemplo, en Estados Unidos[15] se ha encontrado que los hombres perciben en sus padres actitudes más permisivas respecto a su actividad sexual que las mujeres, y que la mayoría de los mensajes paternos conlleva el doble estándar respecto al comportamiento sexual de los hijos y de las hijas. Es decir, en general, los/las jóvenes perciben que las normas culturales prescriben la castidad para las mujeres solteras, al mismo tiempo que se fomenta y promueve la experimentación sexual en los hombres. Por lo tanto, los antecedentes y las consecuencias de la iniciación sexual no son iguales para ambos sexos.[16]

En efecto, se ha encontrado que cuando las adolescentes inician su actividad sexual incurren en mayores costos psicosociales que los hombres: mientras que para las mujeres el inicio de la actividad sexual con frecuencia implica tanto sentimientos de culpa y vergüenza como estigma social,[17] para los hombres representa adquirir el estatus de adulto frente al grupo de iguales y la reafirmación de la masculinidad.[18]

Las investigaciones realizadas desde la psicología revelan que la culpa se asocia con autodevaluación, en tanto que es una emoción basada en el temor al castigo que surge por haber violado las normas aceptadas socialmente.[19] No obstante, otros estudios indican que para algunas mujeres las relaciones sexuales durante la adolescencia son sinónimo de autonomía, de madurez y del ejercicio

15 Small, S. A. y Luster, T. (1994). Adolescent sexual activity: An ecological, risk factor approach. *Journal of Marriage & the Family, 56*, 181-192.

16 DiBlasio, F. A. y Benda, B. B. (1992). Gender differences in theories of adolescent sexual activity. *Sex Roles, 27, 516*, 221-239; Bingham, C. R. y Crockett, L. J. (1996). Longitudinal adjustment patterns of boys and girls experiencing early, middle, and late sexual intercourse. *Journal of Developmental Psychology, 32, 4*, 647-659; Kowaleski-Jones, L. y Mott, F. L. (1998). Sex, contraception and childbearing among high-risk youth: Do different factors influence males and females? *Family Planning Perspectives, 30, 4*, 163-169; Langer, L. M. y Zimmerman, R. S. (1995). Virgins' expectations and nonvirgins' reports: How adolescents feel about themselves. *Journal of Adolescent Research*, 10, 2, 291-307; Longmore, M. A., Manning, W. D., Giordano, P. C. y Rudolph, J. L. (2003). Self-esteem, depressive symptoms, and adolescents' sexual onset. Manuscrito no publicado, Departamento de Sociología, Center for Family and Demographic Research, Bowling Green, Ohio; Meier, *op. cit.*; Rosenthal, D. A. y Smith, A. M. (1997). Adolescent sexual timetables. *Journal of Youth & Adolescence*, 26, 5, 619-636.

17 Strouse, J. S. y Fabes, R. A. (1987). A conceptualization of transition to non-virginity in adolescent females. *Journal of Adolescent Research,* 2, 331-348.

18 Diamond, L. M., Savin-Williams, R. C. y Dubé, E. M. (1999). Sex, dating, passionate friendships and romance: Intimate peer relations among lesbian, gay and bisexual adolescents. En W. Furman, B. B. Brown y C. Feiring (Eds). *The Development of Romantic Relationships in Adolescence*. Nueva York: Cambridge University Press.

19 Owens, T. J. y Stryker, S. (2001). The future of self-esteem. An introduction. En T. J. Owens, S. Stryker y N. Goodman (Eds.). *Extending Self-Esteem Theory and Research. Sociological and Psychological Currents* (1-9). Cambridge, Reino Unido: Cambridge University Press.

del control personal.[20] En algunos casos se puede dar que, mediante la actividad sexual, algunas adolescentes traten de compensar la falta de una imagen positiva de sí mismas.

Para ilustrar esta situación, en la figura 7 se observan los resultados de un estudio realizado con 324 estudiantes de secundaria de Bogotá. Los datos muestran que las mujeres se valoran menos positivamente que los hombres y que quienes dijeron haber comenzado a tener relaciones sexuales informaron una valoración más negativa.[21]

En cuanto a los hombres, se ha observado[22] que en la medida que, tradicionalmente, se les ha asignado la responsabilidad de la seducción y la conquista, el contar con un concepto positivo de sí mismos es una condición importante para lograr el objetivo de tener una relación sexual. Por lo tanto, la falta de éxito en el logro de esta iniciativa puede comprometer su autovaloración.

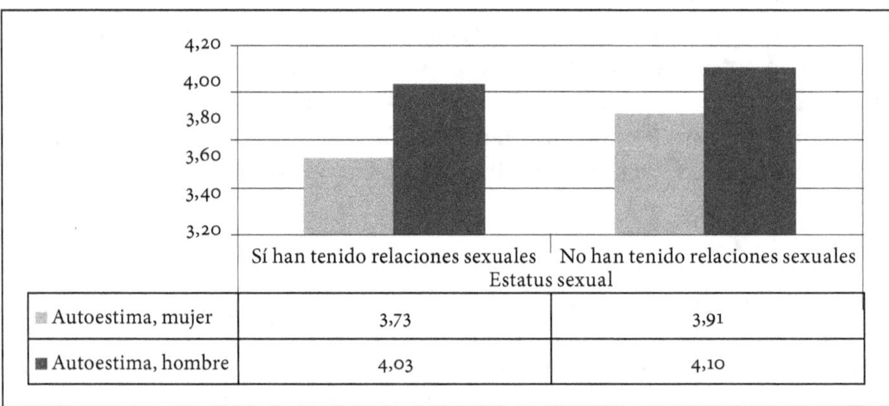

	Sí han tenido relaciones sexuales	No han tenido relaciones sexuales
Autoestima, mujer	3,73	3,91
Autoestima, hombre	4,03	4,10

Figura 7. Promedio de autoestima de hombres y mujeres, según estatus sexual

¿Qué significa ser hombre?

En las entrevistas realizadas tanto en Bogotá como en Cali, los hombres, de todos los estratos tienden a definirse en torno a dos características:[23]

20 Nadien, M. B. y Denmark, F. L. (1999). *Females and Autonomy: A Life-Span Perspective.* Needham Heights, MA: Allyn & Bracon.

21 Vargas-Trujillo, E. y Barrera, F. (2003). *Actividad sexual y relaciones románticas durante la adolescencia: algunos factores explicativos.* Bogotá: *Documentos* CESO N° 62, Universidad de los Andes.

22 Walsh, A. (1991). Self-esteem and sexual behavior: Exploring gender differences. *Sex Roles, 25,* 441-450.

23 Vargas- Trujillo, Henao, y González, *op. cit.*

la responsabilidad y la autoridad: "Uno como hombre es como una responsabilidad, trae muchas cosas en diferentes etapas de la vida, por ejemplo, ser padre, formar un hogar", "Un hombre es un ser dominante, una persona que demuestra autoridad". Además, se observó que en los jóvenes de estrato medio y bajo, la responsabilidad se asocia con la idea de formar un hogar en donde cumplen con el papel de ser sus principales proveedores y administradores.

Los relatos mostraron que los jóvenes describen como rasgos definitorios del "hombre" aquellos que en su medio sociocultural se le han atribuido a la "masculinidad". Los siguientes testimonios de los compañeros de madres adolescentes revelan la forma como estos jóvenes han interiorizado los roles prescritos por la sociedad para los hombres adultos: "Pues para mí lo mejor de ser hombre, lo más bonito que le ha dado Dios a uno, es poder reproducirse, tener hijos y crear una familia al lado de una mujer", "Yo me siento bien porque uno como hombre tiene su responsabilidad; como ahora yo voy a ser papá, tengo mi obligación, me siento con el deber de cumplir como hombre, trabajar, lo que tiene que hacer un hombre trabajador".

La orientación sexual de la persona también puede tener un efecto en su autovaloración. Como mencionamos en el capítulo 2, todas las agrupaciones humanas poseen un conjunto de normas, valores y costumbres que expresan las pautas de comportamiento a seguir dentro de la estructura social; los miembros de la sociedad que satisfacen esa expectativas sociales tienen una valoración favorable de sí mismas.

Consistentemente con este planteamiento, se ha encontrado que la relación que existe entre la autovaloración y la aceptación de la orientación sexual depende de la percepción que tiene la persona de la norma social vigente acerca de la homosexualidad o la bisexualidad. En un contexto social heterosexista, las personas no heterosexuales tienden a evaluarse a sí mismas negativamente.

Cabe señalar que aunque la valoración que la persona atribuye a las distintas dimensiones de su sexualidad puede aportar a la valoración global que hace de sí misma, la magnitud de esa contribución dependerá de la importancia que tiene dicha área para ella, y de la presión que ejerzan sobre su evaluación los valores del grupo o subgrupo social. La autovaloración será más positiva en la medida en que la apreciación de ese aspecto particular sea más positiva y en que la importancia percibida de esa dimensión de la sexualidad sea mayor.

Por último, se ha observado que, dependiendo del contexto particular en el que las personas se desenvuelven, algunos componentes del sí mismo sexual pueden ser más relevantes que otros para el sentimiento de valor personal. Los contextos relacionales que favorecen la autoexpresión son más relevantes o centrales para la autovaloración. Esto puede explicar, en parte, los resultados de las investigaciones que indican que la pertenencia a grupos de apoyo para la orientación sexual no heterosexual está relacionada con un mayor nivel de autoaceptación y bienestar psicológico.

En Colombia, los estudios realizados a la fecha con muestras de poblaciones homosexuales[24] han permitido establecer que el grado de aceptación de la orientación sexual de las personas homosexuales se asocia con el conjunto de actitudes negativas hacia la propia orientación sexual (homofobia internalizada) y la percepción de la calidad del apoyo social.

Estos resultados sugieren que la valoración negativa del apoyo social que se recibe del entorno y la interiorización del rechazo a la homosexualidad por parte de personas LGBT se constituyen en las mayores dificultades para lograr la consolidación de la identidad con su orientación sexual. Esto, además, tiene implicaciones en el desarrollo de su sexualidad y en su bienestar psicológico.[25]

Si retomamos el ejemplo que planteamos al inicio de este apartado, podemos encontrar que una persona que se autodescribe como mujer, femenina, homosexual, se autoevalúe negativamente. Esto en razón de que, desde su perspectiva, al sentirse atraída por personas de su mismo sexo no cumple con los estándares de su contexto familiar y social. En estos casos, se ha observado que las personas tienden a presentar a otros una imagen de sí mismas "falsa", con el fin de complacerlos o ganar aceptación. Esta tendencia se denomina falta de autenticidad.

Autenticidad y sexualidad saludable

La autenticidad hace referencia a la disposición que tiene la persona para revelar a otros su identidad.[26] Es decir, la tendencia de la persona a mostrarse tal cual y como ella se ve a sí misma en las relaciones con otras personas. Concretamente, la persona auténtica es aquella que expresa abiertamente sus sentimientos, opiniones, creencias, expectativas y necesidades. La autenticidad es una característica

---

24 Vargas-Trujillo, E., Villalobos, S., Trevisi, G., González, F. y García, P. (2003). Variables psicosociales asociadas con el grado de aceptación de la orientación sexual no heterosexual. *Psicología desde el Caribe, 12*, 13-38; Rincón, F. (2005). Factores contextuales e individuales que predicen el bienestar psicológico y la salud sexual de personas homosexuales. Tesis de Maestría, Departamento de Psicología. Bogotá: Universidad de los Andes.

25 Rincón, *op. cit.*; Herek, G. M., Gillis, J. R. y Cogan, J. (1999). Psychological sequelae of hate crime victimization among lesbian, gay, and bisexual adults. *Journal of Consulting & Clinical Psychology, 67, 6,* 945-951.

26 Harter, *op. cit.*

de las personas seguras de sí mismas, que consecuentemente han logrado un alto grado de autoconocimiento, autoaceptación y autovaloración.[27] La necesidad de aprobación y aceptación lleva a la persona a inhibir la expresión de lo que realmente piensa, siente y necesita. Esta falta de autenticidad se ha asociado con la generación de episodios depresivos, con el incremento en los niveles de ansiedad y con altos niveles de insatisfacción con la vida.

Por ejemplo, en la figura 8 se observan los resultados de un estudio realizado con 85 jóvenes (43 hombres, 42 mujeres), heterosexuales (45 personas) y LGB (40 personas), residentes en la ciudad de Bogotá.[28] La figura muestra el promedio de autenticidad que informaron los/las jóvenes en el contexto familiar. Los datos indican que, en general, las personas heterosexuales perciben que están más dispuestas a revelar su sexualidad a su madre y a su padre que las personas que se reconocen como LGB.

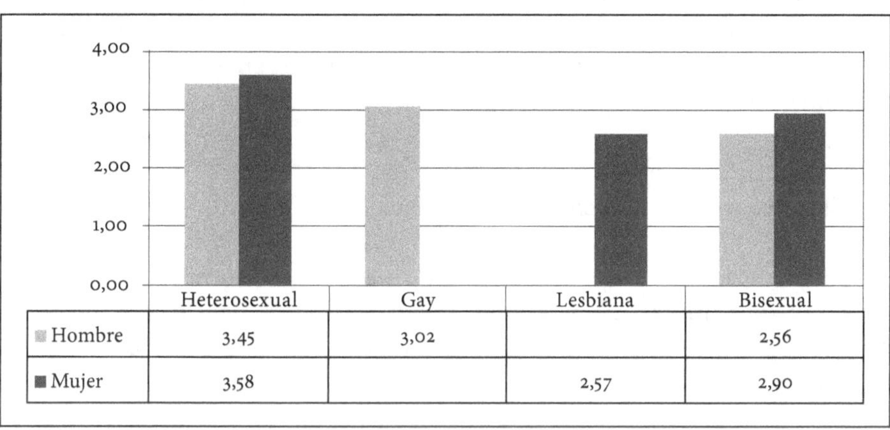

	Heterosexual	Gay	Lesbiana	Bisexual
Hombre	3,45	3,02		2,56
Mujer	3,58		2,57	2,90

Figura 8. Promedio de autenticidad en el contexto familiar

Como ya se señaló, el desarrollo sano de la sexualidad en la juventud implica que la persona tenga la oportunidad de reconsiderar e integrar la información y las sensaciones que le ofrece su nuevo cuerpo con los mensajes que recibe de su entorno social acerca de "lo que debe ser o hacer" como hombre o como mujer (normas y expectativas de género) y sobre el sexo de las personas hacia quienes debe dirigir su interés sexual (orientación sexual).[29]

27 Harter, *ibid.*

28 Castro, J. A. (2007). Percepción de aceptación parental, identidad sexual y autenticidad: un estudio piloto. Trabajo de grado. Departamento de Psicología. Bogotá: Universidad de los Andes.

29 Troiden, R. (1989). The formation of homosexual identities. *Journal of Homosexuality, 17,* 43-73; Garnets, L. (2002). Sexual orientations in perspective. *Cultural Diversity & Ethnic Minority Psychology, 8,* 115-129; Martin, C. L. y Halverson, C. F. (1981). A schematic processing model of

Este desarrollo de la sexualidad implica un proceso de autoobservación, autorreconocimiento y autoaceptación de sí mismo como individuo sexual.[30] Ahora bien, si tenemos en cuenta que socialmente se espera que exista coherencia perfecta (armonía) entre las tres dimensiones de la sexualidad, cuando las personas reconocen que no satisfacen las expectativas sociales pueden enfrentar diversos obstáculos en su proceso de desarrollo y entrar en conflicto consigo mismas.[31]

Esto es, en el caso de las personas que perciben poca afinidad con la categoría sexual que les ha sido asignada, que presentan un bajo nivel de conformidad con las normas y expectativas de género o que tienen una orientación sexual no heterosexual, el proceso de construcción de sexualidad puede presentar algunas variaciones.

Por ejemplo, se ha encontrado que en algunas ocasiones, a pesar de que las personas LGB logran desarrollar una actitud positiva hacia la propia orientación sexual, el medio en el que viven influye notablemente en la decisión de hacerla pública.[32] Estos investigadores encontraron que el dar a conocer a otros la orientación sexual no heterosexual depende de qué tanto se percibe el ambiente como estigmatizador y discriminatorio.

El apoyo social y la aceptación de la orientación sexual

En un estudio en el que se obtuvo información de 88 jóvenes bogotanos LGB[33] (60 hombres, 28 mujeres), entre los 18 y los 25 años de edad, de estratos 3, 4, 5 y 6, se logró establecer que las personas que tenían un mayor grado de aceptación de su orientación sexual no heterosexual percibían que contaban con una red de apoyo social más amplia y que el apoyo que esta red social les proporcionaba era de buena calidad.

sex-typing and stereotyping in young children. *Child Development,* 52, 1119-1134; Garnets, L. Kimmel, D. (2003). *Psychological Perspectives on Lesbian, Gay, and Bisexual Experience.* Nueva York: Columbia University Press; Baumrind, D. (1995). Commentary on sexual orientation, research and social policy implications. *Developmental Psychology,* 31, *1*, 130 -136.

30 Bohan, J. (1996). *Psychology and Sexual Orientation.* Nueva York: Routledge; Harter, *op. cit.*; Savin-Williams, R. C. (1998). *Mom, Dad. I`m Gay.* Washington, D. C: American Psychological Association.

31 Savin-Williams, *op. cit.*

32 Ragins, B. y Cornwell, J. (2001). Pink triangles: Antecedents and consequences of perceived workplace discrimination against gay and lesbian employees. *Journal of Applied Psychology,* 86, 6, 1244-1261.

33 Vargas-Trujillo, Villalobos, Trevisi, González y García, *op. cit.*

Con respecto a la familia, los estudios realizados en otros países señalan que los hijos pueden experimentar incertidumbre respecto a la aceptación o no de sus padres cuando identifican que no satisfacen sus expectativas en cuanto a la orientación sexual.[34] Los datos indican que, en esas circunstancias, los hijos tienden a suponer que existen niveles altos de rechazo de su orientación sexual en el contexto familiar, lo cual incide en su proceso de desarrollo de la sexualidad y en su disposición para revelar a otros su homosexualidad. En últimas, la percepción de baja aceptación limita el ejercicio y respeto de los derechos humanos sexuales y reproductivos.

Adicionalmente, se ha encontrado que este proceso de construcción de la sexualidad puede variar en función del sexo y la edad. Se ha encontrado que la percepción de rechazo hacia la orientación sexual homosexual que tienen los hombres es mayor que la que tienen las mujeres, probablemente debido al proceso de socialización sexual al que han sido expuestos.[35] La percepción de rechazo también varía en función del sexo de la figura parental.[36] Los hombres homosexuales perciben un mayor grado de rechazo por parte del padre. En el caso de las mujeres, no se ha encontrado una diferencia significativa en cuanto al grado de aceptación o rechazo que perciben tanto del padre como de la madre.

En cuanto a la edad, los estudios realizados revelan un incremento progresivo en la capacidad de los individuos para autorreconocer su orientación sexual LGB durante la adolescencia,[37] lo cual apoya los planteamientos de los teóricos del desarrollo que proponen la consolidación de la identidad como una tarea central de la adolescencia.[38]

Un relato...

Para mí fue muy difícil porque no podía entender cómo era posible que me gustara otro hombre... Duré un tiempo como con la negación, queriendo negarlo y... tratando de cambiar mi condición, tenía novias... trataba

---

34 Savin-Williams, *op. cit.*; Newman, Sue, B., Muzzonigro, Gerard, P. (1993). The effects of traditional family values on the coming out process of gay male adolescents. *Adolescence, 28*, 109; Lindsey, L. (1997) *Gender Roles: A Sociological Perspective.* Nueva Jersey: Prentice Hall.

35 Savin-Williams, R. C. y Ream, G. L. (2003). Sex variations in the disclosure to parents of same-sex attractions. *Journal of Family Psychology, 17* (3), 429-438; Denmark, F., Rabinowiks, V. y Sechzer, J. (2000) *Engendering Psychology.* Nueva York: Allyn & Bacon.

36 Savin-Williams, R. C. y Ream, G. L. (2003). Sex variations in the disclosure to parents of same-sex attractions. *Journal of Family Psychology, 17*(3), 429-438.

37 Newman, Muzzonigro y Gerard, *op. cit.*; Harter, *op. cit.*; Savin-Williams, *op. cit.*

38 Harter, *op. cit.*

> de ocultarlo delante de los demás. Me sentía frustrado, avergonzado... no quería afrontarlo... sentía que no estaba bien, que era algo malo, que todo el mundo me iba a señalar, a criticar, y que la vida para mí no iba a ser igual a la que de pronto yo y mi familia teníamos planeado hasta ese momento. Me deprimí mucho, duré muchísimo tiempo deprimido, y no fue cuestión de un mes, han sido años, años llevando la carga...
>
> Me preocupaba, primero que todo, lo que iba a pensar mi familia, porque mi familia tenía la imagen del homosexual... cómo lo dijéramos... amanerado, el tipo que de pronto es travesti o cosas por ese estilo, entonces no era la mejor imagen que tenían ellos de los homosexuales. Por otra parte, la falta de información me hacía pensar que iba a caer en... con gente mala, uno tiene una imagen preconcebida de los homosexuales, y siempre está ligada al peluquero, a personas como malas, y yo creía eso, que de pronto si yo... aceptaba ser homosexual, iba a terminar andando con gente como ésa y que, pues, me iban a hacer daño.

Preguntas frecuentes

¿Cómo afecta a la persona la falta de autenticidad?

Se ha encontrado que la persona que tiende a ocultar su identidad a las personas que son importantes para ella tiene mayor probabilidad de presentar problemas de ajuste psicológico. Estos problemas pueden evidenciarse en sentimientos de insatisfacción personal, depresión, ideación suicida, aislamiento, sentimientos de incapacidad y falta de control de la propia vida y limitan también la exigibilidad de sus derechos.

¿Por qué es tan importante que la persona logre definir y aceptar su sexualidad?

La identidad es el punto de partida para la definición de un proyecto de vida significativo. Como veremos más adelante en este libro, el proyecto de vida es una estructura psicológica que expresa la síntesis de las necesidades y aspiraciones individuales y, en esa medida, orienta las acciones de la persona hacia su autorrealización.[39] El proyecto de vida se construye en función de la historia

---

39 D'Angelo Hernández, O. (2003). *El proyecto de vida y el desarrollo ético en las condiciones de la complejidad.* La Habana, Cuba: Centro de Investigaciones Psicológicas y Sociológicas, CIPS, CLACSO, Biblioteca Virtual.

personal y el contexto social concreto en el que se desenvuelve el individuo. En su construcción se ponen en juego los distintos aspectos que definen a la persona como hombre o como mujer en una sociedad determinada.

Un proyecto de vida significativo es el que articula la trayectoria pasada de la persona y sus perspectivas futuras en la construcción de un sentido y un estilo de vida armónico, realista, autónomo y autorrealizador. El proyecto de vida organiza las decisiones que toma la persona en una perspectiva temporal y abarca todas las esferas de la vida: desde la afectiva, la social, la política, la cultural, la recreativa, hasta la profesional.

Se ha observado que los proyectos de vida que tienen un alto grado de coherencia y consistencia son característicos de las personas con mayor grado de integración armónica de las dimensiones de su sexualidad. Esto en razón de que están basados en el autoconocimiento y la autenticidad personal.

Aplico lo aprendido

Retome las preguntas que le planteamos al iniciar el capítulo y trate de responderlas teniendo en cuenta la información sobre el proceso de consolidación de la identidad sexual. Ahora piense: ¿qué tan auténtico/a es usted en las relaciones que establece con otros? Es decir, ¿en el medio en el que usted se desenvuelve logra expresar su verdadero yo como individuo sexual? ¿Cómo afecta su identidad sexual las relaciones que establece, las decisiones que toma y las metas que se ha propuesto? ¿Cómo se siente al respecto?

II
¿QUÉ QUIERO HACER?

7

Tomar el control de mi vida

Para reflexionar…

A lo largo de nuestra vida, a todas las personas se nos presentan situaciones que exigen que tomemos decisiones. Algunas son más importantes que otras, y pueden ser fáciles de tomar, o más difíciles.

- ¿Cuál ha sido la decisión más difícil que ha tenido que tomar en su vida? ¿Por qué?
- ¿Cómo tomó esa decisión?
- ¿Quién o quiénes influyeron en esa decisión? ¿Por qué?
- ¿Cómo se sintió después de haber tomado la decisión?

Prácticamente todos los autores que se interesan en el estudio de la juventud coinciden en describirla como una etapa de búsqueda de la autonomía personal.[1] El proceso de desarrollo que ocurre en este período de la vida implica para los jóvenes un aumento progresivo de la confianza en su propia individualidad y el reto de asumirla con responsabilidad.[2]

La autonomía se define como la capacidad de pensar, sentir y actuar de manera independiente.[3] Más recientemente, se alude con este término a la capacidad

---

1 Vargas-Trujillo, E. y Barrera, F. (2002). El papel de las relaciones padres-hijos y de la competencia psicosocial en la actividad sexual de los adolescentes. *Documentos CESO* N° 32. Bogotá, Colombia: Universidad de los Andes, Facultad de Ciencias Sociales.

2 Hodges, R., Finnegan, A. y Perry, D. G. (1999). Skewed autonomy-relatedness in preadolescents' conceptions of their relationships with mother, father, and best friend. *Developmental Psychology, 35,* 737-748.

3 Allen, J. P., Hauser, S. T., Bell, K. L. y O'Connor, T. G. (1994). Longitudinal assessment of autonomy and relatedness in adolescent-family interactions as predictors of adolescent ego development and self-esteem. *Child Development, 65,* 179-194.

de autodeterminación y a la expresión de la confianza en sí mismo, de acuerdo con el propio nivel de desarrollo.[4] La autonomía también puede definirse como la capacidad para actuar de acuerdo con valores y escogencias definidas de manera individual.

La capacidad para actuar de manera autónoma tiene su máxima expresión en la definición de un proyecto de vida significativo, otra de las tareas importantes que la persona debe cumplir en la juventud. El proyecto de vida representa lo que la persona quiere hacer en determinados momentos de la vida y las posibilidades que visualiza para la realización de sus potencialidades.

El proyecto de vida es un plan inacabado, flexible, que se encuentra permanentemente en proceso de definición, reestructuración y actualización. No obstante, los resultados de diversas investigaciones indican que la persona madura, adaptada o ajustada psicológicamente se caracteriza porque cuenta con un plan de vida realista. Se asume que un plan es realista cuando en su estructuración la persona ha teniendo en consideración:

1. Su historia de vida, es decir, las respuestas a la pregunta: "¿De dónde vengo?".

2. La descripción y valoración que hace de sí misma al responder a la pregunta: "¿Quién soy yo?".

3. Los objetivos esenciales que quiere alcanzar en las diferentes esferas de la vida (afectiva, sexual, familiar, social, política, cultural, recreativa, profesional, entre otras) y que responden a la pregunta: "¿Qué quiero hacer?".

4. Las posibilidades que le brinda el medio social en el que se encuentra en un momento determinado y los obstáculos que necesita sortear para lograr lo que se ha propuesto.

Planear el futuro es pertinente porque se ha encontrado que la sola intención de orientar la vida en una dirección particular es el primer paso concreto que damos para llegar allá. En este sentido, los proyectos de vida, por una parte, dan sentido a las cosas que hacemos diariamente y, por otra, contribuyen a generar sentimientos de bienestar cuando son consistentes con los aspectos que se reconocen como relevantes de la identidad y la persona siente que es capaz de lograr lo que se propone.[5]

Hodgins, H. S., Koestner, R. y Duncan, N. (1996). On the compatibility of autonomy and relatedness. *Personality & Social Psychology Bulletin, 22,* 227-237.

4 Connolly, J. A. y Goldberg, A. (1999). Romantic relationships in adolescence: The role of friends and peers in their emergence and development. En W. Furman, C. Feiring, y B. Brown (Eds.). *Current Perspectives on Adolescent Romantic Relationships.* Nueva York: Cambridge University Press.

5 Vargas-Trujillo, E., Balanta, P., y Gambara, H. (2008). *Estrategia de formación "Yo decido mi vida" Guía para docentes.* Manuscrito no publicado de la Universidad de los Andes y la Universidad Autónoma de Madrid. pp. 30.

En el capítulo anterior dijimos que un proyecto de vida significativo es aquel en el que la persona se constituye en la principal protagonista, es decir, asume el control para decidir las metas que quiere alcanzar y la trayectoria que va a seguir para lograrlo. En un proyecto de vida significativo, la persona articula su historia pasada con sus perspectivas futuras.

Concretamente, un proyecto de vida significativo realista es el resultado de un proceso consciente y sistemático de toma de decisiones autónomas. Es por ello que esta parte del libro la dedicaremos a examinar el tema de la toma de decisiones. Comenzaremos por definir lo que entendemos por decidir y la forma en la que los jóvenes toman decisiones. En los siguientes capítulos abordaremos las áreas de decisión que tienen que ver con la dimensión sexual del ser humano y que son relevantes en la juventud.

> *—... ¿Me podría indicar hacia dónde tengo que ir desde aquí?*
> *—Eso depende de hacia dónde quieras llegar —contestó el gato.*
> *—A mí no me importa demasiado dónde...*
> *—comenzó a explicar Alicia.*
> *—En ese caso, da igual hacia dónde vayas —interrumpió el gato.*
> *—... Siempre que llegue a alguna parte*
> *—terminó Alicia a manera de explicación.*
> *—¡Oh!, siempre llegarás a alguna parte.*
>
> *Alicia en el país de las maravillas.*

¿Qué es decidir?

Decidir significa identificar, ante una situación que implica un conflicto o problema, la mejor solución disponible o la opción que mejor satisface nuestras necesidades y metas. Las decisiones se toman cuando las situaciones implican la existencia al menos de dos alternativas sobre las cuales elegir.[6] Frente a estas alternativas, existe un conflicto porque no hay un orden de preferencias claro y porque las consecuencias derivadas de la elección o cursos de acción no siempre son conocidas. En estas situaciones de incertidumbre, la persona tiene como finalidad elegir lo mejor para sí misma.

Esta definición nos plantea que las decisiones no siempre tienen una solución fácil y que en muchas ocasiones es difícil establecer si la elección que hicimos fue la correcta. La situación se complica si tenemos en cuenta que prácticamente todos los acontecimientos vitales representan un proceso de toma de decisiones.

6 Gambara, H. y González, E. (2004). ¿Qué y cómo deciden los adolescentes? *Tarbiya, 34,* 5-69.

En efecto, a diario tenemos que elegir entre distintas formas de actuar, con quién relacionarnos, qué opiniones conviene expresar, qué tareas necesitamos cumplir, cuáles objetivos queremos lograr y qué medios vamos a usar para alcanzarlos, entre muchas otras cosas.

Por lo anterior, se ha observado que las personas invertimos mucho tiempo de nuestra vida pensando en qué habría pasado si hubiéramos tomado una decisión diferente: Qué habría pasado si... "no le hubiera exigido que me entregara las llaves para que no condujera embriagado", "le hubiera dicho a mi papá que quiero estudiar filosofía y no ingeniería", "hubiera esperado mas tiempo antes de comenzar a tener relaciones sexuales", "me hubiera venido en taxi y no en Transmilenio", "no le hubiera respondido tan feo al profesor", "me hubiera puesto el saco de lana y no esta camiseta".

Estos ejemplos muestran que las decisiones van desde asuntos triviales, cuyas consecuencias no cambian el curso de nuestra vida, hasta decisiones importantes y difíciles de tomar, cuyos resultados pueden llegar a ser de vida o muerte. Cabe señalar que para algunos autores casi todas las decisiones que se toman en la vida tienen implicaciones en nuestro bienestar y percepción de seguridad personal.[7]

¿Cómo toman decisiones las personas en la juventud?

En cuanto a cómo se toman decisiones en la juventud, se ha encontrado que algunas personas tienden a hacerlo teniendo en consideración sus propios intereses, creencias, actitudes y valores; otras toman decisiones atendiendo a las expectativas de sus padres, y otras, en función de lo que piensa el grupo de pares.[8] Algunos jóvenes toman decisiones con un estilo lógico, racional y sistemático utilizando estrategias planeadas cuidadosamente con una clara orientación hacia el futuro. Otros recurren a estrategias intuitivas o espontáneas basadas en la fantasía y en los sentimientos del momento. Otros permiten que personas significativas (padres, amigos y figuras de autoridad) decidan por ellos (estilo dependiente); mientras que otros asumen la responsabilidad y analizan por sí mismos la información pertinente en la toma de decisiones.[9]

7 Keeney, R.L. (1992). *Value-focused Thinking: A path to Creative Decision making*. Harvard University Press, Cambridge, Massachussets. England: London. pp. 384.

8 Langer, L. M., Zimmerman, R.S., Warheit, G. J. y Duncan, R. C. (1993). Decision-making orientation and AIDS-related knowledge, attitudes and behaviors of Hispanic, African-American, and white adolescents. *Health Psychology, 3*, 227-234.

9 Harren, V. H. (1979). A model of career decision-making for college students. *Journal of Vocational Behavior, 14*, 119-133; Johnson, R. H. (1978). Individual styles of decision making: A theoretical model for counseling. *Personnel & Guidance Journal, 56*, 530-536.

En general se ha logrado establecer que los adolescentes entre los 12 y los 14 años son notablemente menos hábiles que los jóvenes mayores y los adultos a la hora de generar posibles opciones de elección, mirar las situaciones desde varias perspectivas, anticipar las consecuencias de las decisiones y evaluar la credibilidad de fuentes de información.[10] En este sentido, los adolescentes de menor edad (entre 12-14 años) son personas especialmente vulnerables al riesgo y a seguir a terceros, porque muestran una competencia limitada para identificar los riesgos y beneficios, para prever las consecuencias de los distintos cursos de acción, para calibrar la información derivada de las diversas fuentes involucradas en el problema y para resistirse a la presión de amigos y compañeros. Los adolescentes mayores (entre 14-19 años), por su parte, tienden a mostrar más dificultades para considerar las consecuencias a largo plazo, para tomar en cuenta los intereses de otras personas y para ejercer autodominio o autocontrol sobre la situación.[11]

De lo anterior se colige que la habilidad para tomar decisiones valorando los costos y los beneficios de las diferentes opciones se desarrolla con la edad. Efectivamente, se ha encontrado que los adolescentes tempranos están más orientados a tomar decisiones teniendo en cuenta la opinión de sus padres; a medida que avanza la adolescencia, las decisiones tienden a estar en concordancia con la opinión del grupo de referencia, y sólo hasta el final de la adolescencia los jóvenes comienzan a decidir con base en su criterio personal.[12] Estos hallazgos sugieren que con la edad el proceso de toma de decisiones tiende a ser más cuidadoso, más "inteligente".[13]

Las *decisiones inteligentes* se adaptan a los fines que nos hemos propuesto alcanzar en la vida. Cuando tomamos decisiones inteligentes optamos por la alternativa que nos permite obtener los mayores beneficios y evitar las consecuencias negativas, esta elección la hacemos con base en las cosas que valoramos como importantes, agradables, convenientes, útiles, bellas, divertidas, saludables, correctas, deseables, prioritarias. Las personas que toman decisiones inteligentes eligen unas cosas en lugar de otras porque consideran que son consistentes con sus metas y propósitos personales.

El proceso de toma de decisiones inteligentes se aprende con la experiencia e implica realizar las siguientes actividades que permiten avanzar en cada uno de los eslabones de la cadena que aparece en la figura 1.

10 Baron, J. y Brown, R. V. (1991). *Teaching Decision Making to Adolescen*ts. Hillsdale, Nueva Jersey: Lawrence Erlbaum Associates Publishers.

11 Gambara y González, *op. cit.*

12 Gambara, y González, *op. cit.*

13 Vargas-Trujillo, E., Balanta, P., y Gambara, H. (2008). *Estrategia de formación "Yo decido mi vida" Guía para docentes.* Manuscrito no publicado de la Universidad de los Andes y la Universidad Autónoma de Madrid.

1. **Objetivos claros** = Tengo claro lo que realmente me importa en la vida y quiero para mí futuro.

2. **Marco de ayuda** = Tengo claro el problema o la situación sobre la que debo decidir.

3. **Alternativas creativas** = Tengo un listado de las diferentes opciones o cursos de acción que realmente tengo la posibilidad de elegir.

4. **Información útil** = Dispongo de información suficiente sobre cada una de las opciones.

5. **Suena razonable** = Selecciono la mejor alternativa teniendo en cuenta mis valores y la información de la que dispongo.

6. **Compromiso** = Tengo la disposición y los medios para llevar a cabo mi decisión.

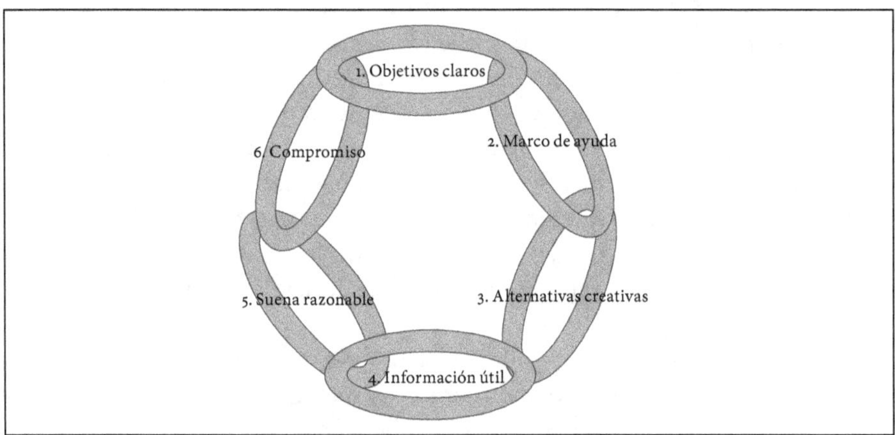

Figura 1. Eslabones del proceso de toma de decisiones inteligentes.
(Adaptado de Gambara y González, op. cit.)

La toma de decisiones inteligentes es fundamental para lograr lo que nos proponemos en la vida y para sentirnos satisfechos con lo que hacemos y somos.

Se ha planteado que cuando las personas tienen que tomar decisiones en un contexto particular atraviesan, al menos, cuatro momentos:[14] a) Definición de metas, b) identificación de la o las opciones disponibles para lograr lo que se quiere, c) evaluación de dichas alternativas y d) selección e implementación de la mejor opción. Desde la perspectiva de la toma de decisiones inteligentes, los propósitos que deseamos alcanzar en la vida deben constituirse en el faro orientador que nos guía al atravesar estos cuatro momentos.

14 Reyna, V.F. y Farley, F (2006). Risk and Rationality in Adolescent Decision Making, Implications for Theory, Practice and Public Policy. *Psychological Science in the Public Interest*, 7 (1), 1-44. Jacobs, J.E., y Klaczynski, P.A. (2005). *The development of judgment and decision making in children and adolescents*. Mahwah, NJ: Erlbaum.

Las metas vitales

Las metas vitales han sido conceptualizadas de diversas formas: como "objetivos motivacionales específicos mediante los cuales las personas dirigen sus vidas a lo largo del tiempo";[15] como la determinación de involucrarse en determinada actividad o de conseguir un resultado específico en el futuro;[16] como representaciones cognitivas de lo que las personas quieren obtener, mantener o evitar dadas las circunstancias de vida en las que se encuentran al momento de definir esos estados ideales;[17] como planes de acción conscientes que los individuos intentan alcanzar mediante estrategias cognoscitivas o conductuales.[18]

Cada persona puede ser caracterizada por un conjunto particular de planes y metas personales relacionadas entre sí, que constituyen el sistema personal de objetivos de su vida.[19] Estos objetivos vitales se convierten en valores de referencia que guían las decisiones y acciones de las personas. La totalidad de los objetivos que una persona se esfuerza por lograr revela el concepto que tiene de sí misma[20] y su habilidad cognitiva para anticipar los resultados a corto, mediano y largo plazo de sus acciones en un futuro (lo cual se denomina Perspectiva de Tiempo Futuro).[21]

¿Qué relación hay entre la sexualidad y la toma de decisiones sexuales inteligentes?

Las investigaciones del Grupo Familia y Sexualidad han permitido corroborar que la sexualidad influye en la mayoría de las decisiones que tomamos en la

---

15 Schmuck, P. y Sheldon, K. M. (Eds.) (2001).*Life Goals and Wellbeing.* Seattle: Hogrefe y Huber Publishers. pp. 5.

16 Bandura A. (1987). *Pensamiento y acción: fundamentos sociales.* Barcelona: Martínez Roca.

17 Brunstein, J.C., Schultheiss, O.C., y Graessmann, R. (1998). Personal goals and emotional well-being: The moderating role of motive dispositions. *Journal of Personality and Social Psychology, 75,* 494–508.

18 Sivaraman Nair y Wade. (2003). *op. cit.*

19 Little, B. R. (1989). Personal projects analysis: Trivial pursuits, magnificent obsessions, and the search for coherence. En D. M. Buss y N. Cantor (Eds.), *Personality psychology: Recent trends and emerging directions* (pp. 15-31). New York: Springer-Verlag.

20 Leondari, A. (2007). Future time perspective, possible selves, and academic achievement.*New Directions for Adult and Continuing Education, no. 114.*Wiley Periodicals, Inc.

21 Andriessen, I., Phalet, K., y Lens, W. (2006). Future goal setting, task motivation and learning of minority and non-minority students in Dutch schools.*British Journal of Educational Psychology, 76,* 827-850.
De Volder, M., y Lens, W. (1982).Academic achievement and future time perspective as a cognitive-motivational concept. *Journal of Personality and Social Psychology, 42,* 566–571.

vida, particularmente aquellas que son determinantes de los comportamientos que promueven, protegen, mantienen o recuperan nuestra salud sexual y reproductiva.

Para establecer la manera como nuestra sexualidad influye en nuestras elecciones, podemos plantearnos preguntas como las siguientes:

• ¿De qué manera las normas y las expectativas vigentes en el contexto sociocultural en el que vivo acerca de cómo deben ser y comportarse las personas por tener cuerpo de niños, niñas, mujeres, hombres ha hecho que yo elija una alternativa de acción y no otra?

•¿Hasta qué punto por ser mujer u hombre me he inhibido de participar en las decisiones que me conciernen y me afectan?

•¿De qué manera planteo mi punto de vista ante una situación que implica una decisión con el fin de evitar contradecir lo que socialmente se espera de las mujeres o los hombres?

•¿En qué situaciones he permitido que otras personas elijan por mí con el ánimo de mantener una relación?

•¿Qué oportunidades he dejado de aprovechar porque siento que no son apropiadas para mi sexo?

•¿Cómo se dividen y valoran las actividades y oficios de los hombres y de las mujeres, de los y las jóvenes, de los niños y de las niñas en mi familia?

•¿Qué cosas hago o dejo de hacer para lograr que mi cuerpo responda a las expectativas de belleza vigentes en el medio en que vivo?

•¿En qué circunstancias he decidido no expresar lo que pienso, siento, necesito o prefiero con el fin de evitar que piensen que soy homosexual?

•¿De qué manera las decisiones que he tomado acerca de mi vida afectiva y sexual me han facilitado el ejercicio de los derechos humanos sexuales y reproductivos?[22]

¿Por qué los jóvenes no planean las relaciones sexuales?

En un estudio realizado con adolescentes de ambos sexos en Bogotá y Cali,[23] algunas participantes dijeron que la falta de planeación corresponde

---

22 Vargas-Trujillo, E., Balanta, P., y Gambara, H. (2008). Estrategia de formación "Yo decido mi vida" Guía para docentes. Manuscrito no publicado de la Universidad de los Andes y la Universidad Autónoma de Madrid.

23 Vargas-Trujillo, E., Henao, J. y González, C. (2004). Fecundidad adolescente en Colombia: incidencia, tendencias y determinantes: un enfoque de historia de vida. *Documento* CESO N° 95, Bogotá: Universidad de los Andes.

a su estilo personal de tomar decisiones, a una forma de asumir la vida, a un deseo de vivir el momento. En este mismo sentido, otros jóvenes expresaron que las cosas ocurren sin que uno pueda tener control sobre ellas. En ambos casos se observa la percepción que tienen los jóvenes de que la vida no está bajo su control. Los siguientes testimonios ilustran esta forma de pensar:

"Se dieron las cosas… yo siempre he tenido eso, no se por qué, mi vida siempre ha sido así, se dieron las cosas, el momento, y ya ¡Pasó, y no más!".

"No es que él haya dicho: 'Oye, yo te quiero'; no, se da el momento, si no se dio ayer fue porque no se dio el momento, si no se da mañana es porque no se va a dar el momento, si se dio hoy es porque se dio el momento".

¿Sobre qué deciden los jóvenes?

La juventud es una época en la que las personas, por primera vez en su vida, enfrentan la responsabilidad de tomar decisiones que tienen consecuencias importantes para sí mismas, para su familia y para sus pares.[24] En la esfera sexual, los adolescentes deben decidir tener o no una relación romántica, tener o no relaciones sexuales, usar o no métodos de protección, unirse o casarse, embarazarse o no, en fin, asumir el control de su vida. Cada una de estas decisiones trae consigo otras de creciente complejidad e importancia para el desarrollo de las tareas propias de la juventud. Estas decisiones generalmente se toman en el marco de una red social y, con frecuencia, están orientadas al mantenimiento de relaciones significativas con los miembros del grupo de referencia.

Efectivamente, la toma de decisiones no ocurre en el vacío, se presenta en un contexto social. Ese contexto social define los estándares que guían la conducta de los individuos y las consecuencias sociales que se derivan de las acciones individuales. En sociedades tradicionales, en las que predominan las expectativas de género sexistas, esos estándares difieren en función del sexo.

Ahora bien, en cuanto a las áreas de decisión se ha encontrado que las conductas que habitualmente son consideradas por los adultos como de "riesgo" para el período adolescente no siempre son asumidas por los jóvenes como decisiones

---

24 Langer, Zimmerman, Warheit y Duncan, *op. cit.*; Gage, A. J. (1998). Sexual activity and contraceptive use: The components of the decisionmaking process. *Studies in Family Planning*, 2, 154-166.

ni habituales ni difíciles de tomar.[25] Se ha encontrado que, cuando los jóvenes describen sus decisiones recientes, hablan fundamentalmente de decisiones relacionadas con los estudios, los amigos, el ocio, la familia, el atuendo y las relaciones sentimentales. En general, consideran que las decisiones más importantes se refieren a la familia, los estudios y los amigos, en ese orden. Además, evalúan estas decisiones como las más difíciles. Sobre el tema "amigos", las decisiones implican situaciones en las que tienen que elegir entre unos amigos y otros, resolver conflictos entre amigos, o iniciar, mantener o terminar una relación.

Cabe señalar que aunque los jóvenes consideran que las decisiones referidas a los comportamientos que implican riesgos para la salud (por ejemplo, tener relaciones sexuales o consumir sustancias psicoactivas) son importantes o muy importantes, afirman que éstas son muy fáciles o fáciles de resolver. Este resultado llama la atención, si se tiene en cuenta que para los adolescentes las decisiones difíciles de tomar son aquellas que, por sus consecuencias, pueden afectar su futuro. Otro factor que tienen en cuenta los jóvenes al juzgar el grado de dificultad de una decisión es la opinión de los amigos o la familia.

En otros estudios se ha observado que, desde la perspectiva de los adolescentes, la dificultad de las decisiones está relacionada con la presión externa, el deseo de evitar las consecuencias negativas y el arrepentimiento,[26] el temor a la censura, a la desaprobación social y a las consecuencias inesperadas. Otros jóvenes opinan que es más difícil decidir cuando hay otros afectados o cuando las decisiones se toman en grupo.

El embarazo en la adolescencia... un asunto de falta de planeación

Los datos cualitativos del estudio sobre fecundidad adolescente[27] revelan que de la misma forma que el tener relaciones sexuales no se planea, el embarazo tampoco es el resultado de un proceso sistemático de toma de decisiones en pareja. De hecho, la mayor parte de las jóvenes afirmó que el embarazo fue "... por no habernos cuidado", es decir, no planeado. Una adolescente relata su situación de la siguiente forma:

"[planear es] muy difícil porque es como que el man lo puya a uno: 'No, ven, dale, ven, ven', y uno no, pero pasa un rato y yo... bueno... [por] las

---

25 Gambara y Gonzalez, *op. cit.*

26 Fischhoff, B., Furby, l., Quadrel, M. J. y Richardson, E. (1991). Adolescents' construal of choices. Are their decisions our "decisions"? Manuscrito sin publicar. Carnegie Mellon University.

27 Vargas-Trujillo, Henao y González, *op. cit.*

> ganas… obviamente son las ganas, a pesar del conflicto… son las ganas… porque igual nosotros no tenemos relaciones frecuentemente… y pues nosotros no estamos acostumbrados a cargar un condón porque son muy pocas las veces para eso. Y para mí es terrible cargar un condón… es decir, mi mamá me llega a ver con condón y ya, hasta ahí. Entonces le toca cargarlo a él, y a él no le preocupa eso…".

¿Por qué las decisiones sobre los asuntos sexuales son importantes pero fáciles de tomar?

La respuesta a esta pregunta puede plantearse a partir de los resultados de diversas investigaciones psicológicas acerca de la toma de decisiones. Estas investigaciones señalan dos posibles explicaciones: los heurísticos y la experiencia.

Se denominan *heurísticos* a esas reglas prácticas que permiten simplificar y resolver los problemas, y a las cuales recurrimos cuando nos enfrentamos a la tarea de tomar decisiones. Los heurísticos los usamos porque nos han funcionado en el pasado, aunque no siempre garantizan una solución correcta. Hay varios tipos de heurísticos: los de representatividad, los de disponibilidad y los de sesgo de confirmación.

Los *heurísticos de representatividad* hacen referencia a las decisiones que tomamos basados en determinada información del asunto u objeto sobre el cual debemos decidir, que lo hace aparecer como "típico" de una determinada categoría. Por ejemplo, el joven que decide no usar el condón cada vez que tiene relaciones sexuales con una estudiante universitaria de nivel socioeconómico alto, bilingüe, que corresponde al perfil de lo que él denomina "niña bien, hija de familia". Este joven ignora que las infecciones de transmisión sexual ocurren hasta "en las mejores familias". Como vemos, aunque el heurístico de representatividad nos permite tomar decisiones fácilmente y con rapidez, también puede llevarnos a cometer errores.

Cuando tenemos que tomar decisiones sobre asuntos para los que no contamos con suficiente información, tendemos a recurrir a *heurísticos de disponibilidad*. Éstos corresponden a las decisiones que tomamos basados en la información accesible a la memoria, aunque no sea exacta. Por ejemplo, la adolescente que acepta tener relaciones sexuales con su novio en una situación no prevista, simplemente porque a partir de la información que ha recibido en su grupo de amigas cree que "todos los jóvenes de su edad tienen relaciones sexuales". Esta adolescente sólo dispone de la información proveniente de su grupo de amigas y desconoce los resultados de las investigaciones que citamos en el capítulo 1 donde hemos mencionado que en Colombia tan sólo una minoría, 30% de los jóvenes menores de 18 años, tiene relaciones sexuales.

Otro heurístico que con frecuencia usamos en el proceso de toma de decisiones es el que denominamos en psicología *sesgo de confirmación*. Consiste en la tendencia a identificar y a recordar la información que apoya nuestras creencias y a ignorar aquella evidencia que las contradice. Por ejemplo, las mujeres que creen que las pastillas anticonceptivas producen manchas en la cara, engordan y causan esterilidad, al tomar decisiones sobre el método más apropiado para evitar un embarazo no planeado tienden a recordar los casos que confirman su creencia y a ignorar la información científica que la contradice. Diversos estudios han mostrado que gran parte de las decisiones acerca de asuntos sexuales se basan en creencias infundadas que persisten a pesar de la evidencia científica en contra.

Razones que exponen los/las jóvenes para justificar el no haber usado métodos de protección en la primera relación sexual

"No, porque él también era virgen".

"Yo escuchaba cuando hablaba con los amigos y decía que con el condón no se sentía lo mismo, y entonces uno qué le va a decir póngase un condón".

"Porque yo creo que a él no le gustaba usarlos, y yo no los conocía".

"Como era la primera vez, pensé que no iba a pasar nada".

"Porque dicen que en la primera relación sexual uno no queda en embarazo".

"Según la concepción de él, era que conmigo no iba a utilizar preservativos… él decía que 'contigo cómo voy a utilizar, yo utilizo pues con las mujeres…', pues me imagino que de la calle".

"Uno se deja guiar por lo que dicen las amigas, que el séptimo día después de la regla… qué va… el séptimo día fue que quedé embarazada".

"Él me dijo que un amigo cuidaba a la novia dándole dos aspirinas y una malta, y pues me hizo tomar eso… uno en ese momento se toma hasta veneno y no se da cuenta".

Con respecto a *la experiencia*, se ha encontrado que ésta es útil cuando las personas se enfrentan a situaciones de presión, en las que deben tomar decisiones inmediatas y en las que las circunstancias impiden contar con el tiempo que requiere el proceso de evaluar diferentes alternativas de acción.

Los resultados de los estudios sobre actividad sexual en la adolescencia han mostrado que aquellos jóvenes que han tenido la oportunidad de anticiparse a eventos que implican decisiones sexuales bajo presión tienden a usar estrategias más efectivas y eficientes. Es decir, los jóvenes que con ayuda de sus padres, profesores o amigos tienen la posibilidad de evaluar diferentes cursos de acción ante situaciones como tener relaciones sexuales, consumir sustancias psicoactivas o un embarazo no planeado y deseado, tienen mayor probabilidad de decidir de manera rápida y precisa, sin dedicar mucho tiempo a la evaluación de la decisión.

Por lo anterior, este libro pone énfasis en el tema de las decisiones sexuales. En los capítulos siguientes se busca ayudar a los jóvenes a decidir sobre diferentes aspectos que son particularmente pertinentes en la juventud, y cuyas consecuencias son de vital trascendencia.

Preguntas frecuentes

¿Cómo se puede establecer cuál es la mejor alternativa al tomar una decisión?

Se ha encontrado que, frente a una decisión, la mejor alternativa es aquella que tiene mayor probabilidad de:[28]

- Ser consistente con nuestros estándares morales, es decir, los criterios que usamos para definir lo que es correcto, importante, valioso.
- Contribuir al logro de las metas que nos hemos propuesto en el nivel instrumental (conseguir una buena calificación, vencer al adversario) o emocional (orgullo, alegría, satisfacción personal).
- Tener mayores beneficios instrumentales (obtener una beca) y ligados a la evaluación del sí mismo (reconocimiento por parte de otros, popularidad).

¿Qué criterios permiten establecer que se ha tomado una buena decisión?

Se ha encontrado que las "buenas decisiones" se caracterizan por la coherencia y la correspondencia.

Por *coherencia* se entiende que el proceso de decisión se ha realizado de manera racional, lógica y consistente, valorando las distintas dimensiones del problema y con una aproximación realista. Por ejemplo, es más probable que un suceso negativo (quedar embaraza sin desearlo) sea percibido como "algo que les ocurre a otros pero no a mí" (sesgo optimista).

La *correspondencia,* por su parte, implica considerar opciones que permitan el logro de objetivos realistas y factibles de lograr en el contexto en el que vivimos

---

28 Villegas de Posada, M. (1994b). Validación de un modelo para explicar y predecir la acción moral. Informe final de investigación no publicado, presentado a Colciencias.

y con los recursos de que disponemos. En otras palabras, se trata de identificar aquella alternativa que nos permita alcanzar nuestros objetivos sabiendo que estamos inmersos en una realidad con sus limitaciones contextuales.

Concretamente, la coherencia tiene que ver con el proceso de decisión y la correspondencia con los resultados de la opción elegida.

Ambos conceptos son necesarios para hablar de una "buena decisión" puesto que podemos seguir un proceso lógico o coherente y no obtener unos "buenos resultados" (p.ej.: llevar una vida saludable sin fumar, sin beber, haciendo deporte, y morir joven de un cáncer). Es importante tener en cuenta que hay factores sobre los que podemos actuar (p.ej. nuestro estilo de vida o las prácticas de autocuidado) y otros sobre los que no (p.ej. factores genéticos). Además, conviene tener presente que es posible obtener un resultado negativo a pesar de haber tomado buenas decisiones, pero no por ello deberíamos dejar de elegir aquellas opciones que no siendo suficientes sí contribuyen a un buen fin.[29]

¿Qué se puede hacer cuando se nos presiona a tomar una decisión sobre un asunto del que no tenemos suficiente información?

En estos casos, lo mejor es evitar tomar una decisión apresurada. Si el asunto no es de vida o muerte, podemos darnos el lujo de dedicar tiempo a obtener información, consultar diferentes fuentes, evaluar diferentes opciones y pedir ayuda, si es necesario. Se ha encontrado que las decisiones más difíciles de tomar son las que se deben adoptar en circunstancias de estrés, es decir, cuando las exigencias de la situación exceden los recursos con que cuenta la persona para resolverla.

¿Por qué se siente uno mal cuando toma una decisión?

En ocasiones, esto obedece a que la decisión no se tomó siguiendo un proceso sistemático y, por falta de experiencia, se optó por una alternativa que contradice los estándares personales. Otra razón puede ser que la experiencia emocional de la persona, al estar frente a la situación, impidió que se tuvieran en cuenta todas las consecuencias que racionalmente se asocian a esa conducta. En efecto, en muchas ocasiones las personas describen actitudes negativas hacia determinadas conductas, sin que ello implique que dichas conductas no se realicen.

Por ejemplo, algunas jóvenes, ante un embarazo no planeado, optan por el aborto para evitar la sanción social que su situación puede generar. Cuando esta práctica la realizan en contra de las actitudes negativas que tienen frente al aborto, es más probable que se experimenten sentimientos de culpa y vergüenza.

---

29 Gambara, H. (2012). Toma de decisiones. Manuscrito sin publicar, Madrid, España: Universidad Autónoma de Madrid.

Aplico lo aprendido

Teniendo en cuenta lo visto en el capítulo, identifique qué tan inteligente es su estilo habitual de toma de decisiones. ¿En qué medida su estilo de toma de decisiones contribuye al logro de sus metas vitales?

8
Decidir sobre mis relaciones de pareja

Para reflexionar…

Haga una lista de las personas por quienes usted se ha sentido atraído/a alguna vez en la vida. Ordene la personas que integran la lista teniendo en cuenta la edad que usted tenía en ese momento; en el primer lugar ubique a la persona por quien usted experimentó algún sentimiento de atracción siendo más joven, y en el último puesto sitúe a la más reciente o por quien se siente atraído/a actualmente.

Ahora responda a las siguientes preguntas sobre cada una de esas personas:
- ¿Es hombre o es mujer?
- ¿Cómo es físicamente?
- ¿Cómo es su familia?
- ¿Cuáles son sus cualidades?
- ¿Cuáles son sus defectos?
- ¿Por qué se siente usted atraído/a por él o ella?
- ¿Qué actividades realiza dicha persona en su tiempo libre?
- ¿Qué planes tiene para el futuro?
- ¿Qué criterios utiliza como guía para tomar decisiones?
- ¿Qué personas admira? ¿Qué es lo que admira de esas personas?
- ¿Qué tan atraída se siente esa persona por usted? ¿Cómo sabe usted lo que siente esa persona hacia usted?

Cuando termine de responder las preguntas para todas las personas, identifique:
- ¿Qué tienen en común?
- ¿A quién(es) conoce más?
- ¿Por qué cree que logró responder con mayor detalle lo relacionado con algunas personas, en comparación con otras?

Las relaciones románticas en la juventud

Las relaciones románticas en la juventud han sido definidas como un tipo de relaciones interdependientes que se caracterizan por ser transitorias y fugaces y porque, comparadas con las relaciones que se establecen entre adultos, son menos exclusivas e íntimas.[1]

Los expertos en el tema plantean que las relaciones románticas durante la juventud constituyen una forma de amistad especial que tiene los siguientes rasgos característicos:[2]

1. Involucran un patrón de interacción entre dos personas que reconocen alguna conexión entre sí.

2. Son un asunto de elección personal, es decir, son voluntarias.

3. Suponen un acuerdo mutuo por sostener una relación.

4. Hay un reconocimiento público de que las dos personas tienen el estatus de "novios", "amigos con derechos", "amigovios" o "pareja".

5. Usualmente involucran atracción sexual, compañerismo, afecto, intimidad y reciprocidad.

Las relaciones románticas no ocurren de la misma forma en todas las etapas de la juventud; se ha observado que éstas pasan por una serie de fases:[3] en las fases iniciales, las personas experimentan altos grados de atracción hacia otras personas, aunque generalmente no existe interacción real con ellas. Posterior-

---

1 Laursen, B. y Jensen-Campbell, L. A. (1999). The nature and functions of social exchange in adolescent romantic relationships. En W. Furman, B. B. Brown, y C. Feiring (Eds.), *The Development of Romantic Relationships in Adolescence*. Nueva York: Cambridge University Press.

2 Brown, B. B., Feiring, C. y Furman, W. (1999). Missing the Love Boat. En: W. Furman, B. B. Brown y C. Feiring (Eds.). *The Development of Romantic Relationships in Adolescence*. Nueva York: Cambridge University Press; Diamond, L. M., Savin-Williams, R. C. y Dubé, E. M. (1999). Sex, dating, passionate friendships and romance: Intimate peer relations among lesbian, gay and bisexual adolescents. En W. Furman, B. B. Brown y C. Feiring (Eds). *The Development of Romantic Relationships in Adolescence*. Nueva York: Cambridge University Press; Feiring, C. y Furman, W. (2000). When love is just a four letter word: Victimization and romantic relationships in adolescence. *Child Maltreatment, 5*, 293-298.

3 Brown, B. B. (1999). You are going out with who?: Peer group influences on adolescent romantic relationships. En W. Furman, B. B. Brown y C. Feiring (Eds.). *The Development of Romantic Relationships in Adolescence*. Nueva York: Cambridge University Press; Connolly, J. A. y Goldberg, A. (1999). Romantic relationships in adolescence: The role of friends and peers in their emergence and development. En W. Furman, B. B. Brown y C. Feiring (Eds.). *The Development of Romantic Relationships in Adolescence*. Nueva York: Cambridge University Press; Furman, W. y Simon, V. (1999). Cognitive representations of romantic relationships. En W. Furman, B. B. Brown y C. Feiring (Eds.). *The Development of Romantic Relationships in Adolescence*. Nueva York: Cambridge University Press.

mente, comienzan a interactuar con otras personas, pero aún no constituyen relaciones diádicas. Finalmente, los jóvenes establecen relaciones románticas, que al comienzo se caracterizan por niveles bajos de intimidad y compromiso, pero que con el paso del tiempo se hacen de larga duración, involucran compromiso, exclusividad, cuidado, aceptación y apoyo.

¿Qué tan frecuentes son las relaciones románticas en la juventud?

Las relaciones románticas en la juventud son relativamente frecuentes. Los estudios del Grupo Familia y Sexualidad indican que, antes de cumplir los 18 años, cerca del 90% de los jóvenes ya ha comenzado a tener relaciones románticas. En promedio, la primera relación romántica ocurre a los 12,5 años, y antes de terminar la secundaria las personas ya han estado involucradas con cuatro parejas en promedio. Los datos también señalan que la duración media de estas relaciones es corta, aproximadamente de tres meses.

Por otro lado, los datos indican que en los primeros años de la adolescencia los/las jóvenes tienden a informar un mayor número de novios o novias que en al final de la juventud. Los datos de algunas entrevistas cualitativas han permitido establecer que esto obedece a que las/los jóvenes de mayor edad tienen más elementos de juicio para discriminar entre lo que consideran novios o novias y lo que califican como "juegos", "vacilones" y "amigovios". De hecho, entre las mujeres mayores de 16 años se encuentran respuestas como: "He tenido tres novios y varios vacilones". En los hombres también se identifica el mismo patrón: "Yo solamente he tenido una novia en serio, las demás relaciones no cuentan", "Yo tuve muchas amigovias pero solamente una novia, así… que todo el mundo se diera cuenta de que ella era mi novia".

La cercanía y la autonomía en las relaciones románticas

Diversos estudios, provenientes de una amplia variedad de perspectivas teóricas han mostrado que una de las principales metas vitales de las personas es el establecimiento, mantenimiento y mejoramiento de relaciones cercanas.[4] En la juventud, las relaciones románticas proveen el contexto propicio para que las/

---

4 Reis, H. T. y Downey, G. (1999). Social cognition in relationships. *Social Cognition, 17,* 97-117.

los jóvenes logren reconocer y aceptar que, al mismo tiempo que tienen la necesidad de conservar sus relaciones cercanas, tienen la necesidad de funcionar de manera autónoma.[5]

Efectivamente, las experiencias con relaciones románticas permiten a las/los jóvenes ir descubriendo la manera de mantener un sano balance entre la cercanía y la autonomía en las relaciones con otros significativos. Estas experiencias facilitan que las/los jóvenes aprendan que las relaciones de pareja exitosas se caracterizan porque, por una parte, en ellas las personas interactúan en forma cálida, cercana y mutuamente satisfactoria; experimentan y expresan sentimientos, sin temor a ser rechazadas; se comunican sus intereses, opiniones y necesidades en forma verbal y no verbal, de manera clara y abierta; se sienten seguras de que cuentan con el apoyo incondicional del otro en caso de necesitar ayuda.

Por otra parte, estas relaciones se identifican porque cada uno de los miembros de la pareja respeta el derecho que tiene el otro de pensar, sentir y actuar independientemente, por lo que acepta y promueve la capacidad del otro para tomar sus propias decisiones y para actuar de acuerdo con sus valores personales. Otro rasgo característico de estas relaciones es que las personas no sólo son capaces de identificar y satisfacer sus necesidades personales teniendo en consideración las necesidades de la otra persona sino que también están dispuestas a negociar las necesidades mutuas.

Este aprendizaje sobre la manera de satisfacer, simultáneamente, las necesidades de cercanía y de autonomía en las relaciones es una condición óptima para el desarrollo individual.[6] Se ha encontrado que los conflictos en las relaciones románticas surgen cuando existen dificultades para mantener un balance adecuado entre estar apegados en la relación y las oportunidades para la expresión personal.[7] Además, se ha observado que los patrones de cercanía y autonomía que se establecen en este tipo de relaciones durante la juventud pueden influir en las relaciones subsecuentes, incluso en el matrimonio.[8]

5 Miller, B. C. y Benson, B. (1999). Romantic and sexual relationship development during adolescence. En W. Furman, B. B. Brown y C. Feiring (Eds.). *The Development of Romantic Relationships in Adolescence.* Nueva York: Cambridge University Press; Connolly y Goldberg, *op. cit*; Vargas-Trujillo, E. y Barrera, F. (2002). Adolescencia, relaciones románticas y actividad sexual. Una revisión. *Revista Colombiana de Psicología, 11,* 115-134.

6 Kagitcibasi, C. (1996). The autonomous–relational self a new synthesis. *European Psychologist, 3,* 180-186.

7 Connolly y Goldberg, *op. cit.*

8 Furman, W. y Flanagan, A. (1997). The influence of earlier relationships on marriage: An attachment perspective. En W. K. Halford y H. J. Markman (Eds.), *Clinical Handbook of Marriage and Couples Interventions.* Chicester: Wiley.

Las expectativas de cercanía en las relaciones románticas

Los siguientes testimonios de jóvenes de Bogotá y Cali evidencian sus expectativas de cercanía en las relaciones románticas.

[Un novio] "es una persona con la que uno se aconseja y con quien uno se ayuda", "Es tener un apoyo, colaboración, alguien con quién desahogarse", "Es alguien que está ahí cuando uno lo necesita, en las buenas o en las malas", "Es una persona en quién confiar", "Es la persona con la que uno cuenta", "Es la persona que te escucha".

"Antes [tenía novia] por chicanero, como un trofeo. Si mis amigos me veían con una novia bonita, yo me sentía como tocando el cielo. Pero después fue como la necesidad de afecto, como el deseo de llenar ese vacío que uno siente cuando está solo".

Importancia de las relaciones románticas en la juventud

Aunque las relaciones románticas en la juventud no tienen las mismas características de las relaciones de parejas adultas, esto no significa que no sean experiencias vitales significativas. Actualmente, se reconoce que el establecimiento de relaciones románticas es una de las tareas del desarrollo durante la juventud, y que estas experiencias tienen implicaciones significativas para el desarrollo de una sexualidad saludable y, por lo tanto, para el ajuste psicológico de las personas. Aunque las experiencias románticas son relevantes para el logro de varias tareas del desarrollo, en este capítulo centraremos nuestra atención en el papel que tienen en la consolidación de la identidad y en el fortalecimiento de competencias básicas para la toma de decisiones y la resolución de conflictos en pareja.

Ahora bien, es importante señalar que no todo el aprendizaje sobre las relaciones de pareja es el resultado de *relaciones* románticas; otras *experiencias* románticas de los jóvenes también contribuyen a que las personas obtengan información al respecto.[9] Es decir, las personas pueden adquirir conocimiento sobre las relaciones románticas sin involucrarse directamente con una pareja romántica. En este sentido, para muchos jóvenes las experiencias románticas provienen inicialmente de los libros, de la televisión, del cine y de su experiencia en las relaciones con sus padres y sus pares y, posteriormente, de relaciones románticas con parejas fantaseadas o reales.

---

9 Brown, Feiring y Furman, *op. cit.*

Estas relaciones románticas indirectas y directas, fantaseadas y reales, permiten a las personas adquirir experiencia en este tipo de interacciones y, por lo tanto, desarrollar las competencias que se requieren para enfrentar las demandas de una relación de pareja. Efectivamente, estas experiencias promueven en las personas el desarrollo de representaciones cognitivas sobre las características de las relaciones y sobre los objetivos individuales que se persiguen en ellas.[10] La evidencia disponible indica que las experiencias románticas favorecen el que las/los jóvenes:

1. Construyan expectativas con respecto a la autonomía y la cercanía que deben existir en una relación romántica.

2. Definan las valoraciones, creencias, actitudes, intereses, normas, metas y estándares culturales que regulan las relaciones de pareja.

3. Adquieran conocimiento abstracto acerca del significado de determinados comportamientos que ocurren entre los miembros de las parejas románticas.

Estas cogniciones guían el comportamiento de los jóvenes en sus interacciones románticas, sirven de base para predecir e interpretar el comportamiento de la otra persona y son los antecedentes inmediatos de las decisiones que toman referidas a estas relaciones.[11] Es así como se ha encontrado que, por ejemplo, la interpretación que la persona hace del comportamiento de alguien que le atrae puede ser más importante en la decisión de iniciar una relación, que el comportamiento en sí mismo. Por ejemplo, es posible que un joven se inhiba de acercarse a una chica que le atrae mucho cuando cree que, por un lado, para ella es importante que sea competente en el baile y, por otro, él se autodescribe como una persona que no sabe bailar.

Adicionalmente, se ha observado que las relaciones románticas contribuyen al proceso de consolidación de la identidad sexual de las/los jóvenes[12] y ayudan a

10 Flanagan, A. y Furman, W. (2000). Sexual victimization and perceptions of close relationships in adolescence. *Child Maltreatment 4*, 350-359; Fishtein, J., Pietromonaco, P. R. y Feldman Barrett, L. (1999). The contribution of attachment style and relationship conflict to the complexity of relationship knowledge. *Social Cognition, 17*, 228-244.

11 Furman y Simon, *op. cit*; Cozzarelli, C., Hoekstra, S. y Bylsma, W. H. (2000). General versus specific mental models of attachment: Do they predict different outcomes? *Personality & Social Psychology Bulletin, 26*, 605-618; Downey, G., Bonica, Ch. y Rincón, C. (1999). Rejection sensitivity and adolescent romantic relationships. En W. Furman, B. B. Brown y C. Feiring (Eds.). *The Development of Romantic Relationships in Adolescence*. Nueva York: Cambridge University Press.

12 Coates, D. L. (1999). The cultured and culturing aspects of romantic experience in adolescence. En W. Furman, B. B. Brown y C. Feiring (Eds.). *The Development of Romantic Relationships in Adolescence*. NuevaYork: Cambridge University Press.

que establezcan de manera exitosa su autonomía.[13] En los capítulos precedentes dijimos que una de las tareas centrales de la persona durante la juventud consiste en integrar el conocimiento que tiene de sí misma, para responder a la pregunta: "¿Quién soy yo?". También mencionamos que la identidad se construye como resultado de distintos procesos, la mayoría de los cuales ocurren en el contexto de la interacción con otros significativos.

En este sentido, se ha observado que las relaciones románticas facilitan a las/los jóvenes el autoconocimiento de sí mismas/os como pareja. La autodescripción y autovaloración como pareja romántica se va construyendo a partir de:

1. Lo que la persona cree acerca de la forma como la ve su pareja.

2. El juicio que cree que hace su pareja de la forma como la ve.

3. El orgullo o vergüenza que experimenta frente a esas apreciaciones que imagina que tiene su pareja de ella.

4. Las consecuencias que observa que tienen sus acciones en la relación.

5. La percepción de que es competente para manejar lo que ocurre en la relación.

6. La percepción de que cumple a satisfacción con lo que su pareja espera de ella.

7. El sentimiento de que a pesar de tener una relación cercana continúa teniendo control sobre su vida.

El efecto de estas relaciones románticas en la noción que tiene la persona de sí misma dependerá del grado en el que las interacciones con el otro le permiten sentir que es aceptada y valorada tal y como es.

La experiencia indirecta y directa con las relaciones románticas en la juventud

En un estudio realizado por M. C. Burgos en 2003 con universitarios en Bogotá, se encontró que las/los jóvenes tienen una percepción positiva de la calidad de la relación de pareja de sus padres. Los datos mostraron que la relación de pareja de los padres es una fuente de experiencia indirecta con las relaciones románticas que influye en las expectativas que tienen las/los jóvenes de que su pareja sea una persona con la que pueden contar y que esté siempre dispuesta a hacer algo por ellos/as, en caso de necesitarlo.

---

13 Gray, M. R. y Steinberg, L. (1999). Adolescent romance and parent-child relationship. A conceptual perspective. En W. Furman, B. B. Brown y C. Feiring (Eds.). *The Development of Romantic Relationships in Adolescence*. Nueva York: Cambridge University Press.

En cuanto a la experiencia directa que poseen las/los universitarios con relaciones románticas, se encontró que la mayoría de quienes participaron en el estudio ha tenido relaciones románticas desde los primeros años de la adolescencia. Se observó que, al evaluar sus experiencias románticas, las/los jóvenes le dan mayor importancia a la cercanía emocional que a la atracción (con las implicaciones físicas y sexuales que tiene esta dimensión). Además, se observó que el nivel de compromiso es mayor a medida que aumenta el tiempo de duración de la relación. Los datos también mostraron que, aunque muchas relaciones juveniles solamente duran pocas semanas o meses, esto no significa que estas relaciones no tengan la complejidad y profundidad que caracterizan a las relaciones de compromiso y de larga duración.

Identidad y autenticidad en las relaciones románticas

Como ya hemos mencionado, la autenticidad hace referencia a la disposición que tiene la persona de revelar su identidad en las relaciones con otros, es decir, la tendencia a mostrarse tal y como ella se ve a sí misma. La persona auténtica expresa abiertamente sus sentimientos, opiniones, creencias, expectativas y necesidades. La autenticidad es una característica de las personas seguras de sí mismas, que han logrado un alto grado de autoconocimiento, autoaceptación y autovaloración.

Por su parte, a la tendencia de inhibir la expresión de lo que uno realmente piensa, siente y necesita se le ha denominado "falta de autenticidad".[14] En el capítulo 6 dijimos que la falta de autenticidad tiene como propósito complacer y ganar aceptación por parte de las personas que son significativas. Cuando las personas perciben que en su contexto familiar y social no cumplen con los estándares establecidos de "un verdadero hombre", "una verdadera mujer" o de "una persona importante, digna de respeto, admiración y aprecio" evitan dar a conocer su identidad.

Esto es particularmente frecuente en el contexto de las relaciones románticas, dado que es en la interacción en donde se ponen en juego el concepto y la valoración que tiene la persona de sí misma, es decir, su identidad. Para preservar la noción que tiene de sí misma, la persona necesita sentirse aceptada y valorada por

---

14 Harter, S. (1999). The authenticity of the self. *The Construction of the Self. A Developmental Perspective* (pp. 228-262). Nueva York: The Guilford Press.

su pareja. En ocasiones, el temor al rechazo lleva a la persona a evitar expresar abiertamente sus necesidades, opiniones, deseos y sentimientos.

La falta de autenticidad se observa en aquellas personas que están interesadas en entablar una relación romántica y que experimentan conflicto entre el deseo de acercarse y el temor a ser rechazadas. No obstante, el impacto más negativo del temor al rechazo y, por lo tanto, de la falta de autenticidad se observa una vez establecida la relación, en la fase de mantenimiento.

En la fase de mantenimiento, el temor al rechazo hace que la persona adopte patrones de interacción en las relaciones que pueden afectar no sólo su bienestar físico, psicológico, sexual y social, sino también el de su pareja. En general, se ha observado que las personas poco auténticas tienden a adoptar en sus relaciones románticas dos patrones de interacción característicos: el *centrado en la autonomía personal* y el *centrado en la cercanía con el otro*.[15] En la tabla 4 se ilustra el comportamiento de la persona que ha desarrollado cada uno de estos patrones de interacción y el de la persona que tiene *un patrón de interacción centrado en un balance adecuado entre la cercanía y la autonomía*. Los patrones de interacción se describen teniendo en consideración diversas dimensiones de las relaciones de pareja.

Tabla 4. Comportamientos de las personas en las relaciones de pareja

Dimensiones de la relación	Patrón de interacción		
	Centrado en la autonomía personal	*Centrado en la cercanía con el otro*	*Centrado en el balance entre la cercanía y la autonomía*
Toma de decisiones	Asume el control, domina a la pareja, toma las decisiones que afectan a los dos miembros de la pareja, sin consultar	Deja que la otra persona asuma el control y le permite tomar por sí misma las decisiones	Promueve la discusión sobre las alternativas, plantea abiertamente su opinión, expresa cuándo no está de acuerdo, busca llegar a un consenso
Satisfacción de necesidades	Satisface por sí misma sus necesidades; se siente responsable de buscar la manera de satisfacer sus propias necesidades; tiene dificultades para expresar abiertamente lo que necesita	Da prioridad a las necesidades de su pareja; se preocupa por satisfacer las necesidades de la otra persona, por encima de las suyas	Trata de balancear sus propias necesidades con las de su pareja

15 Harter, S. (1999). Autonomy and connectedness as dimensions of the self. *The Construction of the Self. A Developmental Perspective* (pp. 283-309). Nueva York: The Guilford Press.

Dimensiones de la relación	*Patrón de interacción*		
	Centrado en la autonomía personal	*Centrado en la cercanía con el otro*	*Centrado en el balance entre la cercanía y la autonomía*
Sensibilidad	No está sintonizada con los sentimientos y las necesidades de su pareja	Demasiado sensible a las necesidades y sentimientos de su pareja, pero le cuesta trabajo identificar los propios	Se esfuerza por clarificar sus necesidades y sentimientos, al igual que los de su pareja
Límites	Necesita estar separada de la pareja, le incomoda (y le teme a) la cercanía	Prefiere la cercanía, se esfuerza por ser "uno solo" con su pareja	Se siente cómoda con la cercanía pero, al mismo tiempo, siente que es una persona separada e independiente de su pareja
Preocupación por la relación	Se preocupa muy poco por los asuntos de la relación, se muestra desinteresada	Su principal preocupación en la vida es la relación	El interés por la relación está matizado por el interés que mantiene en otros asuntos

En síntesis, el temor al rechazo y, por ende, la falta de autenticidad son particularmente frecuentes en las personas que no se aceptan y se valoran tal y como son y que, por lo tanto, no se sienten merecedoras de atención y afecto. Esta percepción que tienen las personas de sí mismas, dijimos en los primeros capítulos de este libro, tiene su origen en la historia personal y es el resultado de múltiples influencias y experiencias a lo largo del proceso de socialización sexual.

Específicamente, la falta de autenticidad es más alta en las personas jóvenes que perciben bajos niveles de aceptación por parte de las personas que hacen parte de su red social (mamá, papá, hermanos, compañeros, profesores). No obstante, en la medida que las/los jóvenes adquieren experiencia en las relaciones románticas y logran involucrase en experiencias positivas con parejas centradas en un sano balance entre la cercanía y la autonomía, pueden desarrollar mayor seguridad en sí mismos en el plano romántico, lo cual, obviamente, repercute en su nivel de autenticidad.

¡La experiencia no se improvisa!

Los siguientes testimonios de los jóvenes que participaron en el estudio de Vargas-Trujillo, J. Henao y C. V. González en 2005 muestran que la experiencia favorece el autoconocimiento y el desarrollo de la seguridad en sí mismo:

"Uno en las primeras relaciones es muy chambón. Uno no sabe ser novio, en el sentido de que descuida mucho a la otra persona. Uno es muy independiente y tal vez muy egocentrista, en el sentido de que no piensa en los demás. Y cuando uno está entrando en una relación, como que no sabe cómo tratar con ella, no sabe qué hacer, entonces es distante y sólo trata uno como de sacarla, vamos a tal lado y tal. Uno comienza a conocerse a uno mismo pero es complicadísimo de primerazo, eso es un camello tenaz".

"En la segunda relación yo iba más preparado y dispuesto porque era más maduro y ya sabía cómo entablar una relación. Porque la primera vez tuve una novia como decorativa y no compartía muchos momentos con ella. Ya después, poco a poco, uno entiende más a las mujeres y comparte más con ellas".

Toma de decisiones en las relaciones románticas

Las relaciones románticas atraviesan varias etapas, y en cada una de ellas las personas se enfrentan a situaciones que exigen la toma de decisiones. En la etapa de prerrelación o conocimiento los jóvenes deben decidir si invierten o no tiempo y energía en conocer a la otra persona y, en la etapa de mantenimiento, se toman decisiones sobre las reglas y metas de la relación, los patrones de comunicación y la forma de resolver los conflictos. Una etapa que pocas veces se contempla como parte de la relación es la de la ruptura o rompimiento, la cual, idealmente, es también el resultado de un proceso de toma de decisiones.

La mayoría de estas decisiones requiere la participación de ambos miembros de la pareja en el proceso. Las dos personas deberán intercambiar sus puntos de vista, explicar las diferencias, exponer sus argumentos a favor y en contra de cada alternativa, aportar la información de que disponen e integrar a su elección los valores, las preferencias y las actitudes de ambos. Para que esto pueda ocurrir, es necesario que las dos personas estén dispuestas a expresarse tal y como son, es decir, a ser auténticas en la relación.

La toma de decisiones en pareja tiene varias ventajas: a) las decisiones que surgen de la negociación y el consenso tienden a ser más acertadas que las que se toman individualmente de manera inconsulta; b) la posibilidad de participar en la toma de decisiones permite que las personas se sientan reconocidas y validadas; c) es más probable que las consecuencias de las decisiones sean asumidas por los dos miembros de la pareja, si ambos participan en el proceso de elección.

Ahora bien, para que la tarea de tomar decisiones en pareja se cumpla de manera satisfactoria, se deben dar, como mínimo, las siguientes condiciones:

1. Los miembros de la pareja necesitan tener claras las expectativas que tiene cada uno de la situación y de la decisión a la que se llegue.

2. Los dos deben estar dispuestos a escuchar puntos de vista diferentes y a enfrentar los desacuerdos.

3. Los dos miembros de la pareja necesitan reconocer que las personas tienen derecho a pensar y a actuar de manera independiente.

4. Los dos participantes en la discusión deben valorar el aporte de cada uno de igual forma.

5. Las dos personas necesitan comunicar abierta y claramente lo que piensan, sienten y necesitan.

Ambos deben estar dispuestos a escuchar los puntos de vista del otro y a centrar la discusión en las razones que generan discrepancia, y no en las características de la persona que las expone.

Áreas y estrategias de decisión en las relaciones románticas

En las relaciones románticas, al igual que en la vida personal, los individuos se enfrentan diariamente a la tarea de tomar decisiones. Algunas decisiones son más relevantes que otras, más fáciles o más difíciles de tomar. En general, se ha observado que las áreas de decisión que con mayor frecuencia involucran a ambos miembros de la pareja tienen que ver con el tiempo que dedican a la relación y la forma de pasarlo juntos, las relaciones con las redes sociales de amigos y familiares, el estilo personal de expresar el afecto, la actividad sexual, el manejo del dinero, el grado de balance entre la cercanía y la autonomía, la exclusividad y, por último, las normas, los valores, las creencias, las actitudes, las expectativas, las metas que guían el comportamiento de cada uno en su vida personal y en la relación.

También se ha encontrado que la manera de abordar las decisiones sobre estos asuntos varía de una pareja a otra y también varía según el área a la que corresponda el problema a resolver. En general, las personas tienden a adoptar alguna de las siguientes estrategias cuando enfrentan una situación que involucra a la pareja y que les exige tomar una decisión: la *evitación*, la *adaptación*, la *competencia* y la *cooperación*.[16]

La *evitación* ocurre cuando una o las dos personas evaden el conflicto, ya sea por miedo, indiferencia, ignorancia de su existencia, o porque creen que no es posible llegar a un acuerdo. La evitación puede expresarse a través de la neu-

---

16 Villalobos Agudelo, S. (2004). Áreas de conflicto y estrategias de resolución en parejas del mismo sexo. Trabajo de grado, Departamento de Psicología, Universidad de los Andes.

tralidad, el aislamiento o el retiro. En la neutralidad se evita la discusión; en el aislamiento se respeta la decisión del otro, siempre y cuando no interfiera con los intereses personales; en el retiro, los involucrados se separan totalmente para asegurar la supervivencia de la relación.

La evitación puede llegar a ser útil en los casos en que la situación que requiere ser resuelta es insignificante o cuando hay asuntos más relevantes por resolver. La evitación puede también ser adaptativa en los casos en los cuales el beneficio de la solución es menor que los del enfrentamiento. También puede ser útil para permitir que los ánimos se calmen o cuando se requiere recopilar información acerca del asunto antes de tomar la decisión. El siguiente testimonio ilustra esta forma de enfrentar el conflicto.

> Me fastidia la confrontación, el choque… y más en una relación afectiva, no me gusta, por convicción no lo hago… en algunos momentos se le puede salir a uno la cuestión de las manos… a mí por temperamento, no me gusta discutir, no me gustan las polémicas… trato de callarme y de aplazar la cuestión, si no voy a estar tranquilo, prefiero salir, trato de mirar el asunto y de bajarle el clima a la discusión… es como dicen, para pelear se necesitan dos…

La *adaptación* es la estrategia en la que una de las partes involucradas en la toma de decisiones renuncia a sus propias necesidades para dar prioridad a las de la otra persona. Esta estrategia puede ser provechosa cuando se busca demostrar o promover la cooperación, cuando los intereses son compartidos o cuando es necesaria para mantener una relación que está siendo gratificante. La adaptación también es importante cuando el motivo de conflicto es mucho más importante para la otra persona, y como gesto de buena voluntad se permite la satisfacción de sus intereses y necesidades.

La adaptación también puede ser útil cuando se busca mantener la armonía y evitar la ruptura. Esta estrategia también puede contribuir al desarrollo individual, en tanto que permite a las personas aprender de la experiencia y de las consecuencias de sus propias elecciones y acciones. No obstante, la adaptación puede ser negativa cuando se adopta como el estilo de toma de decisiones en la relación, en el que una de las personas asume un rol pasivo, permite que el otro ostente el poder en la relación, y no se involucra activamente en la resolución de los asuntos que afectan a ambos. Esta forma de enfrentar el conflicto se revela en el relato que se presenta enseguida:

> Ahora estamos en un punto en el que yo estoy cediendo muchas cosas también, aprendiendo a ceder, muchas veces dejo que las decisiones las tome él y no pongo resistencia, también por el cargo de conciencia de

> que muchas [cosas] chiquitas las decido yo y no le consulto o hago lo
> que me da la gana.

La *competencia*, por su parte, corresponde a la estrategia en la que se trata de acabar cuanto antes con el "problema", por lo que se toman decisiones de forma rápida, "sin pensarlo dos veces". También hace referencia a la estrategia usada por las personas que usan con frecuencia la expresión perder-ganar, es decir, quienes ven en la situación a resolver una oportunidad para demostrar quién es la persona más fuerte, más capaz, más valiente, con más poder o autoridad de la relación. Esta estrategia también es utilizada por las personas perfeccionistas que buscan lo mejor por encima de todo y que pocas veces confían en las capacidades del otro. La actitud de competencia puede ser útil cuando se trata de tomar decisiones ante situaciones que exigen una medida rápida de urgencia, pero puede ser nociva para la relación cuando se convierte en un patrón comportamental. Veamos a continuación un ejemplo de esta situación:

> Son estrategias como más intelectuales, el que argumenta mejor, y yo siento que en eso puedo ganar haciendo lo mío, pero es una manipulación, yo siempre le saco argumentos y más rápido... y él lo permite...

La *cooperación* es la estrategia que utilizan las personas que han aprendido a tomar decisiones de manera racional y sistemática, y que frente a las situaciones de conflicto siguen una serie de pasos que permiten a las dos personas involucradas sentirse comprometidas tanto en encontrar una alternativa que los satisfaga a las dos como en asumir las consecuencias de la elección. La persona que adopta esta estrategia dedica tiempo a:

1. Definir con precisión cuál es el conflicto, en qué consiste, cuál es su naturaleza, qué lo esta generando, quién o quiénes están involucrados, qué sucede o qué no sucede que genera tanta preocupación o malestar, dónde sucede, cuándo sucede, por qué sucede (acciones, sentimientos, pensamientos), qué de lo que les genera malestar son hechos y qué son solamente sospechas, temores, preocupaciones sin fundamento.

2. Reunir información para establecer qué condiciones presentes son inaceptables, qué cambios se requieren o desean y qué obstáculos existen para alcanzar lo que se quiere o desea.

3. Reconocer la forma en que las propias actitudes o comportamientos contribuyen a crear o continuar el conflicto y a aclarar los valores personales al respecto.

4. Identificar y plantear las alternativas de solución disponibles.

5. Analizar cada alternativa de solución a la luz de sus beneficios (bienestar emocional, mejorar relaciones con la pareja, mayor productividad) y costos (tiempo, esfuerzo, daño, pérdida, temor, desengaño, soledad) a corto y largo plazo.

6. Plantear a la otra persona involucrada la situación o el problema y las alternativas que ha identificado para resolverlo, sin atacar y con la disposición de escuchar su punto de vista. De esta forma se puede obtener un diagnóstico de la situación que integre los aportes de ambos miembros de la relación, cree actitudes de cooperación, resalte los aspectos comunes, encuentre propuestas conjuntas y llegue a acuerdos.

7. Decidir la alternativa más adecuada y definir los medios más efectivos para llevarla a cabo.

8. En casos especiales, buscar la mediación de personas respetadas por ambos.

9. Practicar técnicas de relajación para serenarse y mantener el control de las emociones.

La cooperación es una estrategia que permite poner en evidencia los sentimientos, opiniones, expectativas y desacuerdos de cada una de las personas frente a la situación y las alternativas de acción. Además, permite poner en común las distintas ideas y perspectivas de las partes, lo que facilita llegar a acuerdos que satisfagan a las dos personas. Aunque esta forma de solucionar el conflicto en una relación de pareja parece poco realista, se ha observado que es la que utilizan las personas que logran mantener relaciones satisfactorias, como la que sostiene la persona que compartió el siguiente testimonio: "Lo discutimos y luego tratamos de conciliar algo, de mirar qué hacemos… tratamos de hablarlo a fondo…".

El conflicto en las parejas homosexuales

En un estudio realizado en Bogotá por S. Villalobos en 2004 con parejas de hombres y mujeres homosexuales se encontró que estas parejas enfrentan conflictos similares a las parejas heterosexuales y usan las mismas estrategias de resolución. Los testimonios que se presentaron arriba, que fueron obtenidos en este estudio, así lo revelan. No obstante, las entrevistas mostraron que estas parejas deben enfrentar situaciones que rara vez tendrían que vivir las parejas heterosexuales. Las dificultades más frecuentes incluyen la discriminación, la falta de reconocimiento social de la existencia de la pareja, la negación de la legitimidad de la relación, la falta de disponibilidad de apoyo social. Estas situaciones imponen a la relación una fuerte presión externa que, en ausencia de estrategias efectivas de afrontamiento, puede atentar contra la estabilidad de la relación.

Violencia en las relaciones románticas

Una situación que ocurre con relativa frecuencia en las relaciones románticas y que ha comenzado a ser reconocida y visibilizada es la de la violencia basada en el género. Se reconoce que hay violencia basada en el género cuando se genera una situación de abuso del poder como expresión de las normas sociales que asignan a las mujeres una valoración inferior con respecto a los hombres. En estos casos el hombre, que se percibe como la persona más fuerte, con más estatus, con más recursos, trata de controlar a la mujer (a la que percibe como débil, vulnerable, indefensa, carente de libertad y autonomía para decidir sobre su propia vida), agrediéndola psicológica, física o sexualmente.[17]

Específicamente, la *violencia basada en el género* es todo acto intencional, único o repetitivo, que tiene el propósito de dominar, controlar, agredir o lastimar a la mujer. Por ejemplo, cuando a las mujeres se les niega el derecho a tomar sus propias decisiones, cuando no se les permite realizar actividades y comunicarse con sus amistades, cuando se les restringe el uso de métodos de anticoncepción, o se les manipula o presiona para tener relaciones sexuales.

También constituyen una forma de violencia basada en el género las amenazas (me voy a ir, te voy a matar, me voy a conseguir otra que sí me quiera de verdad), la coerción (si no eres buena conmigo, te puedes ir despidiendo del trabajo), la manipulación (demuéstrame que me quieres) o la privación arbitraria de libertad ya sea en la vida pública (en la comunidad, en instituciones educativas, establecimientos de salud o en cualquier otro lugar fuera del hogar) o privada (en el ámbito doméstico o de las relaciones afectivamente cercanas).[18]

Los estudios sobre el tema muestran que la violencia hacia las mujeres la ejercen los hombres con el fin de asegurarse los privilegios que las normas sociales de género inequitativas les otorgan: ser atendidos y cuidados material y emocionalmente por las mujeres, tener una posición dominante en la sociedad, tener mayor acceso y control a recursos, servicios y beneficios, ejercer el poder.[19]

Si bien el concepto de violencia basada en el género pone énfasis en las situaciones que afectan a las mujeres, esto no significa que los actos de violencia en los que están implicados los hombres como víctimas no estén fundamentados también en las normas sociales de género. Los estudios sobre el tema muestran que en esos actos los hombres son los principales agresores y, en la mayoría de

---

17 Dutton, D.G. & Golant, S.K. (1997). *The Batterer: A Psychological Profile*. New York, NY: BasicBooks.

18 United Nations General Assembly (1993). Declaration on the elimination of violence against women. Proceedings of the 85th Plenary Meeting. Geneva, 20 de diciembre.

19 Blanco, P. (2004). La violencia de pareja y la salud de las mujeres. *Gaceta Sanitaria, 18 (Supl 1)*, 182-190.

los casos, la imposición del poder y la autoridad o el ejercicio del control y la fuerza se dan como expresión de lo que han aprendido que significa la "masculinidad" y con el fin de sentirse y ser reconocidos como "verdaderos hombres".

Lo expuesto tampoco implica que la violencia sólo se presente en las relaciones que se establecen entre mujeres y hombres. Como se describió arriba, en los actos de violencia que ocurren en el dominio público están implicados primordialmente hombres. En el ámbito doméstico, la violencia suele dirigirse hacia las personas que se perciben más débiles, más indefensas, con menor poder o autoridad en la familia (mujeres, niños, niñas y jóvenes) o hacia quienes expresan identidades sexuales diversas. En el contexto de las relaciones de pareja, los actos violentos se observan con mayor frecuencia en relaciones sentimentales que se establecen entre personas de distinto sexo (heterosexuales), aunque también ocurren en las que se establecen entre personas del mismo sexo (homosexuales).

Sabía usted que…

En la Encuesta Nacional de Demografía y Salud 2010 se logró establecer que durante las relaciones de pareja se pueden presentar diferentes situaciones de control por parte del compañero permanente: celos, acusa a la mujer por infidelidad, impide contactar a las amigas/os, le limita el contacto con la familia, insiste en saber dónde está, vigila cómo gasta el dinero, la ignora, no cuenta con ella para reuniones y no la consulta para tomar decisiones. Dependiendo de los rangos de edad, estas situaciones de control aumentan o disminuyen. Para las mujeres desde los 15 a los 19 años, la situación de control que más se presenta es la de los celos con un 64.7%, seguido de la insistencia de saber dónde está con un 42.2% y la siguiente es la de acusarla por ser infiel con un 35%. Estas mismas situaciones se presentan en las mujeres entre los 20 y los 24 años.[20]

Preguntas frecuentes

¿Por qué surgen los conflictos?

Se ha encontrado que los conflictos surgen por distintas razones, como el hecho de que las personas capten de diferentes maneras el mismo objeto o situación

---

20 Profamilia. (2010). Encuesta Nacional de Demografía y Salud, 2010. Bogotá.

(subjetividad de la percepción); el que las personas sólo hayan tenido acceso a una parte de los hechos, y no se hayan dado cuenta de los otros (información incompleta); las fallas naturales de la comunicación interpersonal; la desproporción entre las necesidades de las personas y los satisfactores disponibles; las diferencias de caracteres; las presiones que causan frustración; la pretensión de igualar a los demás con uno mismo; la discriminación, los estereotipos y la desigualdad; la dependencia emocional, económica o instrumental o los estilos inadecuados de comunicación.

Los conflictos interpersonales tienen sus orígenes en las relaciones que establecen las personas. Especialmente cuando las personas trabajan juntas para alcanzar metas compartidas, tienen que colaborar en la realización de ciertas tareas, tienen roles complementarios como esposo-esposa y dependen mutuamente de los recursos del otro. Las relaciones interpersonales nunca pueden liberarse del conflicto, porque en ellas se dan simultáneamente la interdependencia y la diferencia. Las personas son interdependientes porque lo que el uno hace influye en lo que hace el otro, pero al mismo tiempo son diferentes porque cada persona tiene su propia forma de ver la vida, sus propias expectativas, necesidades, intereses, valores y proyectos.

¿Por qué algunas personas evitan el conflicto?

Las personas pueden evitar el conflicto por muchas razones: porque han aprendido que ésta es la mejor alternativa para enfrentarlos porque tienen miedo al rechazo o a la pérdida de alguien que es muy importante, por falta de seguridad en sí mismas o por falta de confianza en la otra persona.

¿De qué manera pueden llegar a acuerdos que sean satisfactorios dos personas que están involucradas en un conflicto?

El establecimiento de acuerdos no es una tarea sencilla, pero existen algunas reglas básicas que es necesario seguir cuando queremos resolver un conflicto de manera exitosa:

- Cada persona explica lo que quiere en una forma descriptiva, sin hacer juicios de valor.
- Cada persona describe cómo se siente.
- Cada persona explica sus razones para justificar lo que quiere, necesita y siente.
- Cada persona trata de ponerse en el lugar del otro, resumiendo lo que acaba de expresar respecto a lo que quiere, necesita y siente.

• Los involucrados en el conflicto plantean por lo menos tres posibles opciones que les permitirían satisfacer las necesidades que son compartidas.

• Juntos seleccionan la alternativa que parece satisfacer mejor a ambos y que resulta más viable.

¿Cuál es el secreto para lograr tomar decisiones y resolver conflictos mediante la cooperación?

La estrategia de la cooperación para la resolución de conflictos se basa en una buena comunicación. La *comunicación efectiva* implica saber *hablar* y *escuchar*, es decir:

• Decir exactamente cómo nos sentimos.

• Escuchar lo que el otro dice.

• Aceptar las opiniones y sentimientos del otro aun cuando sean diferentes de los nuestros.

Aprender a comunicarse efectivamente no es una tarea fácil. Se requiere de valor para examinar nuestros propios pensamientos y sentimientos, y encontrar la forma de expresarlos y también valor para escuchar y respetar los sentimientos del otro.

¿Qué se logra con una comunicación efectiva?

La comunicación efectiva es la única manera de expresar nuestra identidad y la mejor forma de lograr:

• *Conocer* a la otra persona y permitir que nos conozcan a nosotros.

• *Comprender* a la otra persona y posibilitar que nos comprendan a nosotros.

• Expresar *respeto* por la otra persona y sentirnos respetados.

• *Obtener* aceptación y reconocimiento por parte de la otra persona.

Además, la comunicación efectiva incrementa el conocimiento mutuo, porque le podemos mostrar a la otra persona quiénes somos, qué deseamos y por qué nos comportamos de una determinada forma, y nos permite comprender lo que realmente le interesa al otro miembro de la relación. También, por medio de ella aprendemos a respetar a las personas como seres que actúan, sienten, se expresan y piensan de acuerdo con su propia historia.

¿Cómo es la comunicación en las relaciones interpersonales?

La comunicación en las relaciones interpersonales varía según sea el tipo de relación que exista entre las personas y el tiempo que tengan de conocerse. Se ha encontrado que este cambio en el estilo de comunicación se puede observar en ocho dimensiones (ver la figura 9):[21]

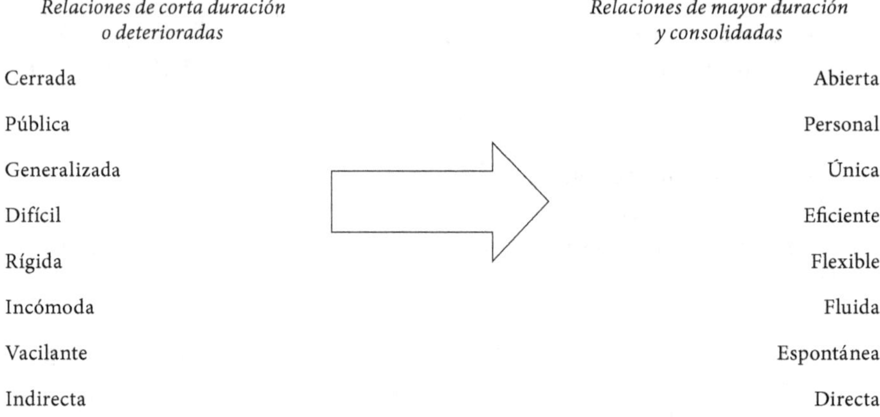

Figura 9. Cambio en el estilo de comunicación, según duración de la relación

¿Por qué es tan difícil hablar?

Algunas veces, la comunicación es difícil porque se tienen hábitos negativos al hablar, los cuales es importante reconocer y cambiar. He aquí algunos de esos "hábitos".

• *No decir lo que realmente se está pensando.* A veces, no admitir que algo nos molesta; decir que no importa, cuando en realidad sí nos afecta; decir que se es feliz, cuando en realidad no se es. Si existe un problema, éste no podrá solucionarse pues se encubre y la otra persona no sabe lo que en realidad está pensando. Hay que decir lo que se piensa y hacerlo en el momento y de la manera adecuada, para evitar que el problema sea más grave y difícil de resolver.

• *Desviar el tema.* Cuando se habla de algo que no es lo que realmente molesta o importa. El asunto principal queda sin resolverse, porque en el fondo no se conoce.

---

21 Knapp, M. L. y Vangelisti, A. L. (1999). *Interpersonal Communication and Human Relationships.* Boston: Allyn & Bacon.

- *No hablar.* Cuando se prefiere no hablar sobre determinado asunto, esperando que la otra persona *adivine* lo que está generando incomodidad y lo solucione. ¿Pero qué ocurre si el otro no lo adivina?
- *Regañar.* Decimos a la otra persona cómo pensar, comportarse, hablar, y repetimos una y otra vez lo mismo. Si algo nos molesta, es mejor decirlo una sola vez y no cantaletear, pues el efecto es contrario a lo que se busca.
- *Seguir adelante.* El hábito de decir todo lo que se piensa sin escuchar a la otra persona. Recordemos que la comunicación es un proceso de ida y vuelta.
- *Cambiar el tema.* Este mecanismo se utiliza cuando se quiere evitar hablar de un tema determinado que el otro sí quiere tratar.
- *Ser un sabelotodo.* Cuando uno de los dos cree saberlo todo y tener la razón, la comunicación se vuelve de "una sola vía".
- *Crítica encubierta.* Criticar no es la mejor manera de obtener algo, ya que ubica al otro a la defensiva y produce problemas, más que soluciones.
- *Malas maneras.* "No es la canción sino el tono", dice el refrán. La forma y el tono son muy importantes en la comunicación. Muchas veces no importa qué se dice, sino la forma como se dice, y de esto depende que el otro quiera escuchar.

Todos estos hábitos impiden una *comunicación efectiva*, y cuando los temas a tratar son importantes, pueden conducir a un fracaso en la comunicación.

¿Por qué las personas dicen que algo tan desagradable como el conflicto es una oportunidad?

Los conflictos, como muchas otras experiencias en la vida, pueden ser tanto destructivos como constructivos. Los conflictos son destructivos cuando al no solucionarse de forma efectiva generan rabia, resentimiento, sufrimiento, tristeza, apatía y violencia. Sin embargo, los conflictos también constituyen una maravillosa oportunidad para motivarnos a superar nuestras deficiencias, identificar lo que necesitamos cambiar para ser mejores seres humanos, clarificar lo que valoramos, conocer y comprender a las personas que nos rodean, fortalecer las relaciones, salir de la monotonía, crecer y madurar.

Aplico lo aprendido

A partir de lo planteado en el texto, trate de establecer:

- ¿Qué tanta experiencia tiene usted con las relaciones románticas?

- ¿Qué ha aprendido sobre las relaciones románticas a partir de esta experiencia?
- ¿Qué tanta cercanía y autonomía le gustaría que existieran en sus relaciones románticas?
- ¿Qué tan dispuesto/a está a ser auténtico/a en sus relaciones románticas?
- ¿Cuál es la estrategia que usa con mayor frecuencia en el momento de tomar decisiones?
- ¿Qué hábitos le impiden comunicarse de manera efectiva? ¿Cómo podría cambiarlos?

9
Decidir sobre mi actividad sexual

Para reflexionar...

- ¿A qué edad cree usted que es apropiado comenzar a tener relaciones sexuales?
- ¿Qué opina sobre las relaciones sexuales en la adolescencia?
- Qué tan aceptables cree usted que son las relaciones sexuales en el contexto de:
  - Una primera cita
  - Una relación casual
  - Una relación romántica con un mes de duración
  - Una relación romántica con más de seis meses de duración
  - Una relación romántica con planes de matrimonio
- ¿Qué opina usted de un hombre que tiene relaciones sexuales con una persona que acaba de conocer?
- ¿Qué opina usted de una mujer que tiene relaciones sexuales con una persona que acaba de conocer?
- ¿Qué tanta experiencia sexual, con personas diferentes de usted, espera que tenga su pareja?
- ¿Habla con su pareja de su historia sexual?
- ¿Conoce la historia sexual de su pareja?

Actualmente, se asume que la actividad sexual es un aspecto central del desarrollo de los jóvenes, no sólo por las implicaciones que tiene en el desarrollo de la sexualidad, sino porque también incide en el logro de las tareas propias de este período de la vida.[1] Los datos obtenidos en diversas investigaciones revelan

1 Berman, S. M. y Hein, K. (1999). "Adolescents and STDS". En King K. Holmes *et al.*, (Eds.), *Sexually Transmitted Diseases*, tercera edición (pp. 129-142). Nueva York: McGraw Hill; Fur-

que a partir de la adolescencia las personas tienden a practicar diferentes formas de actividad sexual, porque desde ese momento están biológica y socialmente habilitadas para hacerlo.[2]

Como dijimos en la introducción de este libro, la actividad sexual ha sido definida como un continuo de comportamientos motivado por el deseo sexual, y orientado hacia el placer y la gratificación, independientemente de que culmine o no en el orgasmo.[3] Este continuo incluye diversas formas de contacto físico y estimulación mutua,[4] en el cual se puede reconocer una marcada progresión de comportamientos relacionados entre sí que ocurren en una secuencia predecible.[5] Esta secuencia se inicia con comportamientos propios del trato afectuoso convencional (los abrazos, los besos en la mejilla, tomarse de las manos), continúa con las caricias de los senos y otras partes del cuerpo por encima de la ropa (actividad sexual prepenetrativa), progresa a la estimulación mutua de los genitales, hasta finalizar en niveles altos de intimidad sexual que corresponden

man, W. (2002). The emerging field of adolescent romantic relationships. *Current Directions in Psychological Science, 11*, 177-180; Gillmore, M. R., Archibald, M. E., Morrison, D. M., Wilsdon, A., Wells, E. A., Hoppe, M. J., Nahom, D. y Murowchick, E. (2002). Teen sexual behavior: Applicability of the Theory of Reasoned Action. *Journal of Marriage & Family, 64*, 885-897; Halpern, C. T. (2003). Biological influences on adolescent romantic and sexual behavior. En P. Florsheim (Ed.). *Adolescent Romantic Relations and Sexual Behavior: Theory, Research, and Practical Implications.* (pp. 57-84). Mahwah, NJ: Lawrence Erlbaum Associates; Meschke, L. L., Zweig, J. M., Barber, B. L. y Eccles, J. S. (2000). Demographic, biological, social, and psychological correlates of the timing of first intercourse. *Journal of Research on Adolescence, 10*, 315-338; Meschke, L. L., Bartholomae, S. y Zentall, S. R. (2002). Adolescent sexuality and parent-adolescent processes: Promoting healthy teen choices. *Journal of Adolescent Health, 31*, 264-279; Pedersen, W., Samuelsen, S. O. y Wichstrøm, L. (2003). Intercourse debut age: Poor resources, problem behavior or romantic appeal? *The Journal of Sex Research, 40*, 4, 333-345.

2 Florsheim, P. (2003). *Adolescent Romantic Relations and Sexual Behavior: Theory, Research, and Practical Implications.* Lawrence Erlbaum Associates, Publishers.

3 Diamond, L. M., Savin-Williams, R. C. y Dubé, E. M. (1999). Sex, dating, passionate friendships and romance: Intimate peer relations among lesbian, gay and bisexual adolescents. En W. Furman, B. B. Brown y C. Feiring (Eds.). *The Development of Romantic Relationships in Adolescence.* Nueva York: Cambridge University Press.

4 Brook, J. S., Balka, E. B., Abernathy, T. y Hamburg, B. A. (1994). Sequence of sexual behavior and its relationship to other problem behaviors in African American and Puerto Rican adolescents. *Journal of Genetic Psychology, 155*, 107-115; Diamond, Savin-Williams y Dubé, *op. cit*; Heaven, P. C. (1996). *Adolescent Health.* Londres: Routhledge; Gotwald, W. H. y Holtz Golden, G. (1996) *Sexualidad: la experiencia humana.* México: Manual Moderno.

5 Smith, E. A. y Udry, J. R. (1985). Coital and non-coital sexual behaviors of white and black adolescents. *American Journal of Public Health, 756*, 1200-1203; Brook, J. S., Balka, E. B., Abernathy, T. y Hamburg, B. A. (1994). Sequence of sexual behavior and its relationship to other problem behaviors in African American and Puerto Rican adolescents. *Journal of Genetic Psychology, 155*, 107-115; Hansen, W. B., Paskett, E. D. y Carter, L. J. (1999). The Adolescent Sexual Activity Index (ASAI): A standardized strategy for measuring interpersonal heterosexual behaviors among youth. *Health Education Research, 14*, 485-490; Hansen, W. B., Wolkenstein, B. H. y Hahn, G. L. (1992). Young adult sexual behavior: Issues in programming and evaluation. *Health Education Research 7*, 305-312.

a la relación sexual genital, coital o penetrativa, la cual, en pocas ocasiones, pasa al sexo oral o anal (actividad sexual penetrativa).[6]

Efectivamente, las investigaciones realizadas sobre el tema han encontrado que la mayoría de las personas jóvenes que informan haber tenido relaciones sexuales penetrativas ha participado también en las expresiones sexuales que implican menor nivel de intimidad física de la secuencia; mientras que es poco probable encontrar jóvenes que dicen haber alcanzado altos niveles de proximidad física o genital, sin haber practicado comportamientos propios del trato afectuoso convencional.[7] En síntesis, las relaciones sexuales en la juventud generalmente están precedidas por una secuencia de interacciones no penetrativas.[8]

Además, se ha encontrado que la secuencia de actividad sexual no incluye los mismos comportamientos ni sigue la misma progresión en todas las culturas,[9] y que mientras algunas personas inician su actividad sexual a edades muy tempranas, otras logran posponerla hasta alcanzar una relación de pareja relativamente estable.[10] En este capítulo examinaremos los factores que, de acuerdo con diversas investigaciones, pueden explicar estas diferencias y, particularmente, el hecho de que algunas personas decidan tener relaciones sexuales en un momento determinado.

Los estándares que guían la actividad sexual en la juventud

El proceso de toma de decisiones sobre la actividad sexual está sujeto a una serie de regulaciones sociales.[11] Esas expectativas y restricciones sociales marcan diferencias en la experiencia sexual de hombres y mujeres.

6 Smith y Udry, *op. cit*; Hovell, M., Sipan, C., Blumberg, E., Atkins, C., Hofstetter, C.R. y Kreitner, S. (1994). Family influences on Latino and Anglo adolescents' sexual behavior, *Journal of Marriage and the Family, 56*, 973-986; Brook, Balka, Abernathy y Hamburg, *op. cit*; Miller, B. C. y Moore, K. A. (1990). Adolescent sexual behavior, pregnancy, and parenting: Research through the 1980s. *Journal of Marriage & the Family, 52*, 1025-1044.

7 Brook, Balka, Abernathy y Hamburg, *op. cit*; Hansen, Paskett y Carter, *op. cit*; Hansen, Wolkenstein y Hahn, *op. cit.*; Vargas-Trujillo, E. y Barrera, F. (2002). Adolescencia, relaciones románticas y actividad sexual: una revisión. *Revista Colombiana de Psicología, 11*, 115-134; Vargas-Trujillo, E. y Barrera, F. (2003). Actividad sexual y relaciones románticas durante la adolescencia: algunos factores explicativos. Bogotá. *Documentos CESO*, Universidad de los Andes.

8 Pedersen, W., Samuelsen, S. O. y Wichstrøm, L. (2003). Intercourse debut age: Poor resources, problem behavior or romantic appeal? *The Journal of Sex Research, 40, 4*, 333-345.

9 Brook, Balka, Abernathy y Hamburg, *op. cit.*

10 Brown A. D, Jejeebhoy S. J, Shah, I. H, y Yount, K. M. (2001). *Sexual Relations among Youth in Developing Countries: Evidence from WHO Case Studies*. Ginebra: Department of Reproductive Health and Research, World Health Organization (Occasional Paper Series).

11 Gage, A. J. (1998). Sexual activity and contraceptive use: The components of the decisionmaking process. *Studies in Family Planning, 2*, 154-166.

En Colombia, por ejemplo, los estudios del Grupo Familia y Sexualidad revelan que, en general, las decisiones sexuales de los jóvenes están determinadas por la percepción que tienen de los estándares sexuales de sus padres, parejas, pares y otras figuras significativas. Esos estándares sexuales pueden examinarse en función de cinco categorías:

Abstinencia: establece que las relaciones sexuales sólo deben darse en el contexto del matrimonio.

Doble estándar: define que las relaciones sexuales pueden ocurrir fuera del contexto del matrimonio sólo en el caso de los hombres.

Permisividad con afecto: plantea que las relaciones sexuales sólo deben ocurrir en el contexto de una relación en la que exista algún vínculo afectivo.

Permisividad sin afecto: acepta las relaciones sexuales, independientemente de que exista involucramiento afectivo.

Permisividad protegida: aprueba las relaciones sexuales en cualquier circunstancia, siempre y cuando se tomen las precauciones pertinentes para evitar consecuencias de salud física adversas.

Al utilizar estas categorías de análisis para examinar los relatos de las/los jóvenes que participaron en una serie de entrevistas en Bogotá y Cali,[12] se encontró que el estándar sexual actual es "condicional", es decir, las personas aceptan las relaciones sexuales pero por amor, en una relación estable o protegidas.

Además, se observó que el "doble estándar" ha evolucionado; mientras que hace algunos años sólo se aceptaba que los hombres tuvieran relaciones sexuales fuera del matrimonio, actualmente se definen estándares sexuales que difieren según el sexo: la permisividad sexual sin afecto sigue siendo más tolerada para hombres, mientras que para las mujeres se tiende a aprobar la permisividad con afecto.

Como ya se mencionó en el capítulo 2, este "doble estándar" se expresa de muchas formas: al hombre se le tolera la expresión abierta del deseo; en cambio, de la mujer se espera que asuma una actitud pasiva y que evite tener la iniciativa en las relaciones sexuales. A diferencia de lo que ocurría hace algunos años, hoy se acepta que la mujer ya no tiene que llegar "virgen" al matrimonio. No obstante, los hombres continúan percibiendo negativamente a aquellas mujeres que son "sexualmente experimentadas". En efecto, para muchos hombres, la mujer "ideal" para entablar una relación estable y con compromiso, es la me-

12 Vargas-Trujillo, E., Henao, J. y González, C. (2004). *Fecundidad adolescente en Colombia: incidencia, tendencias y determinantes. Un enfoque de historia de vida.* Informe final del estudio cualitativo presentado a Colciencias y al Fondo de Población de Naciones Unidas. FNUAP. Bogotá: Centro de Estudios de Desarrollo Económico, CEDE, Universidad de los Andes.

nos permisiva sexualmente. Contrariamente, para salidas casuales, las mujeres permisivas sexualmente son más deseables.

El "doble estándar" también se expresa en las cogniciones que guían las decisiones sexuales. En las dos ciudades se encontró que tanto hombres como mujeres evitan reconocer abiertamente su deseo sexual, prefieren no hablar del tema y no planear sus primeros encuentros sexuales, para evitar las sanciones negativas: las mujeres, para no ser etiquetadas como "fáciles"; los hombres, para evitar el rechazo.

Factores asociados con las decisiones sobre la actividad sexual

La curiosidad, el deseo de experimentar y de saber lo que se siente son las principales razones por las cuales los y las jóvenes deciden empezar a tener relaciones sexuales. La conjunción de otros factores como la influencia, directa e indirecta, del grupo de referencia; la atracción y el deseo, junto con un contexto propicio para que ocurra, también son factores que favorecen esta iniciación. Los jóvenes pocas veces informan que la primera relación sexual tuvo como motivación la comunicación afectiva, lo cual, según los mismos jóvenes, diferencia "una relación sexual" del "sexo". Así lo refieren los siguientes testimonios: "Yo quería experimentar, quería sentir, quería saber si podía tenerlo con la persona que yo quería", "Nos gustábamos y ella quería saber lo que es tener relaciones sexuales", "Yo no sé por qué me decidí, seguro era por ver uno qué sentía".

Esa inconsistencia entre lo que socialmente se plantea como condición básica para que ocurra la actividad sexual y lo que realmente ocurre puede explicar la valoración negativa que hacen las mujeres de esa primera experiencia, y que la expresan con frases como las siguientes:

> "Al comienzo es difícil porque uno siente una inestabilidad emocional terrible, yo no me sentía segura; yo decía: 'Qué tal que Francisco no me quiera... ¿será que sí lo hice bien o la embarré?' ".

> "Con todo lo que le dice la mamá a uno, que si uno lo hace con el novio que las cosas se dañan, y que bueno... entonces yo tenía el trauma de que eso pasara...".

> "No me sentí bien porque no... pues yo nunca había pensado en una cosa de ésas, con el primer novio y con el primero que estuve... yo no estaba segura de haberlo conocido bien... no tuve el tiempo suficiente de saber quién era él...".

> "Me sentí mal, me sentí horrible... como con remordimiento, me sentía como sucia... pensaba en mi mamá... pensaba en todo el mundo... pensaba en mi papá".

Igualmente, la idea de que la primera relación sexual constituye un evento de transición, propio del desarrollo entre la infancia y la adultez, necesario para crecer y madurar, es un elemento importante en la toma de decisiones de algunos jóvenes; así lo indican sus relatos:

> "... aunque no se hizo sentimentalmente con amor, se hizo más con el sentido del sexo, por salir de ese paso... de dejar de ser niño y pasar a ser un hombre", "Como por experimentar nuevos caminos, la vida tiene un ciclo... ese ciclo se tiene que cumplir y algún día tiene que llegar".

Ahora bien, en consonancia con los hallazgos de varios investigadores en otros países,[13] los datos obtenidos en Colombia sugieren que las/los jóvenes se dejan llevar por las circunstancias, que las relaciones sexuales son "espontáneas", y que, frente al hecho de tener o no relaciones sexuales, es poca su capacidad para tomar decisiones planificadas. Efectivamente, las primeras relaciones sexuales penetrativas ocurren cuando el ambiente del lugar en el que se encuentran en ese momento favorece la intimidad sexual, generalmente en la casa de alguno de los dos miembros de la pareja. En la mayoría de las entrevistas se observó que una casa sola, en ausencia de la supervisión de un adulto, es el contexto propicio para el inicio de las relaciones sexuales. Igualmente, la televisión y el ocio aparecen como parte del contexto en el que ocurre la primera relación sexual.

> ... mi mamá salió con mi tía y nos quedamos solos, en ese tiempo no me acuerdo en qué novela estaban, en esa novela empezaron a hacer el amor y mi primita me dijo que si me gustaría hacerlo y yo no le vi problema.

La información proporcionada por los jóvenes colombianos indica que, si bien pocas veces deciden de manera lógica, racional y sistemática el momento preciso en el que se va a dar la primera relación sexual, éste no es un evento que ocurre sin que previamente lo hayan pensado o incluso discutido con la pareja o con otras personas (generalmente amigos o amigas).

> "... fuimos hablando, hasta que un día nos decidimos y a la misma vez dejamos que pasara, o sea, ella tampoco era que estuviera muy segura, pero las cosas se fueron dando", "Lo hablamos muchísimo, pero no fue

---

13 Millar y Moore, *op. cit.*

planeado así, que tal día, no. Lo hablamos, él sabía que yo tenía temores, pero no, o sea, ya a lo último, pues se dieron las cosas pero no fue
planeado…".

Las cogniciones asociadas al hecho de que no se discute en pareja la intención
de tener relaciones sexuales son diversas. En algunos casos, cuando el hombre
demuestra su deseo de tener mayor intimidad sexual, las jóvenes experimentan
sentimientos de inseguridad frente al verdadero interés de la pareja en la relación
y prefieren establecer distancia o dejar de discutir el asunto.

> Pues yo no era una de las personas que estaba pensando precisamente
> en acostarme con él, o él conmigo. Yo no podía ver las intenciones de
> él, porque si yo hubiese visto que él estaba buscando sólo eso, lo hubiera
> dejado, porque obviamente yo no voy a estar con una persona que sólo
> me quiere para eso; si uno ve así como que no hay tantas ganas, pues
> uno se siente menos presionado.

Otras jóvenes afirman que la falta de planeación de la primera relación sexual
obedece a que es un tema del cual no es necesario hablar. Esta creencia puede
estar asociada con otra creencia, aquella según la cual las "mujeres buenas" no
hablan de esas cosas o no se preparan para ello. El hombre, por su parte, teme
que al plantear el tema sean malinterpretadas sus verdaderas intenciones. Esta
dificultad para tratar el asunto abiertamente está relacionada con la percepción
que se tiene de la desaprobación social hacia las relaciones sexuales en la juventud
o hacia las relaciones premaritales, o con la relación de valores tradicionales y
modernos que impiden a las/los jóvenes identificar lo que deben hacer.[14]
En efecto, la ambigüedad que socialmente existe frente a la edad apropiada
para tener actividad sexual genera en las/los jóvenes lo que se denomina ambivalencia actitudinal, es decir, la coexistencia de disposiciones positivas y negativas hacia las relaciones sexuales en la adolescencia y antes del matrimonio.[15]
La ambivalencia actitudinal afecta seriamente el juicio y el comportamiento
de las personas, en tanto que las hace menos resistentes a la comunicación per-
suasiva y, por lo tanto, a la presión que ejercen sobre ellas la pareja, los amigos
o los compañeros.

---

14 Gage, A. (1998). Sexual activity and contraceptive use: The components of the decisionmaking
process. *Studies in Family Planning, 2,* 154-166.

15 Ajzen, I. (1991).The theory of planned behavior. *Organizational Behavior and Human Decision
Processes, 50,* 179-211.

> "Pues sí, yo había pensado en algún momento por curiosidad, pensé qué
> sería… qué sentiría uno… después pensé que fuera con una persona
> que a mí me quisiera mucho, que a mi me hiciera sentir muy bien, muy
> segura, que yo supiera que no iba a hablar mal de mí, claro que a uno
> no siempre le salen las cosas como las planea…", "Yo siempre tuve claro
> eso, después de que yo me cuadré con él yo siempre pensé que eso iba
> a pasar con él, aunque a veces yo decía que no, que no quería, algo me
> decía que sí, que él era la persona indicada".

Por otro lado, se ha encontrado que en algunos jóvenes la falta de planeación
corresponde a su estilo personal de tomar decisiones, a una forma de asumir la
vida, a un deseo de vivir el momento. En estos casos, se observa la percepción
que tienen las/los jóvenes de que la vida no está bajo su control. Esta percepción
evidencia que las/los jóvenes no han desarrollado la convicción personal de que
pueden ejercer control sobre los eventos y de que están en capacidad de optar
y de alterar las situaciones que les ocurren para que satisfagan sus expectativas
y necesidades.

La falta de un sentido de autodeterminación lleva a la persona a sentir que
lo que le ocurre en la vida es causado externamente, por alguien o algo que no
está bajo su control.[16]

Al dejar que las relaciones sexuales sean el resultado de las circunstancias, los
jóvenes evitan tener que asumir la responsabilidad de sus acciones. Recordemos
que planear implica elegir, optar, experimentar la libertad. Al elegir, las personas
asumen que son las causantes de sus acciones y, en esa medida, deben asumir
la responsabilidad de sus consecuencias y apropiarse de ellas. Las personas que
planean se hacen dueñas de la causa de lo que les ocurre, no del resultado, es
decir, se centran en cómo se inicia la acción, no en cómo termina. Cuando las/
los jóvenes se enfrentan al hecho de planear la actividad sexual, deben reconocer lo que desean, lo que los motiva, la verdadera razón que tienen para hacer
lo que quieren hacer o piensan hacer. En el contexto sociocultural en el que viven las/los jóvenes colombianos, no es fácil reconocer que lo que realmente se
desea es "saber lo que se siente", "satisfacer una curiosidad", "demostrar que se
es un verdadero hombre", entre otras motivaciones. Es preferible dejar que las
circunstancias decidan y asumir el resultado.

Lo anterior adquiere sentido a la luz de la información que aportan los pocos
casos en los que en la investigación se observa que la actividad sexual ocurre
después de haber previsto con anticipación el evento o luego de analizar la infor-

---

16 Kush, K. y Cochran, L. (1993). Enhancing a sense of agency through career planning. *Journal
of Counseling Psychology, 4,* 434-439.

mación relevante para elegir. Se ha encontrado que estas parejas se caracterizan porque han desarrollado la capacidad de controlar su propia vida.

> Sí lo pensamos pero no nos arriesgamos, no era el momento, nos pusimos a reflexionar de que no es que las tengamos por esa presión que ejercen los amigos, de que "porque ustedes no las han tenido no saben lo que se pierden", nosotros nos pusimos a pensar, si nosotros nos queremos lo vamos a hacer porque queremos y no porque los demás sepan que ya lo hicimos.

¿Cómo describen las/los jóvenes su actividad sexual?

Los relatos de las adolescentes y sus parejas que participaron en el estudio del Grupo Familia y Sexualidad[17] muestran que efectivamente la actividad sexual ocurre en una secuencia que se inicia con los comportamientos propios del trato afectuoso convencional y termina con la actividad sexual penetrativa. Así lo expresó este joven bogotano de estrato alto "… eso fue como con tiempo, uno va aprendiendo, va quitándose el miedo poco a poco, empieza con los piquitos, y cuando pierde el miedo, se lanza al vacío…". Otro joven caleño describió esta secuencia de la siguiente manera: "Hablábamos cosas así suavecitas pero no era así como morboso, nos tocábamos como siempre uno pretende tocar, con miedo, porque siempre hay como ese ¿no será que vamos muy rápido? y uno va [observando] el sentido de la mujer, va apreciando qué cede al hombre, como que se va dando confianza, cada vez más".

Las mujeres, por su parte, manifestaron que antes de la relación sexual penetrativa solamente habían tenido acercamientos afectuosos: "Él siempre me llevaba un regalo, siempre me regalaba girasoles, y pues sí… los besitos, me abrazaba, pero de ahí no pasaba… eran las visitas de sala… ya después, cuando nos fuimos conociendo más y había, obvio, más confianza entre los dos, entonces ya empezamos con caricias… hasta que ya un día nos fuimos de viaje con la familia de él y allá se dieron las cosas", "Yo creo que fue como un proceso de ir descubriendo, en mí, porque él ya era una persona experimentada, si se puede decir así… fue un proceso de acercamiento más que todo, de ir perdiendo como la pena…".

---

17 Vargas, Henao y González, *op. cit.*

Algunas jóvenes reconocieron que ocurrieron comportamientos que sustituyen actividades de mayor intimidad sexual, como "simular que se está teniendo la relación sexual en ropa [una bluyiniada]… sin nada, pues, aguantarse las ganas porque no tiene con qué cuidarse", "Un día estábamos ahí, y como que empezaron caricias así… como que ya la mano no era en la cintura sino en la cadera, entonces como que uno permite, o sea, él tomó la iniciativa y yo permití que él siguiera, y él siguió. Entonces como que fue mucho contacto, sólo tacto, después ya era bluyiniada… después ya era mucha confianza, solamente faltaba el lugar y el momento preciso".

Aunque la mayoría de las jóvenes afirmó que esta secuencia se da generalmente en el contexto de una relación romántica, algunas adolescentes reportaron que la actividad sexual también ocurre en el marco de relaciones en donde no existe un vínculo afectivo romántico o reconocimiento mutuo de que hay una relación exclusiva e íntima. Los hombres, en cambio, reportaron con mayor frecuencia haber comenzado a tener relaciones sexuales con una persona con la que no existía una relación afectiva romántica, que acababan de conocer o que conocían desde muy pequeños pero con quien tenían una relación distinta a la de noviazgo.

Preguntas frecuentes

¿Qué son las relaciones sexuales no consensuales?

Las relaciones sexuales no consensuales varían de una cultura a otra. Sin embargo, la mayoría incluye en su definición la ausencia de una opción plena y libre en las decisiones relativas a tener relaciones sexuales. La fuerza física o la amenaza de usar dicha fuerza pueden impedir que las personas tengan la libertad para decidir tener o no relaciones sexuales. Las personas pueden renunciar a su derecho de negarse a tener relaciones sexuales porque se encuentran bajo presión psicológica o financiera o por miedo a las consecuencias sociales. Es importante saber que en Colombia cualquier tipo de actividad sexual con una persona menor de 14 años es considerada delito pues se asume que no ha desarrollado la madurez psicológica necesaria para tomar libremente la decisión de tener relaciones sexuales.

¿Las relaciones sexuales no consensuales son una expresión de la violencia sexual?

Efectivamente, los tipos y las características de las relaciones sexuales no consensuales cubren un alto espectro de actos violentos. La Organización Mundial de la Salud define la violencia sexual como cualquier acto orientado a la satisfacción sexual personal sin el consentimiento de la otra persona (víctima), independientemente de la relación existente entre ellas y en cualquier contexto, incluidos el hogar, la escuela y el trabajo.

En Colombia, es un delito penal cualquier tipo de actividad sexual (penetrativa o no) que se lleve a cabo con una persona: menor de 14 años; en estado de inconsciencia (p. ej. bajo los efectos del alcohol u otra sustancia); con discapacidad cognitiva o que por cualquier motivo esté en incapacidad de resistirse o de comprender lo que está ocurriendo para dar su consentimiento.[18] También es un delito la explotación sexual de menores de edad, al igual que obtener beneficio económico obligando a personas adultas a realizar actividades sexuales con fines comerciales (p. ej. pornografía, prostitución, turismo sexual).

¿Cómo se puede establecer que una relación sexual es no consensual o violenta?

Las *relaciones sexuales no consensuales* son las que ocurren cuando las personas implicadas tienen restricciones para tomar decisiones libres e informadas sobre lo que va a suceder. La fuerza física o la amenaza de usar dicha fuerza pueden impedir que las personas tengan la libertad para decidir tener o no relaciones sexuales. Las personas pueden acceder a tener relaciones sexuales porque se encuentran bajo presión, manipulación, chantaje o amenaza. Alguien puede sentir que no puede negarse a hacer lo que se le pide cuando la otra persona es mayor, tiene más autoridad o tiene mayor conocimiento.

Un acto puede ser calificado de violencia sexual cuando incluye tres elementos: *dominancia, hostilidad* y *coerción*.

La *dominancia*, el estatus o lugar que ocupa una persona en la sociedad, puede ser utilizada para alcanzar objetivos sexuales mediante la imposición de los deseos propios a personas que tienen un estatus menor (jefe-empleado, profesor-alumno, adulto-niño, hombre-mujer, etcétera). El estatus está íntimamente relacionado con la asimetría de poder, edad, conocimiento o atractivo sexual existente entre el agresor y la víctima, y que puede presentarse entre las personas en un contexto particular.

---

18 Congreso de la República de Colombia (2000). Código Penal Colombiano - Ley 599 de 2000. Recuperado de http://www.alcaldiabogota.gov.co/sisjur/normas/Norma1.jsp?i=6388

La *hostilidad* o la tendencia a ser agresivos sexualmente es más frecuente hacia aquellas personas que se perciben como más vulnerables física, psicológica o socialmente (como en el caso del hombre que golpea a su esposa e hijos porque socialmente se supone que "un verdadero hombre es el más fuerte y es el que manda en el hogar").

La *coerción* es el uso del poder para obligar a alguien a comportarse de una manera determinada. Cualquier acto por medio del cual se obliga a otro individuo a participar, de cualquier forma, en actividades sexuales puede ser definido como coerción sexual. La coerción puede ejercerse por medio de la fuerza física o produciendo intimidación psicológica por medio de amenazas o chantaje emocional. También ocurre cuando la persona agredida es incapaz de dar su consentimiento (por ejemplo, está bajo los efectos del alcohol u otra sustancia psicoactiva, está dormida o está mentalmente impedida para comprender la situación). La violación es, tal vez, la manifestación más extrema de coerción sexual; no obstante, cualquier acto que interfiera en la libre decisión de tener o no relaciones sexuales puede ser catalogado como coerción.

¿Cuáles son los principales tipos de violencia sexual?

Algunas de las formas más frecuentes de violencia sexual incluyen: la discriminación sexual, el acoso sexual, el abuso sexual de personas mental o físicamente discapacitadas, el abuso sexual infantil, la violación en el matrimonio o durante una cita entre conocidos, la violación por extraños, la violación sistemática en los conflictos armados, el matrimonio o la cohabitación forzada, el negarse a adoptar medidas de protección para evitar el embarazo o las Infecciones de Transmisión Sexual (ITS), el aborto forzado, las inspecciones o evaluaciones médicas sin consentimiento de las mujeres para certificar su virginidad, la prostitución forzada y el trafico de personas con fines de explotación sexual.

La discriminación es el resultado de tratar a una persona de manera desigual. Se dice que un comportamiento es discriminatorio sexualmente cuando impone restricciones a la persona o cuando le niega beneficios en función de su sexo, estado civil, orientación sexual o estatus de salud. Se considera que un comportamiento es discriminatorio porque desconoce el derecho que tiene la persona a ser tratada justamente, sobre la base de sus méritos individuales.

La discriminación se basa en prejuicios y estereotipos. La discriminación implica un sesgo hacia las otras personas; es decir, se basa en una actitud poco favorable o negativa hacia determinadas características de las personas. La actitud negativa generalmente se expresa con el sufijo "ismo" (sexismo, machismo, heterosexismo) y hace referencia a una forma de pensar socialmente construida que atribuye a las personas características rígidas según su sexo, orientación sexual, género. También refleja la tendencia de las personas a estructurar la sociedad como si todos fuéramos iguales: todos hombres, fuertes, inteligentes, atractivos, sin hijos, heterosexuales, saludables.

Mientras que los "ismos" se refieren a barreras actitudinales, la discriminación implica acciones concretas de trato desigual. Mientras que una actitud negativa no siempre lleva a la discriminación, a la discriminación siempre le subyace una actitud negativa, es decir, los "ismos" son siempre la causa de la discriminación.

El acoso hace referencia a los comentarios o a las acciones despectivas que hacen sentir a las personas ofendidas, molestas, insultadas, degradadas, intimidadas o humilladas. Los comentarios o las conductas no tienen que ser explícitas o intencionales para que se considere que están vulnerando el derecho de la persona a un trato digno. Para que se pueda hablar de acoso, se requiere que:

1. Exista un patrón de conducta, es decir, que el comportamiento sea persistente o que se presente en más de una ocasión.

2. La conducta sea impuesta mediante el engaño, la presión psicológica o la fuerza física.

3. Exista desigualdad de poder que haga que la víctima se encuentre en una posición vulnerable dentro de la relación.

4. La persona que es objeto del comentario o la acción (víctima) *perciba* que es ofensivo porque atenta contra su dignidad como persona.

El acoso puede darse por los mismos motivos de la discriminación; la diferencia radica en que mientras que esta última implica un trato desigual que impone restricciones "objetivas" a la persona, el acoso es más sutil, atenta contra la dignidad de la persona y afecta principalmente la autoimagen, la autovaloración y, en general, la identidad personal.

El acoso sexual incluye todos los comentarios y las acciones de carácter sexual que son *percibidos* como ofensivos: comentarios sexistas u homofóbicos, contacto físico indeseado (roces, caricias, besos, abrazos, cercanía excesiva), coqueteo, insinuaciones verbales o proposiciones explícitas sobre intimidad física, rumores, chistes de doble sentido o insultantes para las personas no heterosexuales, señales con las manos o el cuerpo, mensajes por internet o correo electrónico, caricaturas y pornografía, amenazas, manipulación y chantaje.

El abuso sexual corresponde a todo acto de tipo sexual realizado a la fuerza, mediante engaños o sobornos, por una persona mayor (con una diferencia de al menos cinco años respecto a la víctima), a un niño o una niña. Este tipo de agresión puede clasificarse de diferentes maneras: según el tipo de contacto establecido con la víctima o el contexto en el que tiene lugar.

De acuerdo con el *tipo de contacto* entre el adulto y el niño o la niña, el abuso sexual Infantil puede clasificarse como:

Abuso sexual con contacto, que se refiere a aquellos comportamientos que involucran el contacto físico con la boca, pechos, genitales, ano o cualquier otra parte corporal de un/a niño/a, cuando el objeto de dicho contacto es la excitación o satisfacción sexual del agresor, o forma parte de algún ritual de ciertas sectas religiosas. Este tipo de abuso involucra tanto tocar y acariciar como la penetración genital, anal u oral. Incluye contacto físico sexual, penetración oral, anal, vaginal por o en unión con los órganos sexuales del adulto; penetración anal o vaginal con un objeto realizada al niño/a por parte del adulto; tocamiento intencionado con o sin agresión de mamas, genitales, zona anal, con o sin ropa; estimulación de área perineal (área entre el ano y las partes sexuales externas) del agresor/a por parte del niño/a; inducción del menor a masturbar, penetrar o seudopenetrar al agresor/a.

Abuso sexual sin contacto, que representa comportamientos que no incluyen el contacto físico, pero que sin duda repercuten en la salud mental de los/as niños/as. Incluye comportamientos como exhibirse con fines sexualmente insinuantes, masturbarse en presencia de un niño/a, producir material pornográfico con el menor, mostrarle material pornográfico, espiarlo/a mientras se viste o se baña, dirigirle repetidos comentarios seductores o sexualmente explícitos, realizar llamadas telefónicas obscenas, exposición de los órganos sexuales a un niño/a con el propósito de obtener excitación o gratificación sexual; masturbarse o tener coito en presencia del niño/a; hacer partícipe u observador al niño/a en actos sexuales, con el objeto de buscar la excitación o la gratificación del agresor/a.

Por otro lado, el abuso infantil puede presentarse en muchos contextos, y las características de los agresores pueden ser muy diferentes en cada uno de ellos. De acuerdo con el *tipo de contexto* en el que ocurre el abuso sexual infantil, puede ubicarse tanto en el nivel intrafamiliar (pudiendo ser los abusadores, sin distinción de sexo, la madre o el padre, abuelos/as, tíos/as, padrastros, madrastras), como en el nivel extrafamiliar (hombres o mujeres ajenos a la familia, pero que tienen bajo su responsabilidad el cuidado del niño/a: médicos/as, enfermeros/as, odontólogas/os, maestros/as, empleados/as del servicio doméstico, policías, vecinas/os, amigas/os, etcétera, o simplemente personas extrañas que utilizan a los/las niños/as con fines eróticos o comerciales).

Aplico lo aprendido

- ¿Cuáles son los estándares que guían sus decisiones sexuales?
- ¿En qué medida esos estándares contribuyen al establecimiento de relaciones de pareja satisfactorias?
- ¿Qué cambios necesita realizar en su vida sexual para que ésta contribuya a mantener una sexualidad saludable, tanto la personal como la de su pareja?

10
Decidir acerca de las relaciones familiares

Para reflexionar…

¿Qué significa para usted la familia?

¿Quiénes conforman su familia y qué papel cumplen en su vida?

Cuando usted está con su familia, en qué medida…

- ¿Puede expresar sus opiniones?
- ¿Se siente capaz de decir lo que es importante para usted?
- ¿Se siente libre para expresar su punto de vista?
- ¿Se le dificulta compartir lo que siente?
- ¿Tiene miedo de hablar de lo que está pensando?

En su familia, qué tanto…

- ¿Escuchan sus opiniones y las toman en serio?
- ¿Respetan sus ideas aunque no estén de acuerdo?
- ¿Descalifican su manera de pensar?
- ¿Expresan desinterés por lo que usted les dice?
- ¿Tienen dificultades para entender su punto de vista?

¿Qué tanto siente que en su familia usted puede expresarse tal como es?

En los capítulos anteriores hemos planteado que el desarrollo de una sexualidad saludable es el resultado de múltiples experiencias e influencias en los diversos contextos en los que interactúa el individuo. En el capítulo 2 vimos cómo la familia es uno de los ámbitos que ejerce mayor influencia. Ahí definimos la familia como uno de los primeros espacios o agentes de socialización, constituida por "el conjunto de personas entre las que median lazos cercanos de sangre, afinidad o adopción, independientemente de su cercanía física o geográfica y de su cercanía afectiva o emocional".[1]

Además, hemos visto cómo en la interacción familiar se construyen las primeras concepciones y explicaciones acerca de la sexualidad, y se aprenden las actitudes y los comportamientos sexuales, diferenciando entre aquellos que son aceptados y los que son reprobados tanto en el nivel familiar como en el social.[2] Esos estándares, como vimos en los capítulos 8 y 9, permiten a los jóvenes tomar decisiones con respecto a su propia vida. En este capítulo abordaremos el papel de la familia en el desarrollo de la autonomía.

Sabía usted que…[3]

En el seno de una familia se llevan a cabo tareas que son básicas para el bienestar de todos sus miembros. Estas tareas incluyen la satisfacción de necesidades materiales, económicas y físicas; la satisfacción de necesidades psicológicas y afectivas; la provisión de seguridad y protección; la generación de redes sociales de apoyo; la transmisión y enseñanza de valores y tradiciones religiosas, entre otras.[4]

Los estudios sobre familia revelan que todas las familias, independientemente de cómo estén conformadas, cumplen estas funciones. También se ha logrado establecer que en la actualidad existen muchas formas de familia y que los criterios usados para clasificarlas difiere. Una de las formas más comunes para clasificar a las familias es en función de su grado de convencionalidad; es decir, qué tanto se apega un grupo familiar a los modelos tradicionales. Según esta clasificación, las familias pueden ser *convencionales (tradicionales)* o no. Las familias convencionales corresponden a aquellas conformadas por un hombre y una mujer unidos mediante vínculos de matrimonio y que además conviven con los hijos e

---

1 Rubiano N. y L. Wartenberg. (1991). *Hogares y redes familiares en centros urbanos*. Ponencia al Congreso de Trabajo Social. Cali.

2 Polanco, M. (1999). *La educación sexual: un derecho de la niñez y la juventud en Colombia*. Memorias del foro internacional hacia una reflexión sobre la sexualidad y la socialización en la infancia y en la juventud. Procuraduría General de la Nación. Instituto de Estudios del Ministerio Público, Procuraduría Delegada para la Defensa del Menor y la Familia. Bogotá.

3 Basado en Hermosa, C. (2012). La familia. Manuscrito no publicado. Programa doctoral, Departamento de Psicología, Universidad de los Andes.

4 Eshleman, J. (1994). *The family: an introduction*. Boston, Estados Unidos: Allyn and Bacon.

hijas producto de esa unión. En estas familias se consideran importantes la procreación y la transmisión de valores al igual que la enseñanza de roles de género a través de los cuales los hombres adquieren un rol productivo dentro del hogar y las mujeres un rol reproductivo y de cuidado de los hijos.[5]

Otra forma de clasificar a las familias es según el rol que se cumple dentro de ella. En este sentido, una persona puede ser padre o madre, pero también hijo/a, primo/a, tío/a, etc. La familia de la cual provenimos es la *familia de origen*. Por su parte, la familia que decidimos conformar con nuestra pareja, es la *familia de elección*.

Adicional al tipo de rol que cumplimos en la familia, existe otro criterio que es la estructura familiar o la forma como está conformada la familia en su número de integrantes y en las características de éstos.[6] Según esta clasificación, las familias pueden ser: conyugales, nucleares, monoparentales, extensas y reconstituidas.

Finalmente, una última clasificación de las familias es en función de la orientación sexual de los padres. A diferencia de lo que mucha gente cree, muchos hombres gay, mujeres lesbianas y personas bisexuales deciden conformar familia. Por esta razón, reconocer las familias de personas LGB es de vital importancia. De esta forma, una familia en donde los padres son heterosexuales, se denomina *familia heteroparental*. Una familia de padres gay o madres lesbianas, es llamada *familia homoparental*.

Cabe señalar que debido a que las personas bisexuales pueden relacionarse con personas exclusivamente heterosexuales u homosexuales, incluir a las familias de padres y madres bisexuales dentro de las familias homoparentales puede ser considerado incorrecto. Ante ello, autores sugieren el empleo de términos como *familia de padre(s) o madre(s) bisexual(es)* para evitar confusiones.[7]

5 Valdés, A. (2007). *Familia y desarrollo: intervenciones en terapia familiar.* México D.F., México: Manual moderno.

6 Vargas-Trujillo, E., Ripoll, K., Carrillo, S., Rueda, M., Castro, J. (2010). *Experiencias familiares de padres y madres con orientaciones sexuales diversas.* Bogotá, Colombia: Universidad de los Andes.

7 Goldberg, A. E. (2010). Introduction: Lesbian and Gay parents and their children - Research and Contemporary Issues. En Autor (Ed.). *Lesbian and gay parents and their children: Research on the Family Life Cycle.* Washington D.C.: American Psychological Association.

Autonomía y relaciones familiares durante la juventud

A partir de la juventud, las personas están en capacidad de ejercer mayor control sobre sus pensamientos, sentimientos y acciones. Es por ello que la regulación de la autonomía es uno de los aspectos más relevantes de este período, al mismo tiempo que constituye uno de los principales desafíos para las relaciones entre padres e hijos.

La autonomía se refiere tanto a la confianza que tiene la persona en su capacidad para tomar decisiones y para plantear su punto de vista en las discusiones[8] como a la habilidad para usar sus propios principios o para razonar de manera independiente cuando enfrenta la tarea de resolver un conflicto interpersonal.[9] La autonomía también ha sido definida como la habilidad para tener en consideración tanto los intereses personales como los de los otros en las interacciones sociales.

En la juventud, el manejo de la autonomía se convierte en una de las principales áreas de conflicto familiar. Se ha observado que la mayor parte de los problemas se presentan cuando los jóvenes sienten que no hay correspondencia entre la "libertad" que desean y la que obtienen. Esto ocurre debido a que, con la edad, los jóvenes comienzan a sentirse competentes para decidir sobre sus propios asuntos, mientras que los padres creen que tienen derecho a continuar ejerciendo control sobre algunas de estas áreas. Esto es percibido por los jóvenes como un comportamiento restrictivo por parte de los padres.

Las investigaciones sobre relaciones familiares muestran que los y las jóvenes que han tenido la oportunidad de ver que sus figuras parentales se muestran firmes, al mismo tiempo que expresan aceptación y apoyo, durante las discusiones con sus hijos e hijas, son capaces de usar estas mismas habilidades en los procesos de negociación con sus parejas románticas y sexuales.

Adicionalmente, se ha observado que las/los jóvenes cuyas figuras parentales subestiman la autonomía de sus hijos e hijas, particularmente en el contexto de relaciones madres/padres-hijos/hijas negativas, tienden a expresar su independencia a través de comportamientos que ponen en riesgo su bienestar, como consumir sustancias psicoactivas, conducir bajo los efectos del alcohol, tener relaciones sexuales con múltiples parejas sexuales, o desprotegidas.

En la literatura también se encuentra evidencia que indica que las/los jóvenes cuyas/os madres/padres son capaces de mantener un adecuado balance entre la

8 Greenberger, E. (1984). Defining psychosocial maturity in adolescence. En P. Karoly y J. J. Steffans (Eds.). *Adolescent Behavior Disorders: Foundations and Temporary Concerns*. Lexington, MA: Lexington Books.

9 Steinberg, L. y Silverberg, S. B. (1986). The vicissitudes of autonomy in early adolescence. *Child Development, 57*, 841-851.

autonomía y la cercanía en la relación con sus hijos e hijas realizan comportamientos característicos de las personas que se conocen, se valoran y se sienten seguras de sí mismas. Estas personas tienden a actuar de manera flexible, asumen la responsabilidad de lo que les ocurre en las relaciones interpersonales, tienen la habilidad para evaluar diversas opciones y perspectivas al tomar decisiones y son capaces de manejar los conflictos de manera autónoma teniendo en consideración tanto sus propios intereses como los de las otras personas involucradas.

Contrariamente a lo que popularmente se cree, las personas jóvenes autónomas han tenido la oportunidad de enfrentar diversas situaciones de conflicto en su familia. En el contexto de las discusiones familiares, las personas desarrollan habilidades para elaborar sus argumentos y expresarlos de manera abierta y firme, mientras sus madres y padres escuchan, establecen límites y expresan preocupación genuina por su bienestar.

Desafortunadamente, cuando estas discusiones se dan en un contexto de recriminación, descalificación y exigencia, es menos probable que las/los jóvenes desarrollen su autonomía. Estas/os jóvenes se perciben a sí mismas/os como poco competentes para controlar su vida y para lograr las metas que se proponen. Esta incapacidad para controlar la propia vida se generaliza también al contexto de las relaciones románticas y sexuales.

Relaciones familiares y expectativas románticas de los jóvenes

En un estudio[10] en el que participaron estudiantes de secundaria de todos los estratos socioeconómicos de Bogotá se encontró que los jóvenes que tienen una percepción positiva de la aceptación, supervisión y apertura a la comunicación por parte de sus padres confían más en sus propias capacidades para manejar situaciones sexuales y románticas, esperan que su pareja les proporcione oportunidades para actuar de manera autónoma, y al mismo tiempo, que su relación se caracterice por la calidez y la aceptación mutua. Además, se encontró que los jóvenes que perciben que sus padres combinan adecuadamente la supervisión con el fomento de la autonomía de sus hijos presentan comportamientos sexuales que expresan una mayor capacidad de autorregulación.

---

10 Vargas-Trujillo, E. y Barrera, F. (2003). Actividad sexual y relaciones románticas durante la adolescencia: algunos factores explicativos. *Documentos CESO*, N° 62, Bogotá: Universidad de los Andes.

Resolución de conflictos en familia

Decimos que hay un conflicto cuando los miembros de la familia buscan vivir sus vidas de acuerdo con criterios y metas personales que, inevitablemente, difieren. Estas diferencias pueden ir desde quién hace uso del control de la televisión hasta quién debe intervenir, y en qué medida, en la toma de decisiones personales.

Ahora bien, el conflicto no es ni bueno ni malo, es un aspecto natural e inevitable de la vida y es inherente a todas las relaciones humanas. De hecho, lo que se observa es que las relaciones interpersonales, en la medida que se van haciendo más cercanas, están más expuestas a la posibilidad de que surjan conflictos, en razón de que enfrentan una mayor variedad de asuntos compartidos.

Efectivamente, las investigaciones sobre el tema del conflicto[11] han permitido establecer que éste es un componente natural de las relaciones cercanas y una respuesta normativa a los rápidos cambios biológicos y cognitivos de la adolescencia. El conflicto favorece que se transformen las relaciones unilaterales madres/padre-hijo/hija, características de la infancia, en relaciones caracterizadas por la mutualidad, propias de los últimos años de la juventud y de la vida adulta. Los análisis que se han realizado desde la antropología con más de 160 culturas indican que el conflicto familiar durante la adolescencia es un fenómeno generalizado, incluso en las culturas colectivistas tradicionales. De acuerdo con estos resultados, el conflicto entre madres/padres e hijos/hijas es un indicador de procesos de desarrollo subyacentes relacionados con las necesidades psicológicas básicas que en la adolescencia cobran particular relevancia: las necesidades de sentirse únicos e independientes, de asumir el control de la propia vida, de percibirse competentes, valiosos, dignos y seguros, de ser tratados en forma justa y consistente. No obstante, el contexto cultural en el que ocurren las relaciones familiares determina los tipos de asuntos y las formas en las que los conflictos se expresan, interpretan y resuelven.

Lo anterior significa que el conflicto entre madres/padres e hijos/hijas constituye una oportunidad de crecimiento, desarrollo y fortalecimiento, porque:

1. Favorece una mayor comprensión de sí mismo, de la otra persona y de la relación.

2. Clarifica las similitudes y las diferencias.

3. Ayuda a las/los jóvenes a desarrollar habilidades para solucionar los conflictos en otros contextos.

4. Revela aquellas áreas que necesitan ser discutidas en conjunto y sobre las cuales es necesario fortalecer la comunicación.

---

11 Smetana, J. y Gaines, C. (1999). Adolescent-parent conflict in middle class African-American families. *Child Development, 70*, 6, 1447-1463.

Los expertos en el tema plantean que, dependiendo del manejo que se dé a los conflictos, éstos pueden producir cambios graduales o bruscos en el nivel personal o familiar; ayudar a consolidar el principio de realidad, al permitir aprender a reconocer los límites personales y las necesidades y derechos de otros; favorecer la clarificación de ideas, sentimientos, valores y objetivos personales, familiares y sociales; conducir al establecimiento de reglas en las relaciones e impulsar la creatividad.

Por otro lado, cuando los conflictos no se resuelven o se enfrentan de manera poco efectiva pueden propiciar actos violentos; generar frustración, hostilidad y sentimientos destructivos contra quien los provoca o se percibe como fuente de los mismos; originar ansiedad, opresión y preocupaciones que dan origen a reacciones psicosomáticas, como cefaleas (dolores de cabeza) y trastornos digestivos. También se ha encontrado que, cuando los conflictos no se solucionan, tienden a provocar una reacción en cadena, a proliferar y a hacerse cada vez más frecuentes, graves y menos manejables.

En síntesis, la manera como cada persona se involucra en el conflicto y trata de resolverlo puede ser juzgada como positiva o negativa, dependiendo del efecto que tiene en cada uno de los participantes y en la relación. Esto es, siempre que ocurre un conflicto existe la posibilidad de que se deriven de él resultados constructivos o destructivos. Para obtener resultados constructivos necesitamos recurrir a técnicas efectivas de resolución de conflictos. Cuando los resultados del conflicto son destructivos o negativos, podemos inferir que hemos recurrido a técnicas poco efectivas o inadecuadas para enfrentarlo.

Las investigaciones sugieren que las familias más exitosas en la resolución de conflictos son aquellas que han tenido la posibilidad de analizar la naturaleza del conflicto y de planear la mejor estrategia para abordarlo. Además, se ha observado que los conflictos más productivos son aquellos en los cuales los participantes:

• Reconocen que no todos los conflictos pueden ser resueltos fácilmente y que muchos necesitan más de un encuentro para tomar una decisión que satisfaga a todos los involucrados.

• Aceptan que para resolver el conflicto deben estar dispuestos a enfrentarlo en equipo y no como enemigos.

• Tienen claro que los conflictos hacen parte de la convivencia y que su resolución puede ser enriquecedora.

• Desean resolver el problema en beneficio de la relación y no por intereses personales y egoístas (ostentar el poder, ganar, imponer).

• Se preocupan sinceramente por los sentimientos y el bienestar del otro.

• Son flexibles y están dispuestos a analizar diversas alternativas.

Por su parte, las familias que tienen dificultades para enfrentar los conflictos son aquellas cuyos miembros han desarrollado los siguientes patrones de interacción:

• Personas que evitan por todos los medios la manifestación de sus opiniones, necesidades, emociones y expectativas, porque creen que de esta manera pueden mantener la armonía y la paz familiar (negarse a hablar del tema, cambiar de tema, salir de la habitación cerrando la puerta fuertemente).

• Personas que de manera verbal o no verbal lastiman a los otros (gritar, insultar, humillar, ignorar, amenazar, manipular). Personas que usan la fuerza física hacia la otra persona como recurso para expresar la ira y terminar el conflicto de manera inmediata (tirar cosas, golpear, empujar, lanzar objetos hacia la otra persona).

• Personas que, consciente o inconscientemente, generan alianzas con otros miembros de la familia nuclear o extendida para lastimar, hacer daño, o invalidar la opinión del otro.

Sabía que...

En Colombia la violencia domestica está tipificada como delito. Según la ley 1257 del 2008 la violencia doméstica es la que tiene lugar dentro de la familia o unidad doméstica o en cualquier otra relación interpersonal, independientemente de que en el momento de ocurrir los hechos las personas implicadas compartan o no el mismo domicilio. Cuando en el contexto familiar sus integrantes (vivan o no en la misma casa) sienten miedo de expresar sus opiniones, y las situaciones a las que se exponen vulneran sus derechos, es decir, afectan su bienestar emocional, psicológico, físico, sexual es importante buscar ayuda .

De otra parte, los expertos en el tema del conflicto plantean que el comportamiento que las personas asumen frente a un conflicto puede representarse como el resultado de una tensión entre lo que desean o se proponen conseguir (objetivos) y el temor a afectar o perder la relación (relaciones). En función de estos dos aspectos que las personas tienen en cuenta cuando surge un conflicto, los autores han logrado establecer diferentes formas de aproximarse a los problemas en las relaciones interpersonales.[12] En la figura 10 se

---

12 Fisher, S., Ibrahim Abdi, D., Ludin, J., Smith, R. y Williams, S. (2000). *Trabajando con el conflicto. Habilidades y estrategias para la acción.* Guatemala: CEPADE, CIDECA, RTC.

observan cinco estilos que las personas pueden adoptar frente al conflicto, en función del grado de preocupación que experimentan por sus objetivos y por la relación.

El *estilo competitivo* ocurre cuando la persona adopta una posición que satisface sus propios intereses pero no tiene en cuenta los objetivos, las necesidades de la otra persona, básicamente porque no le preocupa el efecto que puede tener en la relación. El *estilo complaciente* lo asume la persona que privilegia los intereses y objetivos del otro para preservar la relación. El *estilo evitativo* es utilizado por la persona que prefiere no involucrarse en situaciones conflictivas cuando sus intereses y las relaciones no son una preocupación. El *estilo colaborador* es usado en situaciones en las que hay altos niveles de preocupación por el logro de los objetivos y el mantenimiento de la relación. Finalmente, el *estilo comprometido* se presenta cuando la persona busca una alternativa que satisfaga los intereses de todos los involucrados, al mismo tiempo que permite mantener intacta la relación.

Manejo constructivo del conflicto

Si el conflicto ocupa gran parte de nuestra vida, la habilidad para manejarlo es una de las más valiosas que podemos y necesitamos desarrollar. El manejo adecuado de los conflictos es un arte, como cualquier otra habilidad requerida para el establecimiento de relaciones interpersonales.

La resolución constructiva de conflictos se realiza a través del intercambio verbal en el que se privilegia la discusión racional y argumentativa que busca la identificación y evaluación conjunta de alternativas de solución. Este proceso incluye tanto la elaboración de soluciones como la toma de decisiones.

Figura 10. Estilos de aproximación al conflicto[13]

Cuando se trata de conflictos interpersonales, la habilidad para manejarlos depende de la capacidad de las personas involucradas para:

• *Mantener un equilibrio adecuado entre las emociones y la razón.* Las emociones son naturales, necesarias y esenciales para la resolución de conflictos porque nos proporcionan información valiosa que nos permite identificar lo que nos molesta y la forma como nos gustaría modificar la situación, pero necesitan acompañarse de la lógica y de la razón para lograr tomar decisiones adecuadas y prácticas.

• *Comprender al otro.* Para lograr resolver un conflicto de una manera que satisfaga los intereses de todas las personas involucradas, y que al final les deje la sensación de haber sido tratadas de manera digna y justa, es necesario contar con la capacidad de comprender los intereses, percepciones e ideas de los otros. Cuanto más comprendamos el punto de vista del otro, independientemente de que estemos de acuerdo o no, mayor probabilidad tenemos de llegar a una solución que todos podamos aceptar y llevar a la acción.

---

13 Adaptado de Kilman, R. H., Thomas, K. W. (1977). Developing a forced choice measure of conflict-handling behavior: The 'MODE' instrument, *Education and Psychological Measurement,* Vol. 37 N° 2, pp.309-25; Thomas, K. W., Kilmann, R. H. (1974), *Thomas-Kilmann Conflict Mode Instrument.* Palo Alto, CA: Consulting Psychologists Press.

• *Comunicarse de manera efectiva.* Cuanto más efectivamente comuniquemos nuestras diferencias, mayor probabilidad tenemos de comprender la preocupación del otro y de llegar a un acuerdo mutuamente satisfactorio.

• *Ser confiable.* Para que la comunicación sea efectiva, debe existir un buen nivel de confianza entre las personas involucradas, la cual se construye sobre la base de la honestidad y la conducta confiable y consistente.

• *Usar la persuasión.* Los conflictos se resuelven mejor cuando tratamos de obtener de parte del otro su cooperación voluntaria mediante la información que le proporcionamos, los argumentos lógicos con los cuales sustentamos nuestra posición, y con nuestro ejemplo.

• *Aceptarse mutuamente.* Para lograr resolver un conflicto, las personas involucradas necesitan sentirse aceptadas, importantes, reconocidas y valoradas. Frente a un conflicto, las personas necesitan sentir que sus intereses son respetados por el otro, a pesar de que no se compartan los mismos puntos de vista.

Por otro lado, los expertos recomiendan usar las siguientes técnicas para la resolución de conflictos:

• Definir con precisión cuál es el conflicto, en qué consiste, cuál es su naturaleza, qué lo esta generando, quién o quiénes están involucrados, qué sucede o qué no sucede que genera tanta preocupación o malestar, dónde sucede, cuándo sucede, por qué sucede (acciones, sentimientos, pensamientos); separar los hechos de las sospechas.

• Reunir información para establecer qué condiciones presentes son inaceptables, qué cambios se requieren o desean y qué obstáculos existen para alcanzar lo que se quiere o desea.

• Reconocer la forma en que las propias actitudes o comportamientos contribuyen a crear, a mantener o a agravar el conflicto, y aclarar los valores personales al respecto.

• Clarificar los objetivos o intereses personales que están implicados en la situación y definir el grado en el que se está dispuesto a negociar su consecución.

• Identificar y plantear las alternativas de solución disponibles.

• Analizar cada alternativa de solución a la luz de sus beneficios (bienestar emocional, mejorar relaciones con la pareja, mayor productividad) y costos (tiempo, esfuerzo, daño, pérdida, temor, desengaño, soledad) a corto y largo plazo.

• Plantear a las otras personas involucradas el problema y las alternativas que se han identificado, sin atacar, escuchando empáticamente para llegar a un juicio que integre los aportes de todos; crear actitudes de cooperación, resaltar los aspectos comunes y ceder un poco para encontrar un punto intermedio.

• Decidir la alternativa más adecuada y definir los medios más efectivos para llevarla a cabo.

• En casos especiales, recurrir a la mediación de personas respetadas por las partes en conflicto.

• Practicar técnicas de relajación para serenarse y mantener el control de las emociones.

La disposición a complacer a los padres y las relaciones sexuales

En el estudio que se realizó con jóvenes en Bogotá y Cali,[14] se encontró que en la toma de decisiones sobre las relaciones sexuales inciden los sentimientos que genera el hecho de estar haciéndolo sin el consentimiento de los padres: "Hay muchas [ocasiones] en las que estamos con él, el momento, la situación, todo, protección, mejor dicho... las condiciones están perfectas y yo no puedo... yo le digo: 'Oye no, qué pena, no puedo', porque me siento muy mal, siento que le estoy mintiendo a mi mamá. Yo puedo hacerlo, y si yo quisiera lo haría, o sea, yo tengo el control sobre mí, y si yo quiero, me olvido de todo y listo, eso es lo que hago muchas veces, pero hay veces en las que digo: 'Hoy no'. Muchas veces él va a mi casa, estamos solos, nadie sabe, y yo digo no... es como la cosa esa que uno tiene de no defraudar a los papás".

La comunicación efectiva

La comunicación interpersonal es siempre un proceso de doble vía en el que se da un intercambio continuo de mensajes entre dos personas. En este proceso, uno de los dos (emisor) comunica algo (mensaje) para algo (propósito) a otro (receptor), quien a su vez se convierte en emisor que retroalimenta el proceso continuo de dar y recibir mensajes en un contexto social determinado.

Al definir la comunicación interpersonal como un proceso de doble vía, es importante señalar que no es posible establecer el momento exacto en que comienza y termina, porque la transmisión de mensajes se inicia mucho antes de que emitamos el primer sonido (por ejemplo, con la mirada, la postura, la expresión facial). Otra característica de la comunicación interpersonal es que

---

14 Vargas-Trujillo, E., Henao, J. y González, C. (2005). Fecundidad adolescente en Colombia: incidencia, tendencias y determinantes. Un enfoque de historia de vida. *Documentos CESO*, N° 95, Bogotá: Ediciones Uniandes.

es acumulativa: lo que yo diga hoy es interpretado a partir de lo que dije en el pasado. Además, los mensajes de la comunicación no sólo transmiten información relacionada con el contenido (lo que se dice) sino también sobre la relación que existe entre las personas implicadas (cómo se dice).[15]

El proceso de comunicación está encaminado a transmitir mensajes a través del lenguaje verbal, los gestos, la expresión facial, el tono de la voz, la postura, el manejo del espacio físico, el contacto físico y visual. El emisor del mensaje tiene que querer comunicarse y estar dispuesto a asumir el riesgo de quedar al descubierto. El riesgo puede ser que su mensaje sea ignorado, malinterpretado o aprovechado por el otro, pero también puede ocurrir que el mensaje provoque en el otro una comunicación al mismo nivel y se establezca así un proceso de comunicación continua entre personas que responden de acuerdo con su propia experiencia, conocimiento, escala de valores, sistema de creencias y motivaciones.

Obviamente, para que este proceso de retroalimentación continua se dé, es indispensable que el receptor del mensaje esté interesado en recibir el mensaje y dispuesto a escuchar. Saber escuchar es una de las condiciones básicas de la comunicación, implica estar en sintonía con la otra persona y comprender lo que ella está tratando de expresar.

Vale la pena señalar que el mensaje puede ser deformado o anulado por el significado que cada uno atribuye a las palabras, nuestra actitud hacia la persona con la que interactuamos y el contexto o el medio ambiente en el que se produce la comunicación.

La efectividad del proceso de comunicación radica en la habilidad para hablar de manera directa, clara y honesta, y en la capacidad para escuchar activamente. Una persona que se comunica de manera clara, directa y honesta se caracteriza porque, al hablar, sus gestos, tono y ritmo de la voz, articulación, postura corporal, contacto visual, movimiento del cuerpo (lenguaje no verbal), refuerzan lo que la persona está diciendo con palabras (lenguaje verbal) y permiten a quien escucha comprender lo que el emisor del mensaje realmente siente, piensa y necesita.

Cuando una persona no es directa y sincera en su comunicación, su lenguaje no verbal no es congruente con su lenguaje verbal. Estos dobles mensajes generan confusión en quien actúa como receptor, que no sabe cuál de los dos mensajes es el verdadero y, por lo tanto, no logra identificar con facilidad a cuál componente de la comunicación debe prestar atención y responder.

Otra característica de la persona que se comunica efectivamente es que sabe escuchar. Saber escuchar no es lo mismo que saber oír, tampoco significa estar quieta y pasiva mientras la otra habla. Escuchar es una habilidad activa que

15 Knapp, M. L., y Vangelisti, A. L. (2005). *Interpersonal Communication and Human Relationships* (quinta edición). Boston: Allyn & Bacon.

implica comunicar a la otra persona atención, empatía, apoyo, comprensión. En este sentido, las investigaciones han mostrado que las personas que saben escuchar han tenido la oportunidad de desarrollar las habilidades requeridas para aplicar las siguientes técnicas:[16]

• *Clarificación*: pedir a la persona con la que estamos hablando que explique algo que acaba de decir y que queremos estar seguros de no estar distorsionando (por ejemplo: "Yo no estoy seguro/a de haber entendido bien lo que acabas de decir. ¿Me podrías decir algo más al respecto?").

• *Confrontación*: pedir a la otra persona, de manera gentil, que explique algo que hemos identificado que parece contradictorio o inconsistente (por ejemplo: "Estoy un poco confundida. Me acabas de decir que te gustaría que pasara más tiempo en familia, pero cuando trato de compartir contigo, me dices que estás ocupado, que no tienes tiempo. ¿Me podrías decir por qué?").

• *Verificación*: se utiliza para poder obtener mayor información, a fin de descubrir sentimientos o hechos encubiertos. Al aplicar esta técnica, la persona presta atención al quién, qué, cuándo, dónde, por qué y cómo (por ejemplo: "¿Qué cosas te gustaría que yo hiciera diferente para mostrarte que soy responsable?").

• *Apoyo*: una persona que sabe escuchar crea un clima agradable y de confianza que invita al diálogo abierto (por ejemplo: "Yo sé que es difícil hablar de estos temas, por eso agradezco que quieras decirme lo que sientes directamente").

• *Afirmación*: decir alguna frase o hacer un gesto que indique aprobación y comprensión (por ejemplo: "Me encanta cuando me dices que me quieres").

• *Parafraseo*: repetir lo que la otra persona acaba de decir, pero en otras palabras, de tal manera que tenga la posibilidad de corregir o afirmar lo que hemos entendido (por ejemplo: "¿Lo que quieres decir es que te molesta que yo pase tanto tiempo con mis amigos?").

• *Reflejar*: es retomar lo que se ha dicho para analizarlo y encontrarle el sentido (por ejemplo: "De lo que has dicho hasta el momento, yo entiendo que tú estarías más satisfecho si te expresara cuánto te quiero estudiando lo que tú quieres").

• *Resumir*: sintetizar lo que el otro ha dicho, para que el otro se dé cuenta de cómo hemos captado su mensaje, y si es necesario que corrija o precise la información (por ejemplo, "Veamos, de todo lo que has dicho yo entiendo que...").

En síntesis, la resolución constructiva de conflictos implica que la persona sea capaz de establecer una buena comunicación, la cual involucra varios componentes:

16 Hartley, P. (1999). *Interpersonal Communication*. Londres: Routledge.

• Comunicarnos de manera directa, clara y abierta, expresando verbalmente lo que deseamos, aclarando qué es lo que queremos, tanto para nosotros como para los demás.

• Comunicar verbalmente nuestros sentimientos acerca de algo o alguien, para lo cual hay que desarrollar habilidades orales precisas para expresar los sentimientos.

• Aceptar nuestros sentimientos, reconociéndolos y ejerciendo el derecho que tenemos de expresarlos de forma apropiada.

• Analizar nuestro propio comportamiento, nuestros pensamientos y emociones, y responsabilizarnos de sus consecuencias.

• No dar razones o excusas para justificar nuestro comportamiento.

• Reconocer que tenemos derecho a cambiar de parecer.

• Aprender a decir "no sé".

• Reconocer que no somos perfectos y que podemos cometer errores.

• No preocuparnos por el "qué dirán".

• No hacer afirmaciones rotundas: todo, nada, nunca, siempre.

• No sentirnos mal por no entender algo.

• Decidir a quién queremos ayudar o complacer y a quién no.

• Aprender a decir "no" sin sentirnos culpables.

• Confiar en nuestra capacidad verbal para resolver problemas.

La comunicación entre padres e hijos

En un estudio realizado en Bogotá[17] con estudiantes de secundaria de colegios públicos y privados, se encontró que un contexto familiar caracterizado por altos niveles de comunicación con los padres, particularmente sobre temas relacionados con la televisión y la sexualidad, favorece el desarrollo de expectativas más favorables de las relaciones románticas y una mayor confianza en sí mismos, para manejar las exigencias de una relación de pareja.

---

17 Vargas-Trujillo, E., Barrera, F., Burgos, M. C. y Daza, B. C. (2004). Influencia de los programas televisivos con contenido sexual sobre el comportamiento de los adolescentes. *Documentos CESO*, N° 82, Bogotá: Ediciones Uniandes.

Preguntas frecuentes

¿Por qué es tan difícil decir a nuestros padres lo que sentimos?

La comunicación con los padres es el intercambio verbal entre los padres y los hijos acerca de sus necesidades, experiencias, opiniones y temores. En la relación con los padres, muchas personas tienen dificultad para expresar sus emociones; sin embargo, se ha encontrado que esto ocurre con mayor frecuencia en el caso de los hombres. La evidencia indica que el proceso de socialización sexual lleva a los hombres a suprimir o a negar sus emociones, mientras que las mujeres están más abiertas a expresar emociones como la felicidad y la tristeza, y tienden a contener la rabia y el deseo sexual.

Estas diferencias de género en la expresión de las emociones están fuertemente relacionadas con el trato que los padres dan a los niños y a las niñas. En contextos como el nuestro, los padres ponen énfasis en el control de las emociones en el trato con sus hijos varones, en tanto que favorecen la cercanía en el trato con sus hijas.

Las emociones pueden dividirse en simples o básicas y complejas o secundarias. La distinción se hace entre *emociones básicas* (automáticas), como la rabia, la felicidad, la tristeza, el amor, el temor, el placer, y unas más *complejas*, como la frustración, la impaciencia y la envidia, las cuales implican un proceso consciente de interpretación de la situación. Esta interpretación se basa en la experiencia previa y en las creencias, normas y expectativas que hemos construido en el proceso de socialización. En la tabla 5 se observan las emociones básicas y las emociones complejas que se derivan de cada una de ellas.

Tabla 5. Tipos de emociones

Enojo	*Amor*	*Tristeza*	*Temor*	*Placer*
Ironía	Aceptación	Abatimiento	Ansiedad	Alegría
Aflicción	Adoración	Autocompasión	Aprensión	Alivio
Animadversión	Afinidad	Congoja	Cautela	Contento
Cólera	Amabilidad	Desesperación	Consternación	Deleite
Exasperación	Confianza	Melancolía	Incertidumbre	Dicha
Fastidio	Devoción	Pena	Inquietud	Diversión
Furia	Simpatía	Pesar	Miedo	Éxtasis
Hostilidad	Cariño	Pesimismo	Nerviosismo	Gozo
Indignación	Respeto	Soledad	Terror	Satisfacción

Enojo	Amor	Tristeza	Temor	Placer
Irritabilidad		Nostalgia	Pavor	Gusto
Resentimiento		Aflicción	Preocupación	Optimismo
Ultraje			Desconfianza	Euforia
			Estremecimiento	Felicidad
			Conmoción	Gratificación
			Desconcierto	
			Asombro	

Otros tipos de emociones pertinentes a los procesos de toma de decisiones se denominan *emociones autoevaluativas* e incluyen la culpa, la vergüenza y el orgullo. La culpa se produce cuando nuestro comportamiento contradice aquello que siempre hemos considerado importante, bueno, correcto, valioso, saludable. La vergüenza se experimenta cuando nos damos cuenta de que hemos actuado en contra de las normas y estándares de nuestro grupo de referencia o de las personas significativas. El orgullo, por el contrario, se experimenta cuando nuestro comportamiento es consistente con los criterios personales y sociales que guían nuestras decisiones. Vale la pena aclarar que las emociones no son correctas o incorrectas. El enojo o la tristeza no son inválidas por sí mismas; lo que puede hacerlas ver como apropiadas o inapropiadas son las circunstancias en las que se ven implicadas y la manera como las expresamos.

¿A qué se refieren cuando hablan de empatía?

La empatía es la capacidad para comprender lo que siente el otro, para ponernos en su lugar, a fin de ver desde su perspectiva la situación que estamos enfrentando. Para desarrollar esta habilidad es necesario conocernos y ser muy conscientes de nuestros sentimientos. Cuando no somos capaces de reconocer, identificar y expresar lo que sentimos, nos es imposible saber y aceptar lo que sienten las personas que están a nuestro alrededor.

¿Qué sucede en familias donde ha habido divorcio o separación de los padres?

La experiencia del divorcio o separación de los padres es una de las más difíciles pues afecta a todos los integrantes de una familia. Las razones por las cuales las personas se casan y luego se divorcian son muchas. Estas incluyen la insatisfacción de sus necesidades y expectativas, cambios en las dinámicas de pareja, diferencias en aspectos como la crianza y la educación de los hijos, el manejo de la economía del hogar, insatisfacción sexual, entre otras.[18]

Generalmente, para que dos personas tomen la decisión de separarse y posteriormente divorciarse, existe un proceso de conflicto previo en el cual se discuten las posiciones de ambas personas; y por distintos motivos, no es posible llegar a acuerdos. Por esta razón, en muchos casos decidir sobre la ruptura de los vínculos afectivos y legales se considera consecuencia del conflicto y a la vez, un intento por solucionarlo. No obstante, en muchos casos la separación y la petición de divorcio contribuyen a que la crisis se perpetúe y cambie de nivel e intensidad, haciendo que las personas involucradas pasen por un proceso en el cual herirse mutuamente se constituye en una alternativa de manejo de la situación.

En este sentido, son muchas las emociones que suele despertar una separación. En la pareja, son comunes emociones como incredulidad, decepción, tristeza, dolor, angustia y enfado. Así mismo, no es raro que se despierten deseos de venganza contra la otra persona, sobre todo cuando han existido antecedentes de infidelidad. Sin embargo, también existen personas que toman positivamente la situación, sintiéndose liberadas y confiadas de que la separación y un posible divorcio son la mejor solución. Cabe mencionar, aun así, que ambas personas atraviesan momentos difíciles que suelen ser experimentados como un duelo asociado a la pérdida de la relación y la vida familiar conjunta.

La experiencia de separación y divorcio también implica una reorganización de la vida personal y social de ambos miembros de la pareja.[19] En lo personal, esto implica la búsqueda de un nuevo hogar, la separación de bienes y la reestructuración financiera. En lo social, la familia extensa puede tomar partido por cada uno de sus miembros de origen. Comentarios negativos de parte de familiares pueden retroalimentar las emociones del proceso. Igualmente, las relaciones con amigos y amigas de la pareja suelen cambiar.

En cuanto a los hijos e hijas, el proceso de separación y divorcio suele estar asociado con el deterioro de las relaciones con ambos padres y, a su vez, con un deterioro en el ajuste psicológico personal. Se ha encontrado también que los hijos e hijas atraviesan por un proceso de adaptación a la nueva vida como hijo/a de padres divorciados. En particular, se ha observado que mientras menores sean los hijos, más suelen estar en compañía de la madre; debido a la concepción de que las madres deben estar con ellos, el tiempo que pasan en compañía del

---

18 Booth, A. (1999). Causes of divorce: reflections on recent research. En R. Thompson & P. Amato (Eds). *The postdivorce family: children, parenting and society* (pp. 29-48). Thousand Oaks, CA: Sage Publications, Inc.

19 Emery, R. (1995). Divorce mediation: negotiating agreements and renegotiating relationships. *Family Relations, 44* (4), 377-383.

padre es menor posterior a la separación, trayendo como consecuencia cambios en la relación con el padre.[20]

No obstante, no todo es negativo. Existen estudios que afirman que, en ciertos casos, los hijos e hijas consideran que la separación y el divorcio son la mejor alternativa. Sobre todo, cuando en el hogar existen altos niveles de conflicto así como maltrato físico y verbal.

Así mismo, la familia extensa tiende a involucrarse a fin de proveer seguridad y tranquilidad a los hijos e hijas. Esto puede traer como resultado el acercamiento y la generación de apoyo. En este sentido, contar con una red de apoyo emocional fuerte facilita enfrentar los cambios que traen las separaciones y divorcios. El apoyo por parte de los mismos padres, familiares, amigos/as, profesores, es vital. Para lograr obtener el apoyo que se requiere es importante la comunicación entre los miembros que conforman la red.

Las familias de personas gay, lesbianas y bisexuales

Las personas gay, lesbianas y bisexuales pueden conformar familias de diversos tipos.[21] La gran mayoría de padres y madres LGB tienen hijos en el contexto de relaciones heterosexuales. Muchas de estas personas se casan, tienen hijos e hijas y durante el matrimonio se dan cuenta de su orientación sexual. Así mismo, personas LGB, que ya conocían de su orientación, se unen con personas heterosexuales debido a las presiones sociales alrededor de tener una orientación sexual no heterosexual. En muchos casos, no obstante, padres y madres, al asumir su orientación sexual, conforman relaciones estables y duraderas con personas del mismo sexo. En otras palabras, reconstituyen familia. Las concepciones alrededor de ser una persona LGB, así como el ser un padre o una madre no heterosexual, hacen que las dinámicas y procesos familiares estén, en muchos casos, llenos de estigmatización y rechazo.

Otra forma de conformación familiar por parte de personas LGB es la búsqueda activa de métodos asistenciales para la reproducción. Técnicas tales como la fertilización in vitro, la búsqueda de madres sustitutas, entre otras, constituyen medios por los cuales hombres gay, mujeres lesbianas y personas bisexuales pueden convertirse en padres y madres.

---

20 Lowery, C. R. & Settle, S. A. (1985). Effects of divorce on children: differential impact of custody and visitation patterns. *Family Relations, 34* (4), 455-463.

21 Ganong, L. & Coleman, M. (2004). Gay and Lesbian cohabiting couples in stepfamilies. En Ganong, L. & Coleman, M., (2004). *Stepfamily Relationships: development, dynamics and interventions* (99-107). New York: Kluwer academic/Plenum publishers.

Una última forma es la adopción. A pesar de que en Colombia la adopción por parte de parejas del mismo sexo no es permitida, en otros países las personas LGB buscan y logran convertirse en padres y madres por esta vía.

Aplico lo aprendido

- ¿Cuáles son las principales áreas de conflicto en su familia?
- ¿De qué manera acostumbra resolver los conflictos que surgen con sus padres?
- ¿Qué ha aprendido de estas experiencias de conflicto?
- ¿En qué medida influye su familia en las decisiones que toma en su vida diaria?
- ¿Qué tanta autonomía siente que tiene para controlar su propia vida?
- ¿Cómo se siente con este nivel de autonomía?

III

¿QUÉ HAGO?

11
Cuidarme para sentirme bien

Para reflexionar…

- ¿Con qué frecuencia habla usted con otras personas (madre, padre, hermanos, hermanas, amigos, amigas, pareja) acerca de su sexualidad?
- ¿Con qué frecuencia incluye en estas conversaciones temas como las relaciones románticas y sexuales, la abstinencia, la anticoncepción, el uso del condón, las infecciones de transmisión sexual, el embarazo en la adolescencia, el aborto, la homosexualidad, las normas y las expectativas de género, los derechos sexuales?
- ¿Qué tan cómodo/a se siente en esas conversaciones?
- ¿Qué tan seguro/a se siente de enfrentar una situación en la que experimenta que se vulneran sus derechos sexuales?
- ¿Qué tan seguro/a se siente de terminar una relación romántica cuando experimenta que no satisface sus expectativas de autonomía y vinculación?
- ¿Qué tan seguro/a se siente de poder comprar un condón y de su habilidad para usarlo correctamente?
- ¿Qué tan seguro/a se siente de poder explicar a su pareja la forma correcta de usar un condón?
- Imagine que usted está a punto de tener relaciones sexuales con alguien que acaba de conocer: ¿qué tan seguro/a se siente de que va a ser capaz de pedirle que usen condón?
- Imagine que usted está saliendo desde hace dos semanas con una persona. Esa persona quiere tener relaciones sexuales con usted. Aunque esa persona le gusta mucho, usted no se siente seguro/a de querer tener relaciones en este momento. ¿Qué tan seguro/a está de que puede resistirse de tener relaciones sexuales?
- ¿Qué tan seguro/a se siente de su capacidad para solicitar atención médica en caso de tener alguna preocupación sobre su salud sexual?

En la primera parte de este libro mencionamos varios criterios que podemos tener en cuenta para establecer cuándo un comportamiento sexual es saludable o no. Mencionamos que la sociedad tiende a utilizar como criterio los estándares que el grupo ha definido para mantener el orden social y que los individuos tienen en consideración la sensación de bienestar. El personal de salud, por su parte, hace su juicio teniendo en cuenta tres referentes: a) la frecuencia con la que ocurre el comportamiento, b) el grado en el que el comportamiento permite a los involucrados el ejercicio de sus derechos sexuales y c) las consecuencias físicas, psicológicas, sexuales y sociales que tiene el comportamiento.

En la figura 11 se ilustra la tipología de comportamientos sexuales que resultan de la consideración conjunta de estos tres referentes. El eje horizontal tiene que ver con el grado de periodicidad y continuidad de ocurrencia del comportamiento. En su extremo izquierdo se refiere a manifestaciones sexuales de baja ocurrencia o esporádicas. En el extremo derecho se incluyen los comportamientos que hacen parte del repertorio conductual de las personas, en tanto que ocurren con una alta frecuencia y conforman su patrón habitual de expresión sexual.

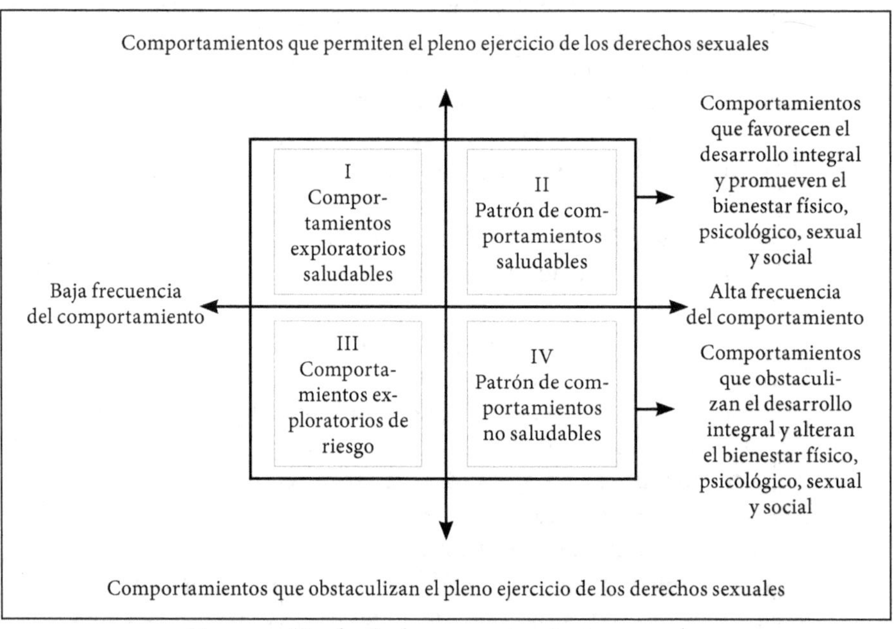

Figura 11. Tipología de comportamientos sexuales

El eje vertical lo asignamos a los derechos sexuales y, por lo tanto, al grado en el que el comportamiento permite su ejercicio. El segmento superior corresponde a los comportamientos que promueven el ejercicio pleno de los derechos sexuales de las personas. En contraste, el segmento inferior lo constituyen aquellos comportamientos que, por acción u omisión, desconocen los derechos sexuales de los involucrados.

Como se puede observar, a estos dos ejes se incorpora un plano superpuesto que representa las consecuencias del comportamiento, es decir, el grado en el que favorece el desarrollo integral y promueve el bienestar físico, psicológico, sexual y social de los involucrados. En la parte superior del plano se ubican los comportamientos cuyas consecuencias fomentan el desarrollo integral y promueven el bienestar de las personas. En el plano inferior encontramos las expresiones sexuales que interfieren u obstaculizan el desarrollo integral de los individuos y llegan o pueden llegar a poner en peligro su bienestar.

Es así como, en función de estos tres referentes, podemos identificar una gran variedad de comportamientos sexuales. Los comportamientos ubicados en el primer cuadrante, que denominamos *exploratorios saludables*, generalmente se realizan con el fin de obtener información o satisfacer una curiosidad acerca de la sexualidad, ocurren de manera esporádica o eventual, tienen en consideración los derechos sexuales de los involucrados, favorecen el desarrollo integral de las personas y no implican consecuencias adversas para su bienestar. Un ejemplo de este tipo de comportamientos puede ser el de los niños y las niñas que mutuamente acceden a jugar al papá y a la mamá y durante el juego realizan actividades sexuales exploratorias como ver y tocar sus cuerpos desnudos, o los primeros besos que se dan en la adolescencia entre personas que se gustan.

En el cuarto cuadrante, por su parte, localizamos los comportamientos *no saludables*, los cuales ocurren de manera continua, repetitiva y sistemática, sin tener en cuenta los derechos sexuales de los involucrados, al mismo tiempo que interfieren con su desarrollo integral y generan malestar. Como ejemplo podemos citar el caso de una niña que de manera recurrente obliga a sus hermanos pequeños a estimularle los genitales con las manos y la boca o una relación de pareja en la cual hay relaciones sexuales cuando solo uno de los miembros las desea y la otra persona no sabe cómo decir que no.

Concretamente, desde esta perspectiva los *comportamientos sexuales saludables* son aquellos que, independientemente de la frecuencia con la que ocurren, permiten a las personas el ejercicio pleno de sus derechos sexuales y, en esa medida, favorecen su desarrollo integral y promueven su bienestar físico, psicológico, sexual y social. Las personas que se involucran en este tipo de comportamientos tienen una mayor probabilidad de disfrutar de una *sexualidad saludable*.

Cuando hablamos de desarrollo nos referimos a la forma como las personas cambiamos a través del tiempo. Estos cambios ocurren de forma secuencial y ordenada, desde la concepción hasta la muerte. Algunas de estas transformaciones son biológicamente programadas, pero otras resultan de la interacción con el medio en el que vivimos. Se dice que este desarrollo es integral porque los cambios se producen armónicamente en todos los aspectos del ser humano, sin que ninguno sea más o menos importante que otro. Como hemos visto en los anteriores capítulos, los cambios sexuales se evidencian en las esferas física, cognoscitiva, comportamental y social.

La *sexualidad saludable,* por su parte, se define como la valoración global que hace la persona de su dimensión sexual, durante toda su vida. Esta valoración se basa en la correspondencia de los comportamientos y atributos que la caracterizan sexualmente con a) los estándares sociales establecidos para cada etapa del desarrollo (niñez, juventud, adultez, vejez) y b) la disposición que tiene para cumplir con ellos. En esta valoración, la persona también tiene en cuenta:

1. La categoría sexual que le ha sido asignada a partir de los aspectos biológicos que la caracterizan sexualmente (el sexo).

2. Los atributos y los comportamientos que la sociedad en la que vive establece como deseables y apropiados para los hombres y para las mujeres (el género).

3. El sexo de las personas por las cuales experimenta interés y atracción física, emocional o sexual (orientación sexual).

La sexualidad saludable se expresa en seis dimensiones: autoaceptación, autonomía, dominio del medio, relaciones positivas con otros, crecimiento personal, orientación a futuro. Es decir, como dijimos en la introducción de este libro, tener una sexualidad saludable implica mucho más que estar libre de infecciones de transmisión sexual, disfunciones sexuales o embarazos no deseados. En la tabla 6 se describen algunas características de la persona que goza de una sexualidad saludable y de quien, por el contrario, ha tenido dificultades para disfrutar de este beneficio (ver tabla 6).[1]

Ahora bien, en los capítulos anteriores hemos examinado algunos factores biológicos, culturales e individuales que se asocian con el desarrollo de la sexualidad y que, de una u otra manera, pueden favorecer o interferir el bienestar. En este capítulo vamos a concentrarnos en las alternativas que tenemos a nuestra disposición para asegurar que nuestros comportamientos contribuyan a nuestro desarrollo integral y, por lo tanto, nos permitan gozar de una sexualidad saludable. Esas alternativas se denominan *prácticas de autocuidado.*

---

1 Adaptado de Ryff, C. y Keyes, C. (1995). The structure of well-being revisited. *Journal of Personal & Social Psychology, 69,* 719-727; Ryff, C. (1995). Psychological well-being in adult life. *Current Directions in Psychological Science, 4, 4,* 99-104. Concepto de Salud Sexual consultado en http://www.siecus.org/inter/inteo006.html#ESP

Tabla 6. Manifestaciones de la sexualidad saludable

Dimensiones	Sexualidad saludable	Sexualidad poco saludable
Autoaceptación	Conoce, acepta y valora su propio cuerpo. Incluye la dimensión sexual en la descripción y valoración que hace de sí misma. Se siente adecuada, competente y valiosa como persona, independientemente de ser hombre o mujer, femenina o masculina, heterosexual, homosexual o bisexual. Expresa una actitud positiva hacía sí misma como ser sexuado. Reconoce y acepta sus cualidades, potencialidades, defectos y limitaciones como ser sexuado.	No conoce, ni acepta ni valora su propio cuerpo. No tiene en cuenta su dimensión sexual en la descripción y valoración que hace de sí misma. El hecho de ser hombre o mujer, femenina o masculina, heterosexual, homosexual o bisexual la hace sentirse inadecuada, poco competente y valiosa. Se siente insatisfecha con su desempeño sexual. Le disgusta pensar en lo que ha sido y hecho como ser sexuado en el pasado. Rechaza varios aspectos de su naturaleza sexuada (cualidades, potencialidades, limitaciones), desea ser diferente, sexualmente quisiera ser otra persona.
Autonomía	Controla su propia vida sexual. Es capaz de resistirse a las presiones sociales para que piense y actúe de cierta forma. Es capaz de poner limites frente a comportamientos sexuales que pueden tener consecuencias no deseadas para sí misma/o y para otros. Toma decisiones sexuales teniendo en cuenta sus propios criterios y evaluando las implicaciones de su comportamiento para sí misma, otras personas y la sociedad. Busca información sobre la sexualidad, en la medida que la necesita para tomar decisiones. Discrimina entre los comportamientos sexuales que favorecen su bienestar físico, psicológico o social y aquellos que implican algún riesgo para sí misma o para otras personas. Practica comportamientos de autocuidado como acudir a exámenes médicos regulares, realizarse el autoexamen de los senos o de los testículos, tomar medidas para evitar contraer y transmitir infecciones sexuales, incluido el VIH; usar métodos de planificación familiar y acudir al control prenatal desde las primeras semanas de gestación.	Le preocupan las expectativas y las evaluaciones de otros acerca de su sexualidad. Se basa en los juicios de otros para tomar decisiones sexuales importantes. Cede a las presiones sociales para ser, pensar y actuar de cierta forma en el dominio sexual. Presenta altos niveles de conformidad con las normas y expectativas sociales acerca de la sexualidad. Se le dificulta buscar información sobre la sexualidad cuando la necesita. Desconoce cuáles son los comportamientos sexuales que favorecen su bienestar físico, psicológico y social. Se involucra en comportamientos sexuales que implican riesgo para sí misma y para otras personas. Sus prácticas de autocuidado son deficientes. Sus prácticas sexuales le generan desórdenes, enfermedades, infecciones o deficiencias que interfieren con su comportamiento sexual y reproductivo. Se percibe invulnerable, por lo que no evita involucrarse en prácticas que tienen mayor probabilidad de afectar negativamente su desarrollo integral y su bienestar sexual.

Dimensiones	*Sexualidad saludable*	*Sexualidad poco saludable*
Autonomía	Las consecuencias de sus decisiones y comportamientos sexuales le ayudan a alcanzar las metas que se ha propuesto, no afectan a otros y contribuyen a su bienestar. Reconoce que es vulnerable y, por lo tanto, evita prácticas que tienen mayor probabilidad de afectar negativamente su desarrollo integral y su bienestar sexual. Sus prácticas sexuales lo mantienen libre de desórdenes, enfermedades, infecciones o deficiencias que interfieren con su comportamiento sexual y reproductivo. Su comportamiento sexual está libre de creencias infundadas y de sentimientos de culpa, temor o vergüenza.	Las consecuencias de sus decisiones y comportamientos sexuales le dificultan alcanzar las metas que se ha propuesto, afectan a otros y le generan malestar. Sus decisiones y comportamientos sexuales se basan en creencias infundadas. Su comportamiento sexual le genera sentimientos de culpa, temor o vergüenza.
Dominio del medio	Maneja de manera competente y eficaz la presión del entorno con respecto a su vida sexual. Tiene una posición crítica frente a los mensajes que recibe de los distintos agentes de socialización sexual. Es capaz de planear y organizar su vida sexual, de manera que le permita lograr lo que se propone. Hace uso efectivo de las oportunidades y los servicios que el medio le ofrece para mantenerse sexualmente saludable. Crea y selecciona espacios y experiencias de interacción sexual acordes con sus propias necesidades y valores.	Tiene dificultades para manejar los asuntos relacionados con su vida sexual. Acepta como verdades incuestionables los mensajes que recibe de los distintos agentes de socialización sexual. Se siente incapaz de cambiar o mejorar el contexto en el que vive, para promover su desarrollo integral y su bienestar sexual. Desconoce las oportunidades y los servicios que el medio le ofrece para mantenerse sexualmente saludable. No asume el control de los factores del entorno que inciden sobre su comportamiento y su salud sexual.
Relaciones positivas con otros	Establece y mantiene relaciones significativas con otros, caracterizadas por la autenticidad, la reciprocidad y un sano balance entre la cercanía emocional y la autonomía. Ejerce y defiende sus derechos sexuales. Reconoce, promueve y respeta los derechos sexuales de las otras personas. Es capaz de satisfacer sus deseos sexuales y los de su pareja a través de diversas formas de actividad sexual que no se limitan a las relaciones sexuales penetrativas.	Tiene pocas relaciones cercanas. Le es difícil mostrarse cariñosa, abierta e interesada por otros. Se siente sola y frustrada en las relaciones románticas y sexuales que establece. No está dispuesta a comprometerse en sus relaciones románticas y sexuales. No se siente capaz de mantener vínculos importantes con quienes tiene relaciones sexuales. Se le dificulta mostrarse tal y como es en las relaciones románticas y sexuales. En las relaciones románticas y sexuales se le dificulta mantener un sano balance entre la autonomía y la vinculación.

Dimensiones	Sexualidad saludable	Sexualidad poco saludable
Relaciones positivas con otros	Es competente para hablar abiertamente de su historia sexual, obtener información sobre la vida sexual de su pareja y negociar prácticas sexuales seguras para ambos miembros de la pareja.	No ejerce ni defiende sus derechos sexuales. Permite que se vulneren sus derechos sexuales. Desconoce y vulnera los derechos sexuales de las otras personas. Cree que la única manera de obtener gratificación sexual es a través de las relaciones sexuales penetrativas. No cuenta con las habilidades que le permiten hablar abiertamente sobre su historia sexual, obtener información sobre la vida sexual de su pareja y negociar prácticas sexuales seguras para ambos miembros de la pareja.
Crecimiento personal	Se ve a sí misma como una persona sexuada en continuo cambio y crecimiento. Está abierta a experiencias sexuales que le permitan realizar los planes que tiene para el futuro, que promuevan el desarrollo de su potencial y que le ayuden a adquirir un mayor conocimiento de sí misma.	Se siente sexualmente estancada. Percibe que con el paso del tiempo su vida sexual sigue igual. No siente que con el tiempo haya cambiado o mejorado sexualmente. Se siente aburrida y poco interesada en lo que pasa con su vida sexual. Se siente incapaz de desarrollar nuevas actitudes y comportamientos sexuales.
Orientación a futuro	En el nivel sexual, tiene planes para el futuro y un sentido de propósito en la vida, está convencida de que su vida, pasada, presente y futura, tiene sentido.	Siente que su vida sexual no tiene sentido. En el nivel sexual, tiene pocos objetivos o metas personales. Sexualmente, se siente a la deriva. No le encuentra un propósito a su vida sexual pasada. No hay ningún motivo o creencia que le ayude a encontrar que su vida sexual vale la pena.

Prácticas de autocuidado

Las *prácticas de autocuidado* incluyen un amplio espectro de comportamientos que tienen como fin mantener el más alto nivel de bienestar. Estos comportamientos van desde la manera como satisfacemos nuestras necesidades fisiológicas básicas (hábitos de alimentación, higiene, ejercicio, recreación, descanso, entre otros) hasta la forma como exigimos que se respeten nuestros derechos sexuales.

Los comportamientos de autocuidado tienen en cuenta el derecho que tenemos todas las personas a estar libres de coerción, discriminación y violencia, para alcanzar el estándar más alto de salud sexual, acceder a servicios de salud sexual y reproductiva, recibir e impartir información relacionada con la sexualidad, obtener educación sexual, mantener la integridad de nuestro cuerpo, escoger una pareja, decidir ser o no sexualmente activas, tener relaciones sexuales consensuales, unirnos o casarnos por voluntad propia, decidir si tener o no hijos, cuándo tenerlos y cuántos, buscar una vida sexual placentera y satisfactoria.

Para que una persona elija adoptar prácticas de autocuidado necesita concebirse como agente de su propia vida, es decir, sentirse capaz de asumir el control de aquellos comportamientos que tienen mayor probabilidad de ocasionarle daño físico, psicológico, sexual o social. En los capítulos anteriores hemos visto que para asumir el control de nuestra vida necesitamos desarrollar varias competencias, entre ellas: el autoconocimiento, la autovaloración, la autoeficacia, la toma de decisiones autónomas, la resolución de conflictos y la comunicación efectiva.

Dado que, como ya hemos visto, estas competencias se desarrollan con la experiencia, se ha encontrado que las personas más jóvenes y quienes no han contado con un ambiente propicio para su desarrollo tienen una mayor probabilidad de involucrase en comportamientos que ponen en riesgo su bienestar.

Los *comportamientos de riesgo,* por lo tanto, representan una suspensión temporal de algunos, no necesariamente todos, comportamientos de autocuidado.[2] Decimos que las personas se involucran en circunstancias riesgosas cuando optan por llevar a cabo un comportamiento que representa ganancias o beneficios momentáneos, a pesar de la probabilidad de tener repercusiones negativas. En ocasiones, como ya hemos mencionado, estas decisiones se toman en segundos; por ejemplo, una persona puede tener relaciones sexuales sin protección en un momento de impulsividad o de "pasión". En otros momentos, estas decisiones implican sobreponerse al temor que genera la posibilidad de enfrentar consecuencias adversas, como un embarazo no deseado, con el fin de evitar las

---

2 *Cheuvront, J. P.* (2002). High-risk sexual behavior in the treatment of HIV-negative patients. *Journal of Gay & Lesbian Psychotherapy*, 6, 3, p. 7, Documento recuperado en http://proquest.umi.com/pqdweb

consecuencias inmediatas de la acción. Éste es el caso de la persona que accede a tener relaciones sexuales que no desea, con el fin de evitar la descalificación, la humillación o lo que pueda hacer su pareja si se niega.

A continuación, vamos a examinar algunos de los factores que dificultan a las personas asumir prácticas de autocuidado.

Sabía que...

De acuerdo con el Ministerio de Protección Social, el primer caso de VIH/SIDA en Colombia fue reportado en septiembre de 1983 en una mujer trabajadora sexual de Cartagena (Bolívar), y hasta el 30 de junio de 2003 se habían reportado 40.072 casos. El 81,33% de los 40.072 casos reportados eran hombres, 18% eran mujeres. En el 96% de los casos, la vía de transmisión fue la relación sexual. El 50,9% de los casos corresponde a personas que tienen relaciones heterosexuales; 28,3%, homosexuales, y 16,8%, bisexuales. El 52,86% de los casos por VIH se presenta en personas entre los 15 y los 35 años, lo que quiere decir que este grupo poblacional, probablemente, se infectó antes de los veinte años de edad. Dado el subregistro, y considerando que no toda la población se encuentra inserta en el sistema de seguridad social, se estima que las cifras reales pueden ser muy superiores a las reportadas oficialmente.[3]

Por otro lado, los análisis recientes de la información disponible sobre VIH/SIDA indican que en Colombia la epidemia se ha ido feminizando. Mientras que en 1983 la infección se presentaba en 20 hombres por cada mujer, en 2003 la razón de los casos hombre/mujer había descendido a 3 hombres por cada mujer infectada. En la Costa Caribe esta razón ya se acerca a un hombre por cada mujer.[4]

En Bogotá, por su parte, entre enero y marzo de 2006, se reportaron 247 casos nuevos de VIH/SIDA (57 en mujeres y 190 en hombres). De éstos, 92 (37%) casos corresponden a personas entre los 15 y los 29 años de edad (22 mujeres y 70 hombres).[5]

---

3 Consultado en http://www.minproteccionsocial.gov.co/MseContent/images/news/DocNews-No444401.doc

4 Ruiz, M. y Flórez, C. E. (2006). *Análisis de situación para la formulación del programa de cooperación del UNFPA con el país para el período 2008-2012.* Bogotá: UNFPA.

5 Secretaria Distrital de Salud. Área de Vigilancia en Salud Pública, SAA. Consultado en http://www.saludcapital.gov.co/secsalud/boletines_epidemiologicos/Trimestrales/01-2006/Boletino12006_archivos/SAA2.htm

El autocuidado... un comportamiento planeado

Las investigaciones sobre los comportamientos que afectan la salud han permitido establecer que el antecedente inmediato de las prácticas de autocuidado es la disposición de ejecutarlas. Es decir, la intención que tiene la persona de cuidarse y de no involucrarse en situaciones que pongan en riesgo su salud. Esta intención es el resultado de un plan o decisión consciente de realizar un comportamiento que previamente la persona ha determinado que puede contribuir a su bienestar.[6] Por ejemplo, se ha encontrado que las personas que tienen la intención firme de recurrir al condón para cuidarse tienden a emplearlo de manera más frecuente y consistente que las que dudan de la conveniencia de usarlo en sus relaciones sexuales.[7]

La disposición para adoptar prácticas de autocuidado está determinada, a su vez, por la actitud personal acerca del comportamiento[8] y la anticipación de resultados negativos (expectativas de efectos negativos). La *actitud* representa el resultado de la evaluación que la persona hace del comportamiento, el cual es valorado en las dimensiones de bueno-malo, beneficioso-dañino, agradable-desagradable, placentero-no placentero, conveniente-inconveniente, muy importante-nada importante, entre otras.

De acuerdo con los hallazgos de diversos estudios, la persona está más motivada a autocuidarse cuando cree que protegerse vale la pena porque es bueno, agradable, importante, conveniente y beneficioso, y cuando percibe que su realización reduce la probabilidad de tener consecuencias negativas para su salud, es decir cuando tiene una actitud favorable. Por ejemplo, es más probable que una persona averigüe la historia sexual de su pareja si opina que es conveniente hablar de este tema antes de involucrarse en una relación sexual y, además, está convencida de que la actividad sexual con una persona que ha tenido múltiples parejas sexuales sin protección puede afectar su bienestar. Otro ejemplo es el de la persona que se preocupa por obtener información sobre el contexto familiar, escolar y social en el que fue socializada sexualmente una pareja potencial,

6 Conner, M. y Norman, P. (1996). The rol of social cognition in health behaviours. En Conner, M. y Norman, P. (Eds.). *Predicting Health Behavior* (pp. 1-22). Filadelfia: Open University Press; Conner, M. y Sparks, P. (1996). The theory of planned behaviour and health behaviours. En Conner, M. y Norman, P. (Eds.). *Predicting Health Behavior* (pp. 1-22). Filadelfia: Open University Press; Conner, M., Sheeran, P., Norman, P. y Armitage C. J. (2000). Temporal stability as a moderator of relationships in the theory of planned behaviour. *British Journal of Social Psychology*, 39, 469-493.

7 Sheeran P, Orbell S. (1998). ¿Do intentions predict condom use? Meta-analysis and examination of six moderator variables. *British Journal of Social Psychology*, 37, 231-250.

8 Ajzen, I. (2001). Nature and operation of attitudes. *Annual Review of Psychology, 52*, 27-58; Ajzen. I. (2002). Perceived behavioral control, self-efficacy, locus of control and the Theory of Planned Behavior. *Journal of Applied Social Psychology, 32*, 665-680.

porque sabe que éstos son determinantes importantes de la sexualidad y no está dispuesta a comprometerse con quien no es afín socioculturalmente.

Los datos disponibles también indican que el deseo de evitar los comportamientos de riesgo o de reducir su impacto depende de las creencias de la persona acerca de la probabilidad de que esas consecuencias negativas realmente le puedan ocurrir (vulnerabilidad percibida). Por ejemplo, se ha encontrado que es más probable que las jóvenes comiencen a usar anticonceptivos cuando se han enfrentado a un "susto", es decir, cuando ya se han enfrentado a la posibilidad de estar embarazadas, que cuando están comenzando a tener relaciones sexuales y creen que "el embarazo no les ocurre a las mujeres muy jóvenes o en las primeras relaciones sexuales".

La información no es suficiente…

El conocimiento sobre la existencia del VIH/SIDA es prácticamente universal. Sin embargo, los datos de la última encuesta de Profamilia[9] revelan que algunos grupos de mujeres registran un desconocimiento de la infección, que puede considerarse preocupante: las mujeres que viven en la zona rural (4% de desconocimiento), mujeres sin educación (16% de desconocimiento), mujeres con índice más bajo de riqueza (5%), mujeres adolescentes de 15 a 19 años (2%) y mujeres solteras que no tienen relaciones sexuales (3%). El 82% de las mujeres que conoce o ha escuchado sobre VIH/SIDA reconoce que el condón es la práctica más segura e importante de prevención. No obstante, llama la atención que, aun cuando el condón es el elemento más asociado con la seguridad y la prevención de riesgos en cuanto al VIH, el porcentaje de uso del condón en el país es tan sólo del 7% en mujeres sexualmente activas y sólo del 5,4% en áreas rurales. Además, tan sólo el 39,6% de las mujeres encuestadas dijeron que se habían realizado la prueba del VIH.

Ahora bien, dado que, en su mayoría, las conductas de autocuidado y de riesgo se asocian tanto con consecuencias positivas como negativas, se ha observado que, con frecuencia, las personas enfrentan lo que se denomina *ambivalencia actitudinal*.[10] La ambivalencia actitudinal ocurre cuando la persona evalúa la realización del comportamiento y sus consecuencias tanto positiva como negati-

---

9 Profamilia (2010). *Encuesta Nacional de Demografía y Salud, 2010*. Bogotá.

10 Conner, M. T. y Sparks, P. (2002). Ambivalence and attitudes. En W. Stroebe y M. Hewstone (Eds.), *European Review of Social Psychology, 3*, 295-317.

vamente. Esta situación es más frecuente cuando los efectos positivos y negativos se presentan en un intervalo breve de tiempo (por ejemplo, consumir alcohol puede facilitar la interacción social y pasar un rato agradable con los amigos, pero a corto plazo también puede implicar un accidente automovilístico).

En otras ocasiones, la ambivalencia actitudinal suele presentarse cuando las consecuencias positivas y negativas ocurren separadas por intervalos de tiempo más o menos largos. Por ejemplo, para una persona hipertensa, eliminar la sal de la dieta puede ser desagradable, pero a largo plazo implica evitar problemas más severos de salud; algunos hombres pueden creer que tener relaciones sexuales sin condón puede significar una experiencia más placentera, pero a mediano plazo puede tener consecuencias negativas, como un embarazo no deseado o una infección de transmisión sexual.

La ambivalencia también puede ocurrir en el nivel emocional. Se ha encontrado que las personas tienden a experimentar emociones mixtas hacia los comportamientos de riesgo, es decir, emociones tanto positivas como negativas. Por ejemplo, en circunstancias que involucran la actividad sexual, las personas informan haber experimentado simultáneamente emociones como la alegría y el miedo, la satisfacción y la vergüenza. Los datos señalan que las personas que tienen actitudes más negativas hacia las conductas de riesgo y que presentan mayores niveles de *ambivalencia emocional* tienden a asumir comportamientos de autocuidado con mayor frecuencia.

Otros dos factores que están relacionados con el autocuidado son la autoeficacia y las barreras percibidas. Como ya lo hemos mencionado, la *autoeficacia* se define como la creencia de las personas acerca de su propia capacidad para llevar a cabo un determinado comportamiento y para controlar sus intereses, sus comportamientos y ciertas condiciones del ambiente.[11] La autoeficacia implica que la persona sea capaz de evaluar los factores internos (información, fortalezas y debilidades personales, habilidades, capacidades, emociones) y externos (oportunidades, dependencia de otros, obstáculos) que están involucrados en la realización de la conducta.

Esto es, la adopción de prácticas de autocuidado exige, en primer lugar, el análisis de las circunstancias en las que va a realizarse el comportamiento; en segundo lugar, la evaluación del grado de dificultad que implica llevar a cabo la conducta, y de las barreras que existen para su ejecución; en tercer lugar, la autoevaluación de la capacidad para superar las dificultades, y del grado de control que la persona tiene sobre el comportamiento. Se ha encontrado que las personas tienen mayores niveles de autocuidado cuando perciben que tienen

11 Bandura, A. (1997). *Self-Efficacy: The Exercise of Control*. Nueva York: Freeman.
Richard, R. y Van der Pligt, J. (1991). Factors affecting condom use among adolescents, *Journal of Community & Applied Social Psychology, 1*, 105-116.

acceso a los recursos que requieren para ejecutar el comportamiento, tienen oportunidades para llevarlo a cabo y, además, consideran que tienen las capacidades para vencer los obstáculos.

¿Cómo se cuidan las/los jóvenes universitarias/os?

En un estudio realizado en el segundo semestre de 2004 con una muestra de 682 estudiantes universitarios de primer semestre,[12] se encontró que el 57,8% de los estudiantes había tenido relaciones sexuales (67,3% de los hombres y 47% de las mujeres). El 74,2% de las mujeres activas sexualmente dijo utilizar algún método de planificación, siendo el condón el método de mayor uso (79,5%), seguido de la píldora (45,5%). En el grupo de hombres, un 78,2% informó que planificaban ellos o en pareja. El método anticonceptivo más usado por los hombres fue el condón (92,6%), seguido de la píldora (29,5%) y el coito interrumpido (14,2%).

Preguntas frecuentes

¿Por qué las/los jóvenes no usan métodos de protección en sus relaciones sexuales si conocen los riesgos a los que se exponen?

Los factores por los cuales las personas jóvenes deciden utilizar o no métodos de protección varían en función del sexo y del contexto cultural en el que han crecido. En el caso de las mujeres, se ha encontrado que la estabilidad de una unión (legal o consensual) y el deseo de tener un hijo influyen ampliamente en esta decisión. Además, se ha observado que, en ambos sexos, la utilización de métodos de protección depende tanto del conocimiento como del acceso a los métodos. Los datos indican que aunque las jóvenes saben cuáles son los métodos y pueden estar en capacidad de utilizarlos, desconocen información básica de anatomía y fisiología sexual, la forma como los métodos funcionan para evitar un embarazo o una ITS y la manera apropiada de usarlos.

Por ejemplo, en un estudio[13] realizado con adolescentes en Bogotá y Cali, la mayoría dijo que no había utilizado nada en la primera relación sexual porque la

---

12 Manuscrito no publicado del Servicio Médico de la Decanatura de Estudiantes y Bienestar Universitario, Universidad de los Andes.

13 Vargas-Trujillo, E., Henao, J. y González, C. (2005). Fecundidad adolescente en Colombia: incidencia, tendencias y determinantes. Un enfoque de historia de vida. Estudio cualitativo. *Documentos CESO*. Bogotá: Universidad de los Andes.

falta de planeación del evento y el carácter espontáneo de la situación les impidieron estar preparados: "Habíamos hablado de métodos anticonceptivos, pero en ese momento como que uno no piensa en eso", "Uno no va con las intenciones de llegar a la casa y hacer eso, no piensa en que tiene que comprarlo, a uno como que le da pena, como que se va a sentir incómodo, uno dice: 'Vamos a ver qué pasa', y uno como que toma esa irresponsabilidad, y cuando llega allá piensa es en disfrutar el momento", "No, porque creía que no iba a pasar nada", "Antes del acto sexual sí tuve ese pensamiento [de usar algún método de protección] pero el momento no dio para poder conseguir el preservativo ni nada", "O sea, no se dio el momento… yo nunca hablé con él de: 'Listo, vamos a hacerlo, entonces yo voy a empezar a planificar', no…", "Él también era virgen, eso pasó así no más", "Porque fue una cosa espontánea y ninguno de los dos teníamos planeado nada… de por sí nunca hablamos de eso…".

Otras razones que plantearon las adolescentes para no utilizar algo la primera vez fueron: "Irresponsabilidad de ambos, porque yo no le dije nada ni él me dijo algo… gracias a Dios no quedé embarazada, ni tuve ninguna enfermedad, menos mal, porque no nos cuidamos y no era nada en serio", "De pronto fue por mí, yo lo quería hacer así, no sé, como que no", "No pensamos en eso".

En este estudio se observó que el uso de métodos de protección es poco probable que ocurra en la primera relación sexual cuando, por una parte, las mujeres creen que a sus parejas no les va a gustar que les pidan que utilicen un condón, que a su edad no van a quedar embarazadas o que no es necesario porque los dos son vírgenes; por otra, cuando los hombres creen que con el condón no se siente lo mismo, que el condón sólo se usa con mujeres que no son vírgenes o que es un irrespeto usar el condón con una persona que se ama y a la que se le tiene confianza. Así lo manifestaron durante las entrevistas: "Pues nos dejamos llevar, y así como estábamos… igual yo escuchaba cuando hablaba con los amigos y decía que con el condón no se sentía lo mismo, y entonces uno qué le va a decir: 'Póngase un condón'", "Porque yo creo que a él no le gustaba usarlos y yo no los conocía", "Él también era virgen, eso pasó así no más", "Yo no sé por qué… pues o sea, no me llamaba la atención, como era la primera vez, pensé que no iba a pasar nada", "Porque dicen que en la primera relación sexual no quedan en embarazo", "No, porque creía que no iba a pasar nada", "Según la concepción de él, era que conmigo no iba a utilizar preservativos… según él, que no, decía que 'contigo cómo voy a utilizar, yo utilizo pues con las mujeres…', pues me imagino que de la calle".

Otro factor que reconocen los jóvenes que incidió en que en la primera relación sexual no utilizaran algo para protegerse es la falta de información al respecto: "Porque no los conocía", "No, en ese tiempo no daban propaganda como ahora, mas sin embargo a uno le dicen: 'Ojo, mijo, cuando sienta que se le viene algo, sáquelo', y así lo hice".

Los hombres argumentaron que no usan siempre el condón porque "hay confianza y seguridad, porque cuando uno tiene mentalidad de que la persona con la que va a estar es bien, uno hace la relación", "[La relación] no está planeada, cuando salgo y pasa lo que uno no espera, o también porque se da con una persona que uno ya lleva como mucha confianza…", "Han sido con mujeres que son maduras, y creo que ellas sí han utilizado el método anticonceptivo", "[Depende] del momento, si lo tengo a mano, y depende de la situación, de poder controlarme", "Yo prefiero la sensación sin preservativo, realmente el preservativo es un mal necesario, porque previene de muchas cosas, pero quita un poquito la sensibilidad", "Es incómodo usarlo, el simple hecho de ponérselo cuando uno está en ese momento es un fastidio", "Yo no creo que sea necesario después de que haya otras formas de cuidarse del embarazo", "Me parece que es incómodo".

¿Quién debe decidir cuándo, cómo y con qué protegerse?

Esta decisión la debe tomar cada individuo solo o con su pareja. Toda persona que quiera utilizar un método de protección para evitar el embarazo y las infecciones de transmisión sexual debe tomar esta decisión de manera autónoma, para lo cual debe contar con toda la información que pueda recibir sobre las ventajas y riesgos de cada uno de los métodos, y escoger el mejor para su caso.

¿Qué criterios deben tenerse en cuenta al elegir un método de protección?

Cuando vamos a elegir un método de protección, debemos analizar sus ventajas, desventajas y consecuencias a corto y largo plazo. En general, debe reunir tres criterios:

Seguridad: ¿qué tan seguro es para evitar el embarazo y las infecciones de transmisión sexual?

Eficacia: ¿cuál es la tasa de fracaso en la población general?

Facilidad de acceso, uso y aceptabilidad: ¿qué tan fácil es para mí conseguirlo, usarlo y qué tanto coincide con mis gustos y valores personales?

¿Cómo se pueden evitar las Infecciones de Transmisión Sexual (ITS)?

Adicionalmente, resulta conveniente restringir las prácticas sexuales a aquellas que conllevan un menor riesgo; usar el condón para reducir el riesgo; conocer la historia de la pareja; sólo explorar prácticas sexuales menos convencionales, como el sexo anal y oral, dentro de una relación que, por sus características y el conocimiento previo, ofrece muy bajo riesgo de infección. Hablar y concertar con la pareja la práctica frecuente de la citología y de exámenes para la detección temprana del VIH y la sífilis.

Recuerde: para quienes tienen actividad sexual, es difícil asegurarse de que no tienen una ITS. Es necesario elegir a las parejas sexuales con sumo cuidado: preguntar respecto a un posible antecedente de infección y tener información sobre las ITS, para poder identificar sus síntomas. Si usted no esta seguro/a respecto a la "historia sexual" de su nueva pareja, debe insistir en el uso de un condón, para protegerse contra infecciones que se transmiten por contacto sexual.

A partir del año 2006 con la ley 1098, reglamentada en el 2007 con la circular 063, el examen del VIH está incluido en el Plan Obligatorio de Salud (POS). Esto significa que todas las personas tenemos derechos a solicitar la prueba de manera gratuita dos veces al año a través del servicio de salud al que tenemos acceso.

¿Por qué a las parejas les cuesta tanto trabajo hablar de las ITS?

Las personas que tienen una relación de pareja evitan hablar del tema de las ITS por varias razones, entre las cuales podemos citar:

- Temor a hablar y saber de las parejas anteriores, a perder a la pareja o a mostrar desconfianza.
- Falta de información.
- Vergüenza o culpa.
- Creen que pueden determinar cuándo una persona es saludable sexualmente sin preguntarle por "su intimidad". Estas personas piensan que una apariencia "agradable", "atractiva", "aseada", "presentable", "elegante", "distinguida", "cortés", "decente", es suficiente para establecer que no representa ningún riesgo.

¿Cómo podemos preguntarle a nuestra pareja acerca de su historia sexual?

Hablar con la pareja acerca de la historia sexual puede parecer muy difícil, y en un principio puede serlo. Se debe tener en cuenta que actualmente más y más personas lo hacen, porque quieren sentirse saludables y felices y saben que las ITS pueden afectarlas gravemente.

Probablemente, la otra persona también quiere hablar de este tema pero tampoco se atreve porque, de igual forma, se siente inhibida y apenada. Lo más difícil es "romper el hielo", tomar la iniciativa, pero una vez que se ha iniciado la conversación, las dos personas se sentirán confiadas y seguras de estar haciendo lo correcto. Para dar el primer paso, se puede hablar sobre la propia historia sexual. Recuerde que la sexualidad es mucho más que sexo. Hable sobre su familia, sobre este libro, sobre lo que dicen sus amigos acerca de la sexualidad, sobre lo que opina de las relaciones sexuales en la juventud, sobre sus relaciones románticas anteriores, acerca de sus temores y expectativas, en fin, sobre todo aquello que considera que es importante para que la otra persona sepa quién es usted sexualmente. Permita que su pareja le pregunte, respóndale sus inquietudes y, al mismo tiempo, averigüe sobre su proceso de socialización sexual.

Algunas personas evitan hablar de este tema, especialmente cuando tienen un pasado del que se avergüenzan o del que se sienten culpables. Evidentemente, es mucho más difícil para estas personas abrirse y cambiar, que para alguien que ha logrado construir una sexualidad saludable.

Recuerde: no importa qué tan difícil sea hablar con su pareja, o con alguien que posiblemente lo será, sobre su historia sexual; de todas formas, es mucho más fácil que enfrentar las consecuencias de entablar una relación romántica o sexual con alguien que no se conoce. Además, tenga en cuenta que son su integridad, su seguridad, su dignidad, su bienestar y su sexualidad los que están en juego. Si usted se conoce, se valora y se respeta, seguramente quiere cuidarse. Finalmente, si su pareja se rehúsa a hablar con usted de su historia sexual, usted está en todo su derecho a decir "NO quiero involucrarme en una relación afectiva o sexual que amenaza mi bienestar y que pone en riesgo mi sexualidad".

¿Qué tan válido es pedirle a alguien en quien confiamos que use condón?

En su mayoría, las personas que mencionan la confianza como una razón para no exigir el uso del condón ignoran que un indicador del grado de familiaridad e intimidad que hay en la relación es, precisamente, el hecho de que se sienten libres para expresar lo que quieren, desean, temen o necesitan. En las relaciones de pareja, especialmente las que se establecen en la juventud, el amor y la confianza no protegen de un embarazo o de una ITS. Si bien la confianza puede significar que los dos miembros de la pareja están seguros de que ninguno de los dos sostiene relaciones sexuales con otra persona (fidelidad), es importante tener en cuenta que nadie garantiza la estabilidad de la relación y que es altamente probable que, a pesar del amor que se profesan, la relación dure tan sólo unos pocos días, meses o años.

Vale la pena señalar que muchas personas jóvenes expresan que usan el condón solamente en los primeros encuentros sexuales o cuando éstos son casuales, es decir, se tienen con personas que no se conocen. Estas personas asocian el uso del condón con "desconfianza", de manera que cuando sienten que en la relación se ha logrado un mayor nivel de conocimiento y cercanía, el condón ya no es necesario. Esto significa que antes de llegar a constituir una "verdadera" relación de pareja estable, duradera y con compromiso, muchas personas jóvenes han estado involucradas en múltiples parejas románticas y sexuales "estables", "monógamas" y "con compromiso". Si con todas ellas sólo ha utilizado el condón "algunas veces", mientras se conocían, la probabilidad de padecer de una ITS es muy alta. La única manera de protegerse es hablando del tema para negociar la mejor alternativa de cuidarse mutuamente.

¿Qué tan eficaz es el condón contra la infección del VIH?

Las investigaciones demuestran que los condones de látex son sumamente eficaces contra la transmisión sexual del VIH, cuando son usados consistente y correctamente durante la actividad sexual.

Conviene destacar que el *uso consistente de condones* implica su utilización (el uso de un condón) siempre que se tienen relaciones sexuales y desde el comienzo hasta el final del coito. El uso *correcto*, por su parte, supone conocer las instrucciones de utilización del método y utilizarlo cada vez que se tiene actividad sexual anal, oral o vaginal. Recuerde que los condones no son lavables, ni reutilizables.

¿Para mantener una sexualidad saludable es suficiente con usar el condón en forma consistente y correcta?

No. El condón sólo protege a las personas de las consecuencias físicas que se derivan de las relaciones sexuales penetrativas: el embarazo y las ITS. A lo largo de este libro hemos mencionado que la sexualidad es mucho más que tener relaciones sexuales. Además, hemos dicho que la sexualidad saludable no se limita a estar libre de embarazos no deseados e ITS. Los condones y los métodos de planificación son útiles para prevenir consecuencias de orden físico, pero no protegen de las consecuencias psicológicas y sociales. Por ejemplo, el condón no evita que las personas experimenten sentimientos de inadecuación, culpa o vergüenza cuando actúan en contra de los estándares personales y sociales que guían el comportamiento sexual. Tampoco impide la sanción social, el rechazo o la mala reputación, cuando se vulneran los derechos sexuales de quienes participan.

Recuerde: las relaciones sexuales constituyen uno de los contextos relacionales en los que las personas ejercen el poder que tienen sobre sí mismas y sobre el otro. El poder, contrariamente a lo que popularmente se cree, no descansa en la fuerza, la autoridad o la habilidad para ejercer coerción. Hay otras fuentes alternativas de poder: la habilidad para tomar decisiones, para planear y anticiparse a las consecuencias de los propios actos; la habilidad para comunicarse y resolver conflictos; la disposición a obtener y a proporcionar información; la posibilidad de acceder a determinados recursos; la experiencia, el conocimiento y la confianza en la propia capacidad. En la medida que las personas hacen uso de estas fuentes alternativas de poder en las relaciones sexuales, se incrementa la probabilidad de que sus consecuencias contribuyan al bienestar y promuevan una sexualidad saludable.

¿Cómo se realiza el autoexamen genital?

Muchas veces, las creencias equivocadas que se han transmitido de generación en generación impiden que las personas toquen sus genitales y los revisen de la misma forma como lo hacen con la boca, el cabello, los ojos o los oídos. Sin embargo, un examen detallado y cuidadoso es de suma importancia para detectar cualquier problema. Un *autoexamen genital* consiste en lo siguiente:

El hombre: debe revisar el glande, observando su coloración, tratando de detectar algún dolor, escozor, o la presencia de granitos. Con la yema de los dedos medio y pulgar, tocar las bolsas donde están los testículos. Si se percibe (toca) alguna bolita, un conducto demasiado amplio o tortuoso o se detecta la presencia de líquido en las bolsas, se debe acudir al médico de inmediato.

La mujer: debe realizar el examen de la vulva después del baño. Acostada boca arriba o en cuclillas, con la ayuda de un espejo, debe revisar la presencia de algún granito, enrojecimiento o presencia de flujo.

Para el examen de los senos, debe pararse frente a un espejo en un lugar con suficiente luz y observar:

1. Cambio de color, tamaño y forma de los pezones.
2. Si existen hundimientos o arrugas. Para hacer esta observación, deberá levantar los brazos sobre la cabeza y tocarse los senos en todas sus partes. Asimismo, deberá acostarse boca arriba colocando un cojín bajo el hombro, la mano izquierda debajo de la cabeza, y con la derecha tocar la mama del lado contrario; luego hacer lo mismo del otro lado. Ante cualquier duda, debe consultar al médico.

Es importante tener en cuenta que el examen de senos debe realizarse diez días antes o después de la menstruación.

Aplico lo aprendido

En este capítulo hemos visto que el autocuidado es una cuestión de elección personal que implica, en primer lugar, contar con información y, en segundo lugar, el autoconocimiento, la autovaloración, la autoeficacia, la toma de decisiones autónomas, la resolución de conflictos y la comunicación efectiva. Con el fin de avanzar en este proceso, le recomendamos responder a las siguientes preguntas:

- ¿Qué tanto ejerce sus derechos sexuales y cómo los hace respetar por parte de su pareja y de las personas con quienes interactúa diariamente?
- ¿Cómo se cuida en sus relaciones románticas y sexuales?
- ¿Qué cambios cree que debe realizar para que su comportamiento promueva una sexualidad saludable?

12

Planeo mi futuro… para ser feliz

Para reflexionar…

La mayoría de nosotros tenemos alguna idea del tipo de persona que queremos ser en el futuro. Imagine cómo le gustaría verse en unos cinco años.

Seguramente que para el futuro tiene muchas metas; seleccione aquella que es más importante para usted en este momento.

En un párrafo, explique cuál es su meta y lo que está haciendo actualmente para tratar de alcanzar eso que se propone.

Ahora revise su meta y trate de establecer:

- ¿A qué área de la vida corresponde su meta (profesión, trabajo, pareja, hijos, familia, seguridad económica, desarrollo personal)?
- ¿Para qué quiere usted lograr esta meta en su vida (mantener una buena relación con las personas significativas, ganar dinero, ser famoso/a, contribuir a la sociedad, tener poder, obtener aprobación)?
- ¿En qué medida siente que su meta es una "obra personal" o el resultado de lo que otros esperan de usted?
- ¿Qué está haciendo actualmente para lograr esa meta?
- ¿Qué tanto disfruta lo que hace en este momento, destinado a lograr esa meta?
- ¿Qué tan orgulloso/a se siente de su meta?
- ¿Las personas que son importantes para usted saben que usted tiene esta meta? ¿Qué opinan esas personas de sus planes?
- ¿Qué tanto apoyo recibe, a fin de lograr su meta, de las personas que son importantes para usted?

Ser feliz es, probablemente, la meta a la que la mayoría de las personas dedica gran parte de su vida. Pero ¿qué significa ser feliz? ¿Qué es lo que hace a una persona feliz? ¿Todas las personas alcanzamos la felicidad de la misma forma? En este capítulo intentaremos dar respuesta a éste y a otros interrogantes que surgen cuando abordamos el tema de la felicidad.

¿Qué significa ser feliz?

Aunque la *felicidad* ha sido un tema importante para la humanidad desde la Antigüedad, aún no contamos con una definición ampliamente aceptada del concepto. Los psicólogos interesados en este asunto han encontrado que cuando la gente describe la felicidad lo hace refiriéndose a la alegría, la paz, los sentimientos de realización personal, placer, diversión, bienestar y satisfacción con la vida.[1] A partir de estas descripciones, se ha propuesto que la felicidad tiene que ver con el juicio que hace la persona sobre la calidad de su vida como un todo.

Ese juicio se basa en la evaluación tanto objetiva como subjetiva del bienestar individual.[2] La *evaluación objetiva* corresponde al análisis reflexivo que realiza la persona de su proyecto de vida. Este análisis implica responder a preguntas como: ¿en qué medida he logrado lo que me he propuesto? ¿Qué consecuencias (personales, familiares o sociales) ha tenido el logro de estos objetivos? ¿El logro de estos objetivos me ha permitido alcanzar otras metas importantes para mí? ¿Qué tan autónomo y auténtico he sido en la definición y consecución de estos objetivos? ¿Qué tanto la realización de estos objetivos me ha facilitado mantenerme saludable sexualmente?

La *evaluación subjetiva*, por su parte, implica dar respuesta a la pregunta: *¿Cómo estoy yo?* Es decir, requiere valorar la *calidad de vida* como un todo y no sólo en un momento determinado del tiempo. Para hacer esta valoración, las personas tienen en cuenta su estado emocional, el grado de satisfacción de sus necesidades básicas emocionales y materiales y su nivel de bienestar físico, psicológico, sexual y social.

1 Argyle, M. (1992). *La psicología de la felicidad*. Madrid: Alianza Editorial, S. A.

2 Schmuck, P. y Sheldon, K. M. (2001). Life goals and well-being: To the frontiers of life goal research. En P. Schmuck y K .M. Sheldon (Eds.). *Life Goals and Well-Being. Towards a Positive Psychology of Human Striving* (pp. 1-17). Göttingen: Hogrefe & Huber Publishers.

> **¿Qué tan felices se sienten los jóvenes colombianos?**
>
> En el estudio que se realizó con jóvenes en Bogotá y Cali,[3] las respuestas que dio la mayor parte de los jóvenes cuando se les preguntó qué tan satisfechos se sentían con su vida actual fueron: "Estoy contento con mi vida, estoy satisfecha, me siento bien, me encanta la vida que llevo, me siento feliz".
>
> Estar a gusto con las actividades que realizan y con los roles que desempeñan, tener una familia, buenos amigos y una relación romántica, así como disfrutar de salud y de condiciones económicas adecuadas, aparecen como las principales fuentes de satisfacción personal que mencionaron los participantes: "Pues tengo lo más importante, que es salud, una familia que está pendiente de mí, una hermana que adoro y tengo un plato de comida", "Estoy estudiando ingeniería electrónica y estoy muy contenta", "Pues yo estoy muy contenta porque ya voy a acabar el colegio", "Tengo una familia muy chévere, buenos amigos y una novia rechévere", "Yo creo que es una vida por decir completa, pues tengo todo, cuento con casi todo, hablo de lo afectivo y de lo material. Yo me siento bien, me siento a gusto", "Pues gracias a Dios yo tengo una vida superbien, superlinda. Mis papás están juntos, mi familia es muy unida, estudio una carrera que me gusta, en una universidad buena, tengo muchos amigos, también tengo muchos conocidos que son buena gente, y tengo mi novio", "Yo me siento afortunada con mi familia y con mi novio".
>
> Algunos jóvenes también se mostraron satisfechos con su vida por el tipo de experiencias que han tenido y los aprendizajes que les han generado. En sus palabras, "pues me parece que han sido muy chéveres todas las experiencias que he tenido" y "porque creo que he aprendido mucho de la vida".

¿Qué es lo que hace a una persona feliz?

Desde el punto de vista psicológico, se puede decir que una persona es feliz cuando, al hacer un balance de su vida, reconoce que tiene lo que se merece, establece que ha logrado lo que se ha propuesto y se siente bien con lo que tiene y ha alcanzado.

---

3 Vargas-Trujillo, E., Henao, J. y González, C. (2005). Fecundidad adolescente en Colombia: incidencia, tendencias y determinantes. Un enfoque de historia de vida. Estudio cualitativo. *Documentos CESO*. Bogotá: Universidad de los Andes.

Contrariamente a lo que popularmente se cree, la felicidad no depende de los recursos económicos con los que cuenta la persona, ni de sus ingresos o de sus posesiones materiales.[4] Los estudios sobre calidad de vida y bienestar han mostrado que el nivel de felicidad que informan las personas varía, incluso en países con ingresos per cápita muy altos, en los que los habitantes tienen mayor acceso a servicios de salud y educación, y en los que se garantiza el ejercicio de los derechos humanos. Es decir, aunque para estar bien se requiere de la satisfacción de las necesidades básicas, esto no necesariamente incide directamente en sus sentimientos de felicidad.

Gran parte de las personas estamos convencidas de que los recursos materiales son una condición básica para ser felices. Esta convicción nos lleva a planear nuestra vida en función de la consecución de recursos económicos; suponemos que con el dinero no sólo vamos a obtener comodidad, placer y estabilidad sino también poder, reconocimiento y seguridad. No obstante, si miramos con detenimiento los hechos de la vida cotidiana que aparecen en los medios de comunicación y examinamos la evidencia empírica disponible sobre el tema, podemos reconocer la urgente necesidad de reflexionar cuidadosamente sobre la conveniencia, para el individuo y para la sociedad, de una vida centrada en el dinero, el consumo y el placer.

Lo anterior cobra particular relevancia si consideramos los estudios sobre el tema de calidad de vida y bienestar que han revelado que la felicidad está muy relacionada con la forma como cada persona se evalúa a sí misma. En efecto, se ha encontrado que las personas, al hacer el balance de sus vidas, tienen en cuenta dos elementos: lo que han hecho bien y lo que han hecho de manera autónoma y auténtica.[5] Los datos indican que las personas se sienten más satisfechas con su vida cuando consideran que sus proyectos personales son consistentes tanto con sus valores, intereses y capacidades como con las diferentes facetas de su identidad. Es decir, las personas que informan mayores niveles de felicidad son las que sienten que están logrando lo que se han propuesto, sin dejar de ser lo que son, sin perder su identidad. Como dijimos en el capítulo 6, los proyectos de vida que tienen un alto grado de coherencia y consistencia son los que están basados en el autoconocimiento y la autenticidad personal.

La felicidad también está relacionada con las creencias de autoeficacia para lograr los planes que se tienen para el futuro.[6] Las personas se sienten más felices

4 Bauer, J. J., McAdams, D. P. y Sakaeda, A. R. (2005). Interpreting the good life growth memories in the lives of mature, happy people. *Journal of Personality & Social Psychology*, 88, 1, 203-217.

5 McGregor, I. y Little, B. R. (1998). Personal projects, happiness and meaning. On doing well and being yourself. *Journal of Personality & Social Psychology*, 74, 2, 494-512.

6 Lent, R. W., Singley, D., Sheu, H., Gainor, K. A., Brenner, B. R., Treistman, D. y Ades, L. (2005). Social cognitive predictors of domain and life satisfaction: Exploring the theoretical precursors of subjective well-being. *Journal of Counseling Psychology*, 52, 3, 429-442.

cuando creen que son capaces de continuar logrando lo que se han propuesto. Recordemos que cuando la persona se da cuenta de los resultados o de las consecuencias que tienen sus acciones, va desarrollando un sentido de control personal, de ser actor o agente de su propia vida, es decir, de ser "dueña" de su presente y de su futuro. Como dijimos en el capítulo 7, esto le permite ir descubriendo que es competente para organizar y ejecutar un curso de acción, con el fin de alcanzar lo que ha planteado.[7]

¿Cuáles son las fuentes de insatisfacción en la vida de los jóvenes?

En el estudio con jóvenes de Bogotá y Cali que realizó el Grupo de investigación sobre familia y sexualidad, en coordinación con el CEDE de la Universidad de los Andes, se identificaron algunas fuentes de insatisfacción: mientras que en los relatos de los jóvenes de estrato alto se encontraron expresiones como "Estoy supersatisfecho; me siento una persona privilegiada, no sólo por mi estatus social y económico, sino porque tengo muy buenas amistades y manejo muy bien mi vida", entre los jóvenes de estrato medio y bajo se hallaron con frecuencia testimonios como "Me gustaría tener un poquito más de dinero, de solvencia económica", "Quisiera que no estuviéramos tan apretados". Es más, algunos jóvenes de estrato bajo manifestaron que preferirían dejar el estudio y trabajar para poder hacer contribuciones a la familia: "Preferiría estar trabajando y ayudarle a mi mamá con la alimentación de todos nosotros. Preferiría estar trabajando en vez de estudiar porque, digamos, para qué estudiar si una ya sabe todo lo necesario para vivir", "La verdad, estoy cansado del estudio y ahorita no hay tanto dinero en la casa. Preferiría estar trabajando para satisfacer las necesidades mías y las de mi familia".

Además del deseo de generar ingresos, en estos jóvenes se detecta una subvaloración de la escolaridad y de la formación profesional, la cual resulta contraria a lo que se identificó en la mayoría de los jóvenes cuando se indagó por sus metas y los planes para el futuro, tal como se verá más adelante.

Por otra parte, siendo de estrato alto, una joven también manifestó su deseo de trabajar, debido a la difícil situación económica que estaba viviendo: "Pues en este momento no estoy muy contenta con mi vida porque mi papá ahorita está en una situación económica impredecible, está sin

---

7 Bandura, A. (1997). *Self-Efficacy: The Exercise of Control.* Nueva York: W. H. Freeman & Company.

trabajo. Entonces me parece superduro por lo que él está pasando y a mi me gustaría entrar a trabajar". Este relato evidencia el impacto que tienen las condiciones de vida de los padres en el proyecto vital de los hijos.

Adicionalmente, para algunos jóvenes las condiciones económicas han sido fuente de frustraciones personales, como se observa en el relato de este joven: "Yo preferiría es estar jugando fútbol, pues ése ha sido mi sueño. Desde pequeño yo estaba en una liga de fútbol y todos los días iba a jugar pero, pues, la situación económica no me ayudó y, pues, ahí quedaron mis sueños". Sin embargo, otras jóvenes atribuyen su frustración no sólo a las condiciones económicas, sino a su falta de empeño para abrirse oportunidades, como se detectó en las palabras de esta adolescente de estrato medio: "No estoy totalmente satisfecha porque no estoy estudiando lo que quiero. Yo quiero estudiar enfermería. Tal vez me hace falta como despertarme, como aprovechar las oportunidades y no dejarme vencer ante los obstáculos. Yo me resigno y necesito como despertarme, como saber cuándo es la oportunidad, y cuando llega, ¡pum!, aprovecharme de la situación. Yo veo dificultades y digo: 'No, para el otro año'. ¡Me falta impulso!".

¿Todas las personas alcanzamos la felicidad de la misma forma?

Si tenemos en cuenta que la felicidad está estrechamente relacionada con los proyectos de vida que son consistentes con nuestros valores y con las distintas facetas de nuestra identidad,[8] es obvio que la forma como cada persona logra sentirse feliz es única y singular.

No obstante, se ha encontrado que los proyectos de vida de las personas tienden a compartir ciertas características en función de las temáticas que articulan los objetivos que los conforman. Es así como los proyectos de vida pueden centrarse en el éxito, el reconocimiento, el estatus, el prestigio, la fama y el poder; algunos pueden tener como eje articulador la afectividad, la solidaridad y la cercanía con otros; otros pueden girar en torno a la diversión, el disfrute, el placer.

Estos *ejes articuladores* se evidencian cuando se examinan los objetivos que las personas definen en los cinco dominios que, generalmente, tienen en cuenta en el momento de planear su futuro:

---

8 Sheldon, K. M. y Houser-Marko, L. (2001). Self-concordance, goal attainment, and the pursuit of happiness: Can there be an upward spiral? *Journal of Personality & Social Psychology, 80,* 152-165.

1. Social o relacional.
2. Personal o emocional.
3. Académico o profesional.
4. Salud.
5. Económico.

Los siguientes son ejemplos de proyectos de vida en distintos dominios, y cuyos objetivos están articulados en torno a diferentes temáticas:

Proyecto centrado en el dominio relacional, que tiene como eje articulador la afectividad y la cercanía con otros

Yo quiero casarme y tener hijos… para lograrlo, estoy tratando de conocer más acerca de mí mismo y de crecer como persona antes de que pueda conformar una familia. Cuando me case, quiero ser feliz y aprovechar las experiencias positivas y negativas que la vida me ofrece, para seguir aprendiendo sobre la manera más adecuada de mantener una buena relación de pareja y de mantener a mi familia unida. Aunque mi profesión es importante, creo que es sólo un medio para darle a mi familia lo que se merece y necesita.

Proyecto centrado en los dominios profesional y económico, que tiene como eje articulador el prestigio, el estatus y el poder

Mi principal meta es terminar la universidad, hacer un postgrado en el exterior y vincularme a una multinacional. Para lograrlo, estoy dedicada al estudio, para mantener un buen promedio y aumentar la probabilidad de ganarme una beca. En clase trato de demostrar que soy la mejor del grupo, para que los profesores me reconozcan y me tengan en cuenta cuando se presente alguna oportunidad… quiero ser exitosa en mi profesión, quiero ser respetada y reconocida y obtener suficiente dinero para tener una vida cómoda.

Proyecto centrado en el dominio personal que tiene como eje articulador la diversión, el disfrute, el placer

Quiero tener una vida simple, alejada del ruido de las grandes ciudades, quiero vivir en una cabaña cerca de la playa o de la naturaleza, donde pueda pintar y escribir, que es lo que me gusta hacer, vivir sin mucho dinero y pocas responsabilidades… la verdad, prefiero la calidad que la cantidad.

Estos ejemplos nos permiten ver que los proyectos de vida revelan lo que las personas quieren en su vida, la forma como intentan alcanzar sus metas y la coherencia que hay entre lo que se proponen y lo que hacen para lograrlo.

Las metas de los proyectos vitales también pueden examinarse en función del tiempo que exige su consecución. Así, podemos definir *metas a corto, mediano o largo plazo*. Estas metas están relacionadas entre sí tanto temporal como jerárquicamente, es decir, las metas de largo plazo no pueden ser alcanzadas si no se realizan las de corto y mediano plazo, las cuales constituyen los pequeños pasos orientados a su consecución. Las metas de corto plazo son fundamentales, en tanto que definen las acciones que llevamos a cabo diariamente, con miras a lograr aquello que nos hemos propuesto para el futuro.

Ahora bien, no todos los proyectos vitales contribuyen a la felicidad de las personas. Se ha encontrado que las personas que organizan su vida en función del mantenimiento de relaciones significativas y la contribución a la sociedad tienden a reportar niveles más altos de bienestar y felicidad que quienes definen proyectos de vida centrados en el dinero, el poder y el prestigio.[9]

En otras palabras, lo que uno llega a SER está relacionado con lo que uno trata de HACER. Si uno quiere ser feliz pero se centra en obtener estatus y aprobación social, es poco probable que logre su objetivo. Para ser feliz, la persona necesita dedicarse a crecer como persona y a mantener relaciones significativas con otros. Crecer como persona significa aprovechar las experiencias de la vida para conocer y aprender de sí mismo y de quienes le rodean, para conocer otras perspectivas y desarrollar habilidades que le permitan contribuir al mejoramiento de la sociedad.

Lo anterior no significa que sea inadecuado desear tener éxito profesional y una vida económicamente estable; el problema surge cuando estas metas se convierten en el único "motor" de la existencia y no las armonizamos con otras metas vitales que también son pertinentes al bienestar.

La importancia de las relaciones familiares en la vida de los jóvenes

Las jóvenes que se entrevistaron para el estudio sobre fecundidad adolescente en Colombia[10] expresaron que "Lo único que me gustaría cambiar es que me dieran más permisos y más libertad", "Me gustaría que con mis papás hubiera como más confianza, que la educación fuera un poco diferente y que me dejaran tomar mis propias decisiones, porque siempre es lo que ellos quieren".

Otra joven expresó "Lo único que me está afectando en este momento es la relación con mi mamá, a raíz de que se dio cuenta de que yo estoy teniendo relaciones sexuales. Y no estoy satisfecha totalmente con mi forma de ser, me gustaría cambiar algunos actos que yo hago que no están bien. Me gustaría hacer cosas que mi mamá vea y que le parezcan bien, porque me quiero ganar su confianza".

9 Bauer, J. J. y McAdams, D. P. (2004). Growth goals, maturity, and well-being. *Developmental Psychology*, 40, *1*, 114-127.

10 Vargas-Trujillo, Henao y González, *op. cit.*

La importancia de la relación padres-hijos durante la juventud también se observa en el testimonio que ofreció esta joven de estrato medio que es hija única y huérfana de padre: "Pues contenta con mi vida no estoy. Estoy conforme, digámoslo así. Porque yo pienso que hay cosas que podrían ser mucho mejores. Comenzando por la relación con mi mamá. Yo pienso que estamos las dos no más, y si la pasamos agarradas, ¡qué pereza! Además, eso me afecta mucho a mí y ella no cree. Ella piensa: 'Usted está con sus amigos y con su novio y ya me deja a un lado'. De resto, yo pienso que estoy como en una etapa como en el limbo... sé que tengo que estudiar, terminar el colegio y después ver qué pasa".

¿Por qué es tan importante planear el futuro?

Planear el futuro es pertinente porque se ha encontrado que la sola intención de orientar la vida en una dirección particular es el primer paso concreto que damos para llegar allá. Como hemos visto, los proyectos de vida, por una parte, dan sentido a las cosas que hacemos diariamente y, por otra, contribuyen a generar sentimientos de felicidad cuando son consistentes con los aspectos relevantes del sí mismo, y la persona siente que es capaz de lograr lo que se propone.

Como mencionamos al principio de este capítulo, para la mayoría de las personas la felicidad constituye su principal meta en la vida. Sin embargo, se ha encontrado que la felicidad es consecuencia de otros objetivos y actividades, y que no se puede obtener de modo directo. En este sentido, se ha observado que las personas que tienen definido con claridad un proyecto de vida que se ajusta a sus intereses, habilidades, valores, creencias, aptitudes y potencialidades, y que hacen lo posible para cumplir las metas que se han propuesto para hacer realidad sus sueños, se sienten más felices, porque posiblemente los logros que obtienen se aproximan a sus aspiraciones.

Por el contrario, las personas que se sienten infelices creen haber fracasado en la consecución de los objetivos que se habían propuesto, creen que es culpa suya y que no pueden hacer nada al respecto, sin darse cuenta de que probablemente no tenían claro lo que querían, o de que se propusieron metas inalcanzables.

En síntesis, la felicidad se experimenta a lo largo del proceso continuo y permanente que acompaña la motivación por el desarrollo personal, cuya realización requiere del establecimiento de metas a corto, mediano y largo plazo. Cuando estas metas no se cumplen, ya sea porque la persona no las puede llevar a cabo o porque se truncan en algún punto del camino, aparecen los sentimientos de frustración, resentimiento e infelicidad.

En el capítulo 7 dijimos que cada uno de nosotros tiene la capacidad para decidir sobre su propia vida. Planear no es una tarea fácil pero es necesaria si queremos ser felices. Planear el futuro implica tomar decisiones frente a cada uno de los cinco dominios que mencionamos arriba, tratando de armonizar los ejes temáticos que articulan las metas que nos proponemos. Es conveniente recordar que todos los dominios están interrelacionados, de manera que si alguno no es tomado en cuenta, afecta a los demás, impide un desarrollo integral y, por lo tanto, la felicidad.

Los sueños y los planes para el futuro de los jóvenes

¿Qué quieres hacer cuando seas adulta o adulto? ¿Cómo te imaginas tu vida cuando tengas 30 años? ¿Qué te gustaría ser y estar haciendo en esa época? Éstas fueron las preguntas que se les formularon a los entrevistados del estudio sobre fecundidad adolescente en Colombia, para conocer su orientación hacia el futuro y sus metas, sueños y proyectos.

Como tendencia general, y sin distinción de sexo, estrato o ciudad de origen, los y las jóvenes del estudio mostraron entre sus aspiraciones el deseo de asumir los roles que caracterizan la vida adulta en las sociedades contemporáneas, como el ingreso al mundo laboral y la conformación de una familia: "Me gustaría tener mi familia y tener un trabajo bueno y estable", "Cuando tenga 30 años creo que ya tendré una carrera, un trabajo, una pareja y también hijos", "Yo quiero casarme, tener hijos y ser profesional", "Cuando tenga 30 años me imagino trabajando y casada", "Pues espero trabajar, conseguir una pareja que en verdad lo quiera a uno, tener un hijo y ser feliz".

Preguntas frecuentes

¿Cómo puede uno planear el futuro?

En el capítulo 6 dijimos que un proyecto de vida significativo es aquel en el que la persona se constituye en la principal protagonista, es decir, asume el control para decidir las metas que quiere alcanzar en el futuro, y la trayectoria que va a seguir para lograrlas. En un proyecto de vida significativo, la persona articula su historia pasada con sus perspectivas futuras.

Por lo tanto, para definir nuestro proyecto de vida necesitamos retomar nuestra historia de vida, reconocer lo que tenemos en este momento y proyectarnos al futuro. Para lograrlo, podemos tener en cuenta las preguntas que hemos ido abordando en los distintos capítulos de este libro:

- ¿De dónde vengo?
- ¿Quién soy yo?
- ¿Quién quiero ser?
- ¿Qué quiero hacer?
- ¿Cómo ha sido mi vida hasta este momento?
- ¿Qué es lo que yo más valoro?
- ¿Qué es lo que considero mejor para mí?
- ¿Cómo me gustaría que fuera mi vida en 5, 10, 15, 20, 25, 30 años?
- ¿Cuáles serían las principales metas que yo debería cumplir para tener la vida que sueño?
- ¿Qué cualidades, habilidades, aptitudes, recursos personales, familiares, sociales y económicos tengo para lograr estas metas?
- ¿Qué defectos, limitaciones, carencias, dificultades u obstáculos tengo para lograr mis metas?
- ¿Qué necesito hacer para alcanzar mis metas?

¿Qué es lo que mueve a las personas a lograr lo que se proponen en la vida?

Las personas pueden buscar el logro de sus objetivos por uno o más de los siguientes motivos:[11]

- *Motivos externos*: cuando se pretende lograr un objetivo que satisface los deseos de otros, con el fin de obtener beneficios que indirectamente satisfacen necesidades o intereses personales (por ejemplo, llevar a cabo un oficio para ganar dinero).
- *Motivos interiorizados*: cuando se busca el logro de un objetivo por obligación, para evitar sentimientos de vergüenza o culpa (por ejemplo, estudiar para no decepcionar a los padres).
- *Motivos identificados*: cuando se desea alcanzar un objetivo porque se cree que es algo importante de hacer o tener (por ejemplo, casarse y tener hijos, porque es algo importante de hacer en la vida).
- *Motivos intrínsecos*: cuando se persigue el logro de un objetivo por la satisfacción y el disfrute que proporciona su consecución (por ejemplo, dedicar tiempo a hacer ejercicio por la sensación de bienestar que genera).

---

11 Sheldon, K. M. y Elliot, A. J. (1999). Goal striving, need satisfaction, and longitudinal well-being: The self-concordance model. *Journal of Personality & Social Psychology, 76*, 482-497.

Las personas que se esfuerzan por obtener lo que se proponen son las que han definido objetivos de manera autónoma, porque los consideran importantes y satisfactorios por sí mismos. Estas personas son, a su vez, personas que se conocen y se valoran.

¿Por qué las personas eligen objetivos que son importantes para sus figuras significativas pero no para ellas?

Las personas eligen objetivos que son importantes para otras personas pero no para ellas porque no conocen sus necesidades, valores e intereses. Cuando las personas no dedican tiempo al autoconocimiento pueden seleccionar metas a partir de lo que perciben que es importante para satisfacer los requerimientos sociales o en función de las necesidades, exigencias, demandas y valores de las personas que quieren y respetan. Estas personas, aunque logren lo que se proponen, se sienten menos satisfechas con su vida y, por lo tanto, reportan niveles más bajos de felicidad.

¿Qué puede hacer uno si no logra lo que se ha propuesto?

Recordemos lo que mencionamos en el capítulo 6: el proyecto de vida es un plan inacabado, flexible, que se encuentra permanentemente en proceso de definición, reestructuración y actualización. Por lo tanto, cuando no logramos lo que nos hemos propuesto, necesitamos revisar nuestro proyecto de vida, verificar que nuestras metas sean realistas y hayan sido planteadas con base en lo que somos, lo que tenemos y lo que podemos hacer. En ocasiones nos planteamos metas tan ambiciosas que irremediablemente nos enfrentamos al fracaso, a la decepción y a la frustración. Tenemos que recordar que es importante tener sueños, pero que éstos sólo se pueden hacer realidad cuando están al alcance de nuestras posibilidades.

¿Cómo puede uno lograr lo que desea sin defraudar a las personas que ama?

El éxito en la vida y la felicidad se encuentran fuertemente relacionados con la oportunidad que nos demos de construir un proyecto de vida significativo para nosotros mismos. Pero cuando nuestro proyecto está basado en las expectativas de las otras personas (padres, hermanos, pareja, hijos, amigos, profesores), lo más seguro es que nos enfrentemos al fracaso o a la insatisfacción. Para evitarlo, necesitamos ser sinceros con nosotros mismos, tomarnos el tiempo requerido para pensar y decidir lo que realmente queremos ser, hacer y lograr en la vida, y una vez que lo hemos definido, hablar con las personas que nos están presionando, de manera clara, directa y firme.

¿Por qué algunas personas planean quedarse solteras y otras deciden vivir en pareja pero sin ningún compromiso, en lugar de casarse y tener hijos?

En la actualidad, a diferencia de lo que ocurría en épocas pasadas, las personas tienen libertad para elegir su estilo de vida. El estilo de vida se refiere a las diferentes alternativas que tenemos disponibles cuando nos enfrentamos a la decisión de lo que queremos hacer en el futuro y la forma como queremos satisfacer nuestras necesidades físicas, psicológicas, sexuales y sociales. En la edad adulta temprana, la mayoría de las personas elige su estilo de vida: deciden si quieren quedarse solteras, si prefieren vivir con alguien pero sin ningún compromiso de por medio, si desean casarse y tener hijos o no.

Es así como algunos adultos jóvenes deciden posponer el matrimonio o vivir solos, para evitar las exigencias de la convivencia con una pareja estable. De esta manera, esperan contar con mayor libertad para explorar el mundo, asumir retos y enfrentar nuevas experiencias sin tener las presiones y obligaciones que imponen la pareja y los hijos.

Al no tener que pensar en las consecuencias que sus acciones pueden tener para una pareja y los hijos, las personas solteras se sienten más libres para correr riesgos físicos, económicos y sociales. Pueden decidir más fácilmente los cambios de empleo o residencia y dedicar más tiempo a su desarrollo personal y profesional.

Otras personas deciden quedarse solteras porque disfrutan la soledad y la posibilidad de invertir toda su energía en la consecución de las metas que se han propuesto como proyecto de vida, sin las presiones y restricciones que impone una relación de pareja. Algunas sienten que prefieren quedarse solas, en vez de involucrarse en una relación que muy seguramente va a fracasar, como fracasó la de sus padres.

Otro estilo de vida, relativamente frecuente, es el de la convivencia o cohabitación. La convivencia con una pareja o la cohabitación se ha convertido en un estilo de vida que cada vez tiene mayor aceptación, porque representa una de las principales modificaciones al proceso de cortejo y noviazgo, además de una alternativa que, a largo plazo, puede sustituir el matrimonio.

Muchos adultos jóvenes consideran que vivir con su pareja, sin que exista un compromiso serio de por medio, les permite conocerse mejor, aprender lo que significa la convivencia con otra persona y clarificar lo que esperan del matrimonio. Para otros jóvenes, la cohabitación es un medio para satisfacer su necesidad de intimidad.

Se considera que dos personas conviven o cohabitan cuando duermen juntas, por lo menos, cuatro noches a la semana durante tres meses consecutivos.[12]

12 Macklin, E. (1987). Nontraditional family forms. En S. Marvin y S. Steinmetz (Eds.), *Handbook of Marriage and the Family*. Nueva York: Plenum Press.

Teniendo en cuenta que la cohabitación puede tener diferentes significados y propósitos para las personas que la eligen, se han identificado diferentes tipos de relaciones:[13]

- *Casuales y temporales*: las practican aquellas personas que comparten un espacio para vivir (vivienda o habitación), porque resulta más económico y conveniente, pero no tienen ningún vínculo afectivo.
- *Afectuosas*: se da entre personas que viven juntas porque es emocionalmente satisfactorio para ambas; sin embargo, no tienen intenciones de comprometerse a largo plazo.
- *Matrimonio de prueba*: dos personas que deciden vivir juntas para probar cómo les iría si decidieran casarse.
- *Alternativa temporal para el matrimonio*: ocurre entre personas que están buscando el momento ideal para casarse formalmente. En esta relación existe un compromiso serio.
- *Alternativa permanente para el matrimonio*: se da en parejas que se han comprometido a vivir juntos como proyecto de vida, pero en donde el matrimonio formal (legal o religioso) no se tiene previsto o no es socialmente permitido (parejas que tienen una orientación sexual homosexual).

Aplico lo aprendido

Al terminar la lectura, revise la meta que planteó al comenzar el capitulo.

- ¿A qué dominio de su vida corresponde?
- ¿Cuál es el tema central de su meta?
- ¿En qué medida su meta le va a permitir lograr la felicidad?
- ¿Qué ajustes cree que debe realizar a su meta para alcanzar la felicidad?
- ¿Qué tan feliz se siente usted cuando realiza las actividades que le permitirán lograr esa meta que se ha propuesto?

---

13 Bird, G. y Melville, K. (1996). *Families and Intimate Relationships*. Nueva York: Harper-Collins.

13

Ejerzo mi derecho a decidir

Para reflexionar…

Imagine que en este momento de su vida le comunican que usted o su pareja está embarazada:

- ¿Cómo se siente?
- ¿Qué responsabilidades adicionales implican el embarazo y el convertirse en padre o madre?
- ¿Cómo es la respuesta del padre/madre del bebé ante esta noticia?
- ¿Cómo cambia la relación que tiene con esa persona al enterarse del embarazo?
- ¿Cómo afecta el embarazo la relación con sus figuras significativas (padre, madre, hermanos/as, amigos/as)?
- ¿Cómo se afectan las actividades que realiza en este momento y los planes que tiene para el futuro?
- ¿Qué va a hacer ante esta noticia?
- ¿Qué ajustes requiere su proyecto de vida como consecuencia del embarazo?

Como se mencionó en el capítulo 6, la *consolidación de la identidad* es la principal tarea de desarrollo durante la juventud. Para lograr esta tarea, las personas necesitan, entre otras cosas, enfrentar el reto que representa la definición de un proyecto de vida.

El proyecto de vida que la persona comienza a perfilar a partir de los primeros años de la juventud expresa lo que el individuo quiere ser, lo que va a hacer en determinados momentos y esferas de su vida, y sus posibilidades internas y externas de lograrlo. Es decir, los individuos, al elaborar su proyecto de vida expresan su orientación de futuro. La orientación de futuro de la persona está condicionada por su pertenencia a cierto nivel socioeconómico y grupo socio-cultural con condiciones de vida específicas.

Adicionalmente, la formación y reestructuración del proyecto de vida adquiere matices distintos en cada una de las etapas del ciclo vital. Es así como en la juventud cobran importancia la elección de carrera o profesión, la independencia emocional y económica de los padres y la conformación de una familia.

Estos aspectos se relacionan con los tres indicadores de solvencia adulta en la sociedad contemporánea:[1] el económico, el habitacional y el interpersonal. De estos tres indicadores de competencia, el logro de los dos primeros se ha ido posponiendo cada vez más para las/los jóvenes de hoy. Actualmente, la madurez orgánica y sexual ocurre más temprano que las posibilidades de financiación y de asentamiento residencial propias de una familia. En este proceso influyen la exigencia de una mayor preparación educativa y el costo de la vivienda. En cambio, en el tercer ámbito, el interpersonal, la dirección se invierte y las/los jóvenes se inician cada vez más temprano en las relaciones románticas y en la actividad sexual. Esto obedece, probablemente, a la necesidad de demostrar madurez social por el único medio a su alcance.

El hecho de que en la actualidad las/los jóvenes estén teniendo actividad sexual fuera del contexto de una unión estable debe ser considerado en el momento de tomar decisiones sobre el futuro. Como dijimos en el capítulo 11, los y las jóvenes deben prever las consecuencias físicas de la actividad sexual y contemplar las implicaciones de un embarazo no planeado o de una Infección de Transmisión Sexual (ITS) para su plan de vida. En este capítulo nos centraremos en el análisis del embarazo no planeado.

¿Cuándo creen las/los jóvenes que es oportuno tener un hijo?

El estudio sobre fecundidad adolescente en Colombia[2] reveló que en todos los estratos, y tanto en Bogotá como en Cali, la mayoría de los jóvenes refiere que el momento ideal para tener un hijo es cuando se tiene cierta estabilidad económica que garantice la satisfacción de las necesidades

---

1 Gray, M. R. y Steinberg, L. (1999). Unpacking authoritative parenting: Reassessing a multidimensional construct. *Journal of Marriage & the Family, 61,* 574-587.

2 Vargas-Trujillo, E., Henao, J. y González, C. (2004). *Fecundidad adolescente en Colombia: incidencia, tendencias y determinantes: un enfoque de historia de vida. Documentos* CESO N° 95, Bogotá: Universidad de los Andes; Vargas-Trujillo, E., Flórez, C. Henao, J. y González, C. (2005). *Determinantes de la fecundidad adolescente en Colombia: un enfoque de historia de vida.* Foro CESO, 22 de febrero, Universidad de los Andes.

básicas del recién nacido. Afirmaciones como la de este adolescente bogotano de estrato medio ilustran claramente esta idea: "Cuando tenga una estabilidad económica, cuando esté seguro de que puedo sostenerlo y que tengo para darle todo lo que se merece".

Se encontró que para todas/os las/los jóvenes ha sido claro el mensaje de que tener un hijo exige madurez y seguridad emocional y económica: "Yo quisiera tener un hijo cuando tenga un trabajo estable, cuando mi pareja tenga un trabajo estable, estemos conviviendo y tengamos algo qué brindarle al bebé", "Estando bien económicamente para resolver todas las necesidades, por ahí a los 25 años", "Si llegase a tener otro [hijo], primero que todo tiene que ser dentro de un hogar, dentro de una relación estable; sí, porque lo ideal es eso, tener una familia, no tener hijos por ahí... de pronto también en el momento en que uno tenga cómo sostener a una familia, que sepa uno que puede sacarlos adelante, eso es lo esencial", "Me gustaría después de que tenga un trabajo estable y antes de los 25 años, me gustaría por ahí a los 24 años, que esté bien económicamente y que esté bien sentimentalmente como pareja", "Yo primero quiero ser alguien, yo estudio para ser alguien, para llegar a tener una situación económica mejor, y espero que cuando yo tenga mi hijo, le tenga algo qué brindar... me gustaría tenerlo por ahí a los 28, 29 años".

No obstante, de acuerdo con los jóvenes, aunque esta condición es necesaria, no implica que una pareja de jóvenes no pueda asumir la crianza de un hijo. Se observó que la realidad social en la que viven les pone en evidencia que, aun en condiciones económicas precarias, los padres pueden "sacar los hijos adelante", y que si bien el embarazo hace la vida más difícil, no les impide lograr algunas de las metas que se habían propuesto: "Yo no lo veo como un obstáculo, pero sí como un factor que pone tus proyectos como a largo plazo, lo que tenías pensado para ahora se va a aplazar muchísimo, pero lo vas a hacer...", "No lo veo como un obstáculo, porque igual uno con un niño puede estudiar, puede trabajar, pero pues obviamente interrumpe esa etapa o la hace más lenta", "No me parece una tranca, porque es que un hijo no le quita a uno la inteligencia", "Si a uno la mamá fue capaz de tenerlo, o sea, por ejemplo la mía, mi mamá tuvo que levantar cuatro hijos sola, entonces yo cómo no voy a poder con uno".

Ser madre... ser padre, una opción de vida

Durante la Conferencia Mundial de Población y Desarrollo, llevada a cabo en septiembre de 1994 en El Cairo, 184 países aprobaron un plan histórico para lograr un equilibrio entre la población del mundo y sus recursos. Por primera vez, un acuerdo internacional sobre población reconoció el derecho de cada persona a controlar su propia fecundidad de manera segura y eficaz, concibiendo cuando lo desee, previniendo los embarazos no deseados y llevando a término los embarazos deseados. Esto supone que todas las personas tenemos derecho a decidir en forma libre y responsable el número, espaciamiento y tiempo de nacimiento de los hijos, y a tomar decisiones respecto de la reproducción, sin discriminación, coerción o violencia.

Aunque, como mencionamos antes, la mayoría de las personas desea y necesita relaciones intimas satisfactorias, planea formar una pareja y tener hijos, con frecuencia se encuentran con obstáculos importantes para lograrlo en un contexto saludable. Uno de los aspectos más amenazantes para los proyectos de vida de las personas es la falta de control sobre su vida sexual y fertilidad. Hombres y mujeres con frecuencia sostienen puntos de vista muy diferentes acerca de la necesidad de protegerse contra las ITS y el embarazo no planeado. Incluso en uniones maritales estables, comúnmente surge desacuerdo respecto del número de hijos deseados y se presenta falta de comunicación en torno a la forma de prevenirlos.

En la actualidad, uno de los principales problemas que enfrentan las/los jóvenes es, precisamente, el del embarazo que resulta de una actividad sexual no planeada y desprotegida. Hoy se considera que la actividad sexual no protegida pone en riesgo la vida futura de las personas, la de sus hijos, su familia y la sociedad en general.

En efecto, el embarazo no planeado en la adolescencia o en los primeros años de la juventud implica un riesgo porque, desde un punto de vista individual y de la familia, el embarazo puede llevar a la disolución y a la creación de nuevos hogares. A su vez, puede inducir a la deserción escolar y a la necesidad de incorporarse al mercado laboral a una edad temprana. En relación con la salud, es posible que las jóvenes embarazadas no acudan de manera oportuna al control prenatal y que sus partos se presenten en condiciones que implican riesgo. Desde el punto de vista de la política social, la nación como un todo puede observar un cambio importante en la estructura demográfica, dado que la mayoría de la población es joven. Por su parte, es posible que el grupo "jóvenes con hijos" sea uno de alta incidencia de pobreza y, por lo tanto, un nuevo objetivo prioritario de las políticas sociales del país.[3]

3 Barrera, F. y Higuera, L. (2004). *Embarazo y fecundidad adolescente*. Bogotá: Fedesarrollo.

No obstante, para algunos jóvenes el embarazo durante la juventud cumple un papel importante en la realización de tres objetivos centrales en la vida de las personas que marcan el ingreso de los hombres y de las mujeres "al mundo adulto": lograr competencia laboral y económica, elegir una pareja para conformar una relación afectiva estable y tener hijos. Estas tareas y su vivencia varían en función del sexo, las condiciones socioeconómicas de las mujeres y de sus parejas, el significado que cada uno le atribuye a la maternidad y a la paternidad, la identidad de género que han desarrollado hasta el momento y los planes que tienen para su futuro.

Efectivamente, se han observado diferencias por sexo en la orientación a futuro resultantes de las experiencias de socialización sexistas que aún prevalecen en muchas sociedades.[4] Los hombres y las mujeres no sólo difieren en sus aspiraciones educativas, sino también en la importancia que le atribuyen al logro de las metas profesionales.[5] Las investigaciones han mostrado que las mujeres valoran menos los logros profesionales que los hombres. Esto obedece a que las mujeres continúan siendo socializadas para creer que su prioridad en la vida debe ser conseguir una pareja, casarse y tener hijos, y que alcanzar la independencia financiera y el reconocimiento como profesionales es secundario a su papel como esposas y madres. En un contexto sociocultural sexista, ir en contra de estas expectativas puede tener consecuencias negativas significativas para las mujeres, aunque decidir si se desea tener o no hijos es un derecho.

Otros estudios han revelado diferencias por sexo en los planes que los jóvenes tienen acerca de sus estudios y sobre cuándo comenzar a tener hijos.[6] El sexo también es un factor importante para comprender la forma como las personas jóvenes piensan combinar el trabajo y los roles familiares. Las mujeres esperan que tener un hijo a temprana edad afecte muy poco sus aspiraciones educativas, mientras que los hombres creen que la crianza puede tener un efecto importante en sus planes. Además, se ha encontrado que tener expectativas educativas más altas incrementa la edad a la que tanto hombres como mujeres planean tener el primer hijo.

Otros estudios muestran que las jóvenes que quedan en embarazo se distinguen de las que no en que tienen una percepción positiva de la maternidad y se identifican mejor con roles típicamente femeninos. En contraposición, para

4 Nadien, M. B. y Denmark, F. L. (1996). *Females and Autonomy: A Life-Span Perspective*. Needham Heights, MA: Allyn & Bacon.

5 Moya, M., Exposito, F. y Ruiz, J. (2000). Close relationships, gender, and career salience. *Sex Roles: A Journal of Research*. Consultado: http://www.findarticles.com

6 Mahaffy, K. A. y Ward, S. K. (2002). The gendering of adolescents' childbearing and educational plans: Reciprocal effects and the influence of social context. *Sex Roles: A Journal of Research*. Consultado en: http://www.findarticles.com

las mujeres que no se embarazan en la juventud son más importantes las expectativas relacionadas con la educación, el éxito académico y las expectativas de ocupación.[7]

Algunos investigadores también señalan que el compromiso con el rol materno o el grado en el que la madre joven integra la maternidad al concepto de sí misma está relacionado con su habilidad para contemplar el futuro, incluida la importancia de continuar con los estudios para obtener independencia económica. En un estudio realizado en una reserva indígena de Estados Unidos, se encontró que las adolescentes que expresan un menor grado de identificación con el papel de madres perciben a su hijo como un obstáculo para lograr sus metas personales y reportan también un fuerte deseo de mantener el estilo de vida que tenían antes del embarazo. Estas madres dedican menor tiempo al cuidado de su bebé y prefieren compartir actividades con su grupo de pares, que estar con su hijo.[8] En este mismo estudio se encontró que las adolescentes que tienen un mayor grado de identificación con el rol materno centran su vida en el hijo y se olvidan de sus prioridades personales; el hijo se convierte en todo para ellas.

La percepción que las jóvenes tienen del embarazo parece que también está relacionada con el modelo que las madres proporcionen a sus hijas. Se ha encontrado que las mujeres que quedan en embarazo a temprana edad, comparadas con las que no quedan en embarazo, son en mayor proporción hijas de mujeres que tuvieron su primera gestación en la adolescencia.[9]

Uno de los pocos estudios que han intentado explicar la paternidad durante la adolescencia mostró que desde sexto grado los padres jóvenes eran diferentes de los que no embarazaban a sus parejas.[10] En este estudio se encontró que la paternidad temprana es más frecuente entre aquellos hombres de bajo nivel socioeconómico, que viven en familias caracterizadas por falta de supervisión parental, que se involucran en grupos de pares antisociales y que tienen bajo rendimiento académico.

Además, se encontró que la decisión de abortar está relacionada con la valoración que hacen los jóvenes de los costos y los beneficios de continuar con el embarazo. Aquellos jóvenes que tenían planes a futuro, y para quienes conver-

7 Darrell, S. G. (1996). *An Integrative Reasearch Review: Meta-analysis of Psychosocial Characteristics of Adolescent Pregnancy 1964 through 1994*. Texas Women's University; Holden, G. W., Nelson, P. B., Velasquez, J. y Ritchie, K. L. (1993). Cognitive, psychosocial, and reported sexual behavior differences between pregnant and nonpregnant adolescents. *Adolescence, 28*, 557-572.

8 Dalla, R. L. y Gamble, W. C. (2000). Mother, daughter, teenager – ¿Who am I?: Perceptions of self and the timing of first-time motherhood among Navajo Native-American adolescent women. *Journal of Family Issues, 21, 2*, 225-245.

9 Holden, Nelson, Velasquez y Ritchie, *op. cit.*

10 Fagot, B. I., Pears, K. C., Capaldi. D. M., Crosby, L. y Leve, C. S. (1998). Becoming an adolescent father. Precursors and parenting. *Developmental Psychology, 6*, 1209-1219.

tirse en padres constituía un obstáculo importante, tenían mayor probabilidad de apoyar el aborto como alternativa frente al embarazo de sus parejas. Los que tenían muy poco que perder sentían que la paternidad les ofrecía la oportunidad de desempeñar un papel positivo y, por lo tanto, tenían mayor probabilidad de continuar con el embarazo. Para estos jóvenes, la paternidad los motivaba a involucrarse laboralmente y a buscar el desarrollo de una carrera.

¿Qué determina la decisión que toman las/los jóvenes ante un embarazo no planeado?

En un estudio realizado en Bogotá con 153 jóvenes de colegios públicos y privados (82 hombres y 71 mujeres), entre los 12 y 18 años de edad,[11] se logró establecer que ante una situación hipotética de embarazo no planeado, las alternativas de acción que las/los participantes consideran con mayor frecuencia, en su orden, son: "Tener el bebé e irme a vivir con mi pareja", "Tener el bebé y casarme con mi pareja", "Tener el bebé y vivir cada uno por separado", "Abortar".

En general, los resultados de este estudio sugieren que la decisión de las/los jóvenes ante un embarazo no deseado está determinada por: a) las reacciones emocionales que genera la situación, b) la anticipación de las consecuencias que el embarazo conlleva y c) la valoración de esas consecuencias.

Se encontró que quienes optan por el aborto, a diferencia de los que se deciden por las otras alternativas, experimentan más emociones negativas ante la noticia del embarazo no planeado, perciben que es poco probable que el embarazo tenga consecuencias positivas y valoran más negativamente las posibles consecuencias del embarazo, la maternidad o la paternidad.

Algunos autores sugieren que en las sociedades donde existe una alta tasa de desempleo, la probabilidad de que los hombres se conviertan en padres durante la adolescencia se incrementa.[12] Desde su perspectiva, en los contextos en los cuales la identidad masculina está centrada en la capacidad productiva, la paternidad temprana se convierte en un símbolo para adquirir el estatus de adulto.

11 Agudelo, I. T. y Martín, A. (2007). Toma de decisiones frente a un embarazo no planeado en la adolescencia. Trabajo de grado no publicado. Bogotá: Departamento de Psicología, Universidad de los Andes.

12 Mahaffy y Ward, *op. cit.*

Desde otras aproximaciones teóricas, se plantea que la decisión de las personas de incluir en su proyecto de vida la paternidad y la maternidad está relacionada con el valor que se atribuye a los hijos. Se ha encontrado que los hijos proporcionan estatus social a los padres, les dan un sentido de validación como miembros adultos de la sociedad, permiten la continuidad del apellido familiar entre generaciones, evitan que los padres se sientan solos, les proporcionan alegría y constituyen una fuente de logros y satisfacciones.[13]

Otros investigadores han establecido que en la esfera individual los hijos se valoran por los beneficios psicológicos que proveen a sus padres como fuente de afecto y estímulo, como forma de evitar la soledad y como confirmación del estatus de adulto. En el nivel estructural, los hijos son vistos como capital público, porque son la generación de ciudadanos responsables del futuro.[14]

Consistentemente con estos planteamientos, la evidencia disponible sugiere que las personas atribuyen a los hijos valores tales como:[15]

1. Seguridad, porque los hijos proveen apoyo económico, social y emocional, especialmente en la vejez.

2. Posteridad o trascendencia, porque los hijos garantizan la continuidad del apellido familiar.

3. Satisfacción con la vida familiar, porque los hijos fortalecen el vínculo conyugal y mejoran el funcionamiento familiar.

4. Satisfacción personal, porque los hijos ayudan a los padres a crecer, a madurar y a desarrollarse como personas.

Todos estos factores, asociados a la valoración de la maternidad y la paternidad, hacen que el embarazo no planeado represente para las personas un problema de decisión difícil. Recordemos que *decidir* significa identificar, ante una situación que implica un conflicto o problema, la mejor solución disponible o la opción que mejor satisface nuestras necesidades y metas. Como hemos visto, ante un embarazo no planeado, la toma de decisiones no ocurre en el vacío, se presenta en un contexto histórico y social particular. Ese contexto histórico y social define los estándares que guían la conducta de los individuos y las consecuencias personales, familiares y sociales que se derivan de esas acciones. A continuación examinaremos las distintas alternativas que contemplan las/los jóvenes cuando se enfrentan a un embarazo no planeado.

13 Hoffman, L. W. y Hoffman, M. (1973). The value of children to parents. En J. T. Fawcett (Ed.), *Psychological Perspectives on Population* (pp. 19-76). Nueva York: Basic Books.

14 Jones, R. K. y Brayfield, A. (1997). Life's greatest joy? European attitudes toward the centrality of children. *Social Forces, 4*, p. 1239.

15 Sheck, T. L. (1996). Midlife crisis in Chinese men and women. *Journal of Psychology, 130, 1*, 109-119.

> **¿Qué valor atribuyen las/los jóvenes a la maternidad y a la paternidad?**
>
> Las entrevistas realizadas en Bogotá y Cali[16] indican que los jóvenes perciben que tener un hijo tiene múltiples "ganancias" o "beneficios". Como lo señalan los siguientes relatos, la maternidad representa para algunas adolescentes de estrato bajo de Bogotá la oportunidad de satisfacer necesidades de afecto, compañía, intercambio, y una alternativa para definir un proyecto de vida: "Tengo una responsabilidad de cuidar a mi bebé, tengo que cuidarlo, enseñarle buenos modales… que se parezca a la mamá", "Compartir, dar mucho, amar mucho, aprender a comprender muchas cosas que me decía mi mamá, hacer otra persona semejante a ti, comienzas a ser un dios, comienzas a ver cómo crece tu bebé… eso es algo muy grande…", "Ser mamá es una experiencia muy grande, porque ahora uno tiene una responsabilidad y es bonito tener a tu bebé, consentirlo, sentir su piel… yo estoy muy ilusionada, estoy muy feliz con mi bebé".
>
> Para las adolescentes de estrato medio en Bogotá, la maternidad le da sentido y significado a su vida, constituye una oportunidad de realización: "Es muy lindo, porque ya se tiene a alguien por quién salir adelante, por quién vivir, por quién tener responsabilidades", "Le dan a uno ganas de salir adelante, primero a uno la vida le parece como que si me pasa algo no importa, ahora en cambio sí importa, porque ya tengo en quién pensar, por quién salir adelante y darle todo".
>
> La maternidad para las adolescentes de estrato alto en Bogotá responde a un deseo de continuidad y proyección; así se evidencia en estos testimonios: "Es un don hermoso, es una parte de ti de la que eres responsable hasta cierta etapa… es como dejar una huellita tuya en el mundo…", "Hacer una persona, formarla, hacerla como lo que tú eres… yo digo que si a mi hija le pasara lo que me pasó a mí, yo en ningún momento le diría: 'No tenga relaciones', le diría: 'Cuídese, vamos las dos, yo le muestro cómo son las cosas'…", "Es criar a una persona que vino de ti misma, que salió de tus entrañas, y uno aportarle a esa persona para que sea de aquí a mañana una profesional, bien formada, con valores, ésa sería la meta de mi vida".

Los hombres entrevistados, por su parte, reconocieron que tener un hijo exige mucha responsabilidad pero coincidieron en afirmar que un hijo "Debe ser lo más bacano, debe ser algo muy especial, sería la realización como hombre, por-

16 Vargas, Henao y González, *op. cit*; Vargas, Flórez, Henao y González, *op. cit.*

que es algo que uno hace, que uno puede formar, uno puede darle todo aquello que de pronto uno no tuvo, que uno sabe que es para toda la vida, y siempre van a estar ahí cuando uno lo necesite, que siempre van a estar pendientes de uno".

La toma de decisiones frente a un embarazo no planeado

En el capítulo 7 dijimos que la *experiencia* es útil cuando las personas se enfrentan a situaciones de presión, en las que deben tomar decisiones inmediatas y en las que las circunstancias impiden contar con el tiempo que requiere el proceso de evaluar diferentes alternativas de acción.

Los expertos en toma de decisiones señalan que aquellas/os jóvenes que han tenido la oportunidad de anticiparse a eventos que implican decisiones bajo presión tienden a usar estrategias más efectivas y eficientes. Es decir, las/los jóvenes que con ayuda de sus madres, padres, profesoras/es o amigas/os tienen la posibilidad de evaluar diferentes cursos de acción ante una situación hipotética de un embarazo no planeado, como la que presentamos al iniciar este capítulo, al enfrentarse a una situación de este tipo tienen mayor probabilidad de decidir de manera rápida y precisa, sin dedicar mucho tiempo a la evaluación del problema. Por esta razón, el objetivo de este capítulo es facilitar que las personas jóvenes adquieran esa experiencia.

En la figura 12 se observan las distintas alternativas de acción que las mujeres y sus parejas contemplan cuando se dan cuenta de que se enfrentan a un embarazo imprevisto. Cuando nos enfrentamos a decisiones difíciles, resulta útil elaborar figuras como ésta porque nos permiten tener una visión de conjunto y ordenada de la situación. El árbol de decisiones es una guía que nos permite visualizar todos los posibles dilemas que vamos a tener que enfrentar como consecuencia de cada curso de acción (ver figura 12).[17]

Como se observa en la figura, ante la confirmación del embarazo, la mujer y su pareja solamente visualizan dos alternativas: Abortar (interrumpir la gestación) o continuar con el embarazo. Sin embargo, asociado a cada una de ellas surge un abanico de ideas, que no son otra cosa que posibles consecuencias que pueden derivarse de cada acción y que, en algunas ocasiones, exigen también otra elección. En este árbol de decisión hemos incluido las opciones que están bajo el control de la mujer embarazada y su pareja. Como vimos en el capítulo sobre toma de decisiones, cada alternativa requiere ser analizada a la luz de los objetivos que se persiguen, los valores que están en juego, las emociones que se experimentan frente a cada opción, sus ventajas-desventajas, costos-beneficios y consecuencias a corto, mediano y largo plazo.

17 León, O. G. (2001). *Tomar decisiones difíciles.* Madrid: McGraw Hill.

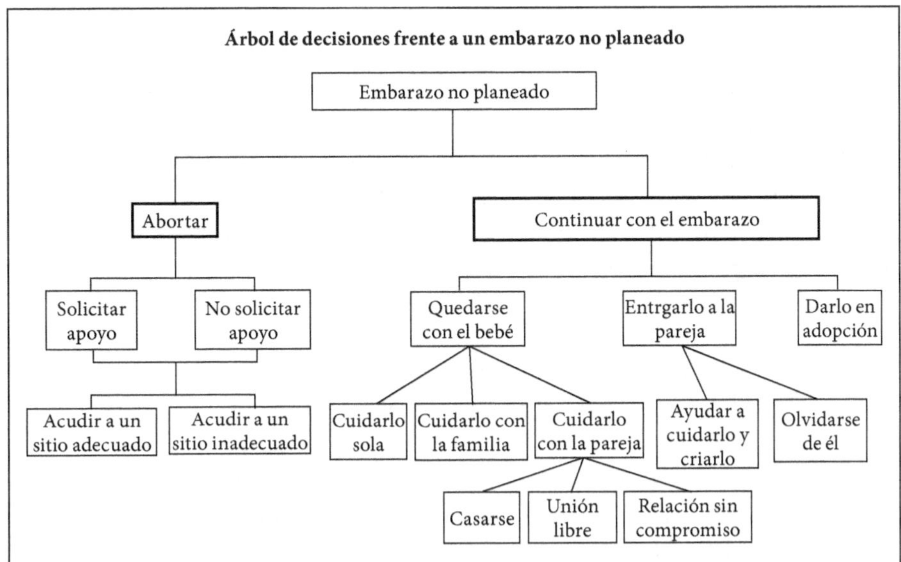

Figura 12. Árbol de decisiones frente a un embarazo no planeado

En países como Colombia, además, se debe tener en consideración que, en mayo de 2006, la Corte Constitucional despenalizó el aborto solamente para tres situaciones específicas:[18] "a) cuando la continuación del embarazo constituya peligro para la vida o salud de la mujer, certificada por un médico; b) cuando exista grave malformación del feto que haga inviable su vida, certificada por un médico; y c) cuando el embarazo sea resultado de una conducta, debidamente denunciada, constitutiva de acceso carnal o acto sexual sin consentimiento, abusivo, o de inseminación artificial o de transferencia de óvulo fecundado no consentidas, o de incesto".

Recordemos, las elecciones dependen de quién realiza la decisión; las consecuencias son el resultado del curso de acción tomado. Para algunas acciones, las consecuencias del curso de acción se pueden prever con mayor exactitud que para otras. Se ha observado que las personas, cuando dedican tiempo al análisis del problema, tienden a optar por aquella alternativa que implica menos incertidumbre. Por ejemplo, una pareja de estudiantes universitarios, que se enfrentaba a un embarazo no planeado, expresó a un grupo de compañeros que, después de evaluar todas las opciones, decidieron continuar con el embarazo y quedarse con el bebé porque, al evaluar las posibles consecuencias de cada alternativa, descubrieron que "las implicaciones de esta decisión eran perfectamente calculables, mientras que las del aborto no".

18 Sentencia de la Corte Constitucional C-355 de 2006-10-24.

Ante el embarazo no planeado, como ante cualquier otra situación que plantea una decisión difícil de tomar, no es posible asegurar cuál es la mejor elección. Cada caso es único y debe ser evaluado por los directamente implicados. Como guía general, los expertos en toma de decisiones recomiendan la prudencia: elegir aquella alternativa que al considerar las peores consecuencias presenta los mejores resultados. En otras palabras, sugieren elegir la opción que en el análisis parece tener los mejores resultados, aun a pesar de que implica afrontar las peores consecuencias.

La toma de decisiones frente a un embarazo no planeado: un tipo especial de decisión

Tomar decisiones cuando nos enfrentamos a situaciones difíciles, como el embarazo no planeado en la juventud, no es una tarea sencilla. En estas circunstancias, las emociones y los valores personales entran en juego y, al mismo tiempo, nuestra sexualidad se ve amenazada.

Ante la confirmación de un embarazo no planeado, la mujer se pregunta: *¿Ahora qué hago?*, y comienzan a llegar a su memoria todos los mensajes que ha recibido de los distintos agentes de socialización respecto a lo que significa tener un hijo, lo que siempre ha pensado de las mujeres que se embarazan en la juventud, sus ideas respecto del aborto y la adopción, sus metas, sus proyectos, pero sobre todo lo que su madre y su padre esperan de ella. En cuestión de segundos, su vida pasada, presente y futura aparece como en una pantalla de cine, la sensación de incapacidad y de falta de control de la situación se apodera de ella.

¿Qué debo hacer? es la siguiente pregunta, la cual implica considerar sus metas, pero también las normas y expectativas sociales. *¿Cómo puedo saber cuál es la alternativa correcta? ¿Qué pasa si me equivoco? ¿Qué voy a hacer si luego me arrepiento? ¿Qué clase de persona soy si hago esto o aquello? ¿Qué van a pensar de mí las personas que quiero y admiro si se enteran de lo que he hecho?*

Ahora bien, dado que para la mayoría de nosotros es difícil hacer aquello que contraría las expectativas de nuestras figuras parentales o de nuestro grupo de referencia, ante un embarazo no planeado la mujer empieza a pensar: ¡Mi mamá/papá se va a morir!, ¡Voy a defraudar a mi mamá/papá!, ¡Mi mamá/papá nunca me lo va a perdonar!, ¡Me van a echar de la casa!, ¡Mis amigos/as no me van a volver a hablar!, ¡Mis compañeros/as y profesor/as van a comenzar a hablar mal de mí! Todas estas posibles consecuencias imaginadas reflejan la necesidad que tenemos los seres humanos de controlar nuestra existencia para sentirnos seguros. Además, evidencian nuestra necesidad de aprobación y el gran temor a equivocarnos, a fracasar, a defraudar a quienes nos aman y a quienes respetamos.

Efectivamente, uno de los factores del entorno que más puede afectar el proceso de toma de decisiones es la opinión percibida de la madre, del padre y del grupo de referencia. La opinión de las personas significativas influye en el proceso de elección porque las personas anticipan el malestar que van a experimentar al hacer algo que va en contravía de las expectativas de otros. Como hemos dicho en otros apartes de este libro, en la juventud la necesidad de aprobación es muy fuerte, por lo que, ante un embarazo no planeado, la persona está muy sensible a la crítica y puede llegar a hacer cualquier cosa para evitar la desaprobación. En esta situación, la persona puede llegar a poner en práctica una alternativa que no se ajusta a sus necesidades, metas y valores, con el único propósito de evitar la desaprobación social.

Aunque pocas veces se tiene en cuenta y se menciona en la literatura, estas ideas, dudas, inquietudes, preocupaciones y sentimientos también son experimentados por los hombres cuando sus parejas les comunican que están embarazadas. Este testimonio nos permite tener evidencia de esta experiencia: "Realmente, cuando ella me dijo, para mí fue durísimo, durísimo, ese día se me vino el mundo abajo, yo no quería saber nada, lo único que pensaba era en qué iban a decir mi papá y mi mamá, mi familia… me porté tal vez un poco tosco con ella, seco, grosero, cosa de la que me arrepiento ahora muchísimo…".

Obviamente, no todas las personas reaccionamos de la misma forma a circunstancias similares. En este libro hemos enfatizado en cómo el contexto en donde vivimos, nuestra historia de socialización sexual, nuestra sexualidad y nuestros planes para el futuro determinan nuestras acciones en el presente. En una decisión difícil como ésta, debemos elegir entre intereses contrapuestos, es decir, cuando optamos por una alternativa, renunciamos a todo lo positivo de las otras opciones y aceptamos todo lo negativo de la que elegimos. En una situación de incertidumbre, como lo es el embarazo no planeado, en el momento de elegir no tenemos certeza de cuáles serán las consecuencias que se derivan de cada una de las opciones. En estas situaciones, las emociones pueden ser una fuente de información muy útil para la toma de decisiones.

Todo lo anterior hace de la decisión frente a un embarazo no planeado una de las más difíciles de tomar durante la juventud, por lo que *siempre es recomendable solicitar ayuda*. La asesoría de un/a profesional experto/a permite a las/los jóvenes recobrar la sensación de control, disminuir la ansiedad y tener tiempo suficiente para evaluar las diferentes opciones. En estos casos, es mejor evitar tomar decisiones de manera impulsiva. Cuando se logra obtener apoyo para hablar del problema, la joven y su pareja pueden poner orden en su cabeza y, al hacerlo, pueden ir identificando lo que son capaces de hacer frente a la situación.

¿Qué opinan las/los jóvenes del aborto y de la adopción como alternativas para enfrentar un embarazo no planeado?

En el estudio realizado en Bogotá y Cali con 48 mujeres y 24 hombres,[19] los testimonios mostraron que las/los jóvenes tienen una opinión poco favorable frente al aborto como alternativa de solución a un embarazo no planeado en la adolescencia. En su mayoría, los hombres y las mujeres coincidieron en afirmar que el aborto es un asesinato y, que si una pareja decidió tener relaciones sexuales, debe asumir las consecuencias de sus acciones: "Me parece una bobada, si uno se va poner a tener relaciones sabe a qué atenerse y las cosas que se le pueden venir a uno encima", "Es muy malo porque uno mata una vida, mata un ser que es sangre de uno…", "No estoy de acuerdo porque uno no decide la vida de los demás…", "El aborto es una solución fácil, pues por miedo, por inmadurez, irresponsabilidad…".

Algunas/os jóvenes plantearon la adopción como otra de las alternativas de solución a un embarazo no planeado pero opinaron que, aunque impide que se "acabe con una vida", no les ayuda a solucionar los problemas con la familia que resultan de un embarazo: "Si yo no lo pudiera criar, si no pudiera darle lo que necesita, lo daría en adopción, mas no lo mataría", "… en ese caso yo lo tendría… obviamente las cosas se dañarían hartísimo porque, pues, igual tocaría contarles a los papás".

Aunque estos relatos revelan que para algunas/os jóvenes el aborto no es una alternativa frente al embarazo no planeado, los siguientes testimonios evidencian la necesidad que tienen de que se les ayude a aclarar con anticipación su posición personal y a decidir lo que harían en caso de enfrentar una situación como ésta: "Uno en el momento en que le pasa, uno no piensa qué es lo bueno, qué es lo malo, qué me va a pasar si hago esto o no…", "Uno no sabe qué hacer…Yo lloraba… tal vez por lo que se me truncaban los sueños, se truncaban las cosas… no estaba preparada para eso, o sea, es una cosa que uno nunca espera, yo no me esperaba eso, yo me esperaba cualquier otra cosa…", "El shock también mío… lo tengo, no lo tengo… mi casa, mi familia, mi papá, mi mamá, mi hermano, la sociedad, mis compañeras, o sea, ¡uy! juepucha, ¿qué voy a hacer?", "Yo dije en ese momento: hasta aquí llegó mi vida, se me acabó todo, se me acabaron mis metas, el estudio se me acabó… yo lo vi fue más como una desgracia…".

---

19 Vargas, Henao y González, *op. cit*; Vargas, Flórez, Henao y González, *op. cit.*

Preguntas frecuentes

¿Cómo puede una persona estar segura de que está tomando la decisión correcta frente a un embarazo no planeado?

Responder a esta pregunta no es una tarea sencilla. De acuerdo con los expertos en el tema de las decisiones, las personas tienden a elegir la alternativa que mayor bienestar puede generarles.[20] Sin embargo, investigaciones recientes han encontrado que las personas fallan en elegir la opción que maximice su bienestar.[21] Una de las razones que causa errores en la toma de decisiones es el estado emocional de la persona en el momento de tomar la decisión. Esto se debe a que los estados afectivos influyen en varios niveles del proceso de toma de decisiones, especialmente en la valoración de las posibles consecuencias de cada alternativa.[22] Así, se ha encontrado, por ejemplo, que cuando los individuos se encuentran ansiosos, enojados, deprimidos, temerosos, tienden a hacer un uso menos selectivo de la información y fallan en el momento de plantear y valorar las múltiples alternativas de acción ante la situación,[23] lo que hace que la decisión tomada no sea la que trae los mayores beneficios.

Teniendo en cuenta que un embarazo no planeado genera, en la mayoría de los casos, reacciones emocionales negativas que afectan el proceso de toma de decisiones, particularmente la valoración de los posibles resultados de la decisión, la sugerencia es que, al igual que ante cualquier situación difícil, la persona busque orientación y apoyo. El apoyo por parte de una persona que no está directamente involucrada en la situación puede facilitar a la mujer y a su pareja hacer un uso más cuidadoso de la información disponible respecto a la situación, buscar más opciones de dónde escoger y valorar más objetivamente las posibles consecuencias de cada curso de acción posible.

20 Edwards W. (1961). Behavioral decision theory. *Annual Review of Psychology, 12,* 473-498; Edwards, W (1966). Reward probability, amount, and information as determiners of sequential two-alternative decisions, *Journal of Experimental Psychology, 52, 3,* 177-188; Edwards, W (1984). ¿What constitutes "a good decision"? *Acta Psychologica, 56,* 5-27.
21 Mellers, B, Schwartz, A. y Ritov, I. (1999). Emotion – based choice. *Journal of Experimental Psychology, 128, 3,* 332-245; Mellers, B. (2000). Choice and the relative pleasure of consequences. *Psychological Bulletin, 126,* 910-924.
22 Mellers, Schwartz y Ritov, *op. cit*; Mellers, *op. cit.*
23 *Ibid.*

¿Por qué ocurren los embarazos no planeados?

Las investigaciones revelan que la mayoría de las personas jóvenes sexualmente activas no utilizan métodos anticonceptivos eficaces, muchas afirman que sus relaciones sexuales han sido inesperadas, no planeadas, algunas recurren a métodos "folclóricos" para evitar el embarazo, la mayoría no sabe cómo utilizar los métodos anticonceptivos adecuadamente y siente vergüenza de preguntar, otras temen sugerir a su pareja el uso de algún método y unas cuantas creen que eso no les va a pasar a ellas.

En algunos estudios se ha encontrado que cuanto más culpable se siente una persona por tener actividad sexual, es menor la probabilidad de que use un método anticonceptivo eficaz. Más de un estudio señala que los sentimientos de culpa están detrás de afirmaciones como "Fue espontáneo", "Yo no lo planeé", "Estábamos solos y pasó lo que tenía que pasar". Estas personas consideran que la actividad sexual premeditada no es aceptable y que "sólo las mujeres recorridas" planean los encuentros sexuales.

¿A quién le corresponde la decisión de abortar o continuar con el embarazo?

Idealmente, a ambos miembros de la pareja, en razón de que los dos participaron en el evento que tuvo como consecuencia un embarazo no planeado. En los casos en los cuales esto no es posible, la mujer es la única que puede decidir qué va a hacer con el embarazo, teniendo en cuenta las diferentes opciones disponibles, su proyecto de vida, sus valores personales, las ventajas y desventajas de cada una de las alternativas y las posibles consecuencias físicas, psicológicas, emocionales, familiares y sociales.

Es importante recordar que en Colombia la interrupción voluntaria del embarazo sólo esta despenalizada en tres casos con el fin de garantizar el derecho a la salud de la mujer: a) cuando el embarazo constituye un peligro para su vida; b) cuando el feto presenta una malformación grave que hace inviable su vida; c) un embarazo que sea resultado de incesto, violación, inseminación artificial o transferencia de óvulos fecundados sin su consentimiento.

En cualquier otro caso la interrupción voluntaria del embarazo se considera riesgosa o insegura porque suele realizarse en recintos clandestinos que evaden el control de las autoridades encargadas de vigilar las instituciones que prestan servicios de salud y, por lo tanto, tienden a ser poco higiénicos, a tener personal que no está debidamente capacitado o que utiliza técnicas que ponen en riesgo la seguridad de la mujer.

¿Cuáles son las consecuencias de continuar con un embarazo no planeado?

La decisión de continuar con el embarazo trae diversas consecuencias físicas, psicológicas y sociales tanto para la madre como para su pareja, el niño y la familia; veamos cada una de ellas:[24]

Consecuencias físicas. La OMS estima que para las mujeres entre 15 y 19 años, el riesgo de morir a consecuencia de problemas relacionados con el embarazo es el doble que aquel que existe para las mujeres de 20 a 24 años. Las mujeres jóvenes están más expuestas a complicaciones severas del embarazo. Por ejemplo, datos recientes indican que cerca del 40% de las adolescentes embarazadas presenta bajo peso durante la gestación, lo que conlleva que sus hijos también puedan tener bajo peso al nacer y a sufrir las consecuencias de un retraso en el crecimiento fetal. La mortalidad en mujeres madres adolescentes (menores de 20 años) es una de las más altas: 25 defunciones por cada mil nacimientos, y sólo la supera la mortalidad infantil en hijos de mujeres madres mayores de 40 años.[25]

No obstante, parece ser que estos problemas físicos que enfrentan las mujeres jóvenes son más el resultado de las circunstancias adversas en las que ocurre el embarazo (falta de recursos económicos, control prenatal inadecuado y apoyo psicosocial deficiente), que producto de causas médicas. Al respecto, diversos estudios muestran que si se proporciona un cuidado médico temprano, periódico y de alta calidad a las adolescentes embarazadas, es posible que no involucren ningún riesgo físico, distinto de los que enfrentan las mujeres de 20 a 30 años.[26]

24 Para mayor información, consultar: Agudelo Cortés, L. (2001). ¿Cómo viven la maternidad las adolescentes?: un estudio cualitativo. Trabajo de grado no publicado. Bogotá: Departamento de Psicología, Universidad de los Andes; Chalmers, H., Stone, N. y Ingham, R. (2001). *Dynamic Contextual Analysis of Young People's Sexual Health: A Context Specific Approach to Understanding Barriers to, and Opportunities for, Change.* Southampton: DFID at University of Southampton; Furstenberg, F., Brooks-Gunn, J. y Morgan, S. P. (1991). Adolescent mothers in later life. Cambridge: Cambridge University Press; Sommer, K. S., Whitman, T. L., Borkowski, J. G., Gondoli, D. M., Burke, J., Maxwell, S. E. y Weed, K. (2000). Prenatal maternal predictors of cognitive and emotional delays in children of adolescent mothers. *Adolescence,* disponible en http://www.findarticles.com/p/articles/mi_m2248/is_137_35/ai_62958277; Stern, C. (2002). Poverty, social vulnerability and adolescent pregnancy in México: A qualitative analysis. Investigación presentada en el CICRED Seminar on "Reproductive health, unmet needs, and poverty: Issues of access and quality of services", Chulanlongkorn University, Bankok, Thailand, 25-30 de noviembre; Ward, M. J. y Carlson, E. A. (1995). Associations among adult attachment, representations, maternal sensitivity, and infant-mother attachment in a sample of adolescent mothers. *Child Development, 66,* 69-79.

25 UNFPA (2006). *Informe anual de revisión del programa de Cooperación del Fondo de Población de las Naciones Unidas (UNFPA) con el gobierno colombiano (2003-2007).* Bogotá.

26 Gogna, M. L., Adaszko, A., Alonso, V., Portnoy, F., Fernández, S. y Zamberlin, N. (s. f.). *El embarazo en la adolescencia: diagnóstico para reorientar las políticas y programas de*

Consecuencias psicosociales. La maternidad y la paternidad tempranas pueden obstaculizar el logro de las tareas de desarrollo de la juventud. Como hemos mencionado en los capítulos precedentes, dos de las tareas centrales de la juventud incluyen la construcción consciente de la sexualidad como una de las facetas de la identidad, al igual que el desarrollo de competencias para establecer relaciones caracterizadas por un sano balance de la autonomía y la vinculación. Las demandas y responsabilidades de la maternidad y la paternidad pueden dar pocas oportunidades a las/los jóvenes para explorar quiénes son, qué quieren ser y hacer, y cómo pueden manejar las presiones del entorno en diversos contextos relacionales: pares, amigos/as, parejas románticas, entre otros. Las madres adolescentes, que tienen menos tiempo para participar en las actividades y eventos en los que otras jóvenes de su edad se involucran, pueden experimentar malestar psicológico, el cual se expresa a través de síntomas depresivos.[27] Por otro lado, las investigaciones en torno al embarazo no planeado han mostrado que las mujeres que se convierten en madres antes de cumplir los 18 años tienen mayores dificultades para terminar sus estudios de secundaria y universitarios. En Colombia, la Encuesta Social de Fedesarrollo estableció que tan sólo el 7,51% de las adolescentes embarazadas asiste a educación formal, frente al 73,27% de adolescentes que estudian y no están embarazadas. En las adolescentes con hijos, el porcentaje que estudia aumenta respecto a las embarazadas (19,2%), pero sigue siendo mucho más bajo cuando se compara con el de las adolescentes que no tienen hijos (78,49%).[28]

El estudio más reciente sobre fecundidad en el país[29] muestra que en el 2010 el 68% de las mujeres entre los 15 y los 24 años estaban cursando secundaria, y que la principal causa de deserción escolar entre las adolecente que no estaban estudiando bachillerato fue haber quedado embarazadas (8,6%).

Como resultado de esta situación, se ha observado que las madres adolescentes tienen menores posibilidades de conseguir un empleo adecuado y bien remunerado, tienen más dificultades para independizarse de sus familias de origen y presentan una mayor tendencia a desarrollar sentimientos de inadecuación y desesperanza frente a la posibilidad de continuar con su proyecto de vida y tener éxito en lo que se habían propuesto.

salud. Informe final. Argentina: Ministerio de la Salud, CONAPRIS, CEDES Disponible en http://www.cedes.org/areas/salud-es/index.html

27 Levine Coley, R. y Chase-Lansdale, L. (1998). Adolescent pregnancy and parenthood. Recent evidence and future directions. *American Psychologist,* 53, 2, 152-166.

28 Citado por Barrera, F. y Higuera, L. (2004). *Embarazo y fecundidad adolescente.* Bogotá: Fedesarrollo.

29 Profamilia (2010). Encuesta Nacional de Demografía y Salud, 2010.Bogotá.

En este sentido, un estudio realizado por el Grupo Familia y Sexualidad[30] con 113 mujeres menores de 19 años, embarazadas, usuarias de una institución prestadora de servicios de salud de Bogotá, mostró que la mayoría tenía expectativas negativas de la maternidad. Con respecto a los planes a futuro, al 45% de las participantes le gustaría estudiar y trabajar después del nacimiento del bebé; sin embargo, sólo el 10% esperaba continuar con sus estudios después del parto.

En el caso de los hombres, cuando se convierten en padres antes de los 18 años, sus posibilidades de graduarse de la secundaria se reducen, en comparación con quienes posponen la paternidad hasta una edad mayor. Se ha observado que los padres adolescentes tienden a trabajar más horas que sus pares que no son padres; esto les dificulta continuar con sus estudios y alcanzar un nivel educativo comparable al de sus contemporáneos. A largo plazo, esto les dificulta vincularse a la fuerza laboral en oficios bien remunerados.[31]

De otro lado, los hijos de adolescentes son más propensos que otros niños a tener bajo rendimiento escolar y problemas de comportamiento.[32] En la adolescencia, estos niños tienen un alto riesgo de iniciar su actividad sexual tempranamente y enfrentar un embarazo no planeado, lo cual se ha denominado "el ciclo de la maternidad/paternidad adolescente".

Sin embargo, también se ha encontrado que algunas personas, aunque estén muy jóvenes, asumen adecuadamente su rol de padre o madre, promueven el desarrollo integral de su hijo y son capaces de identificar en su contexto una red de apoyo que les facilita enfrentar exitosamente los retos de la maternidad y la paternidad a temprana edad (apoyo familiar, garantía del derecho a la educación, servicios de salud especializados para esta población). Estas personas son capaces de proporcionar apoyo emocional a su hijo, estimulan el desarrollo de sus capacidades intelectuales, establecen límites claramente, son consistentes y coherentes, son sensibles a las necesidades del niño y las satisfacen oportuna y adecuadamente, respetan el derecho que tiene su hijo a tomar sus propias decisiones y le enseñan progresivamente cómo hacerlo responsablemente.

¿Qué ocurre cuando se decide la adopción como alternativa frente a un embarazo no planeado?

La alternativa de dar el hijo en adopción es una de las menos frecuentemente elegidas, por lo que son pocos los datos disponibles sobre sus implicaciones.

---

30 Vargas-Trujillo, E., Sánchez, G., Patiño, N. y del Río, A. M. (2004). *Expectativas de la maternidad y planes a futuro de un grupo de adolescentes embarazadas*. Bogotá: Departamento de Psicología, Universidad de los Andes.

31 Levine Coley y Chase-Lansdale, *op. cit.*

32 Brooks-Gunn, J. y Furstenberg, F. F. Jr. (1986). The children of adolescent mothers: Physical, academic, and psychological outcomes. *Developmental Review, 6*, 224-251.

Ésta es una de las principales limitaciones para responder al interrogante sobre las consecuencias de esta alternativa frente al embarazo no planeado. Al examinar las consecuencias, es importante tener en cuenta que la vivencia de la experiencia es diferente para cada mujer o pareja y depende, al igual que en las otras opciones, de las actitudes que se tienen frente a la adopción, la crianza, la maternidad, la paternidad y los hijos. La experiencia también varía en función de la edad de la madre, el contexto cultural en el que vive, del apoyo que recibe en el proceso de toma de decisiones y después del parto.

Se ha observado que decidir tener el bebé y darlo en adopción puede causar una sensación de pérdida. Esta sensación de pérdida empieza durante el embarazo, a medida que la madre y el padre biológicos comienzan a aceptar la realidad de un embarazo no planeado y la necesidad de modificar sus propios planes inmediatos. La mayoría de las/los jóvenes se resiste a pensar en la adopción como una alternativa, probablemente porque, como hemos dicho, esta opción no evita que las figuras significativas se enteren del embarazo. Quienes finalmente deciden hacerlo comienzan a prepararse para la pérdida, con la esperanza de que la adopción garantice una mejor vida para la criatura y para sí mismas/os y de que para esto existen entidades especializadas que pueden apoyar a las mujeres con esta decisión y acompañarlas durante y después del embarazo.

De acuerdo con la información disponible, la mayoría de las mujeres experimenta sentimientos de tristeza y pérdida después de haber firmado el consentimiento para dar su hijo/a en adopción, y un poco más de la mitad de las mujeres sigue experimentando esas emociones de 5 a 15 años después del hecho.[33] Otros estudios indican que las mujeres que dan su hijo en adopción corren el riesgo de experimentar ansiedad y depresión a largo plazo.[34]

En general, se ha observado que la reacción de la mujer y de su pareja ante el nacimiento del bebé y el hecho de entregarlo en adopción, inicialmente, se caracteriza por sentimientos de confusión, miedo y negación, pero también de tristeza.[35] Todos estos sentimientos son reacciones naturales frente a la pérdida. Sin embargo, la sensación de pérdida ante la adopción es diferente de la que se experimenta después de un fallecimiento, debido a que raramente existe un reconocimiento público del evento, y a que la red social de la madre y de su pareja tiende a ignorar la pérdida y a hacer como si nada hubiera pasado.

En algunos casos, el secreto que rodea al embarazo y la adopción puede dificultar a las personas jóvenes buscar y encontrar apoyo para afrontar su pér-

33 Sachdev, Paul (1989). *Unlocking the Adoption Files*. Lexington, MA: Lexington Books; Sachdev, Paul. (1993). *Sex, Abortion and Unmarried Women*. Westport, CT: Greenwood Press.

34 Askren, Holli Ann y Kathaleen C. Bloom. (1999). Postadoptive reactions of the relinquishing mother: A review. *Journal of Obstetric, Gynaecologic, & Neonatal Nursing*, 28, 4, 395-400.

35 Child Welfare Information Gateway (2004). El impacto de la adopción en los padres biológicos Disponible en línea en www.childwelfare.gov/pubs/impactobio/index.cfm

dida. Además, la falta de rituales formales o ceremonias para marcar este tipo de pérdida puede hacer que sea más difícil reconocerla y, por lo tanto, aceptar que la tristeza es una emoción natural que hace parte del proceso de duelo. Las/los jóvenes también pueden sentir que no pueden realmente expresar sus sentimientos, por temor a ser juzgados.

Ante la entrega del recién nacido, que generalmente ocurre en las primeras horas postparto, las/los jóvenes también pueden reaccionar en forma de negación. La negación sirve como una manera de protegerlos de los sentimientos de tristeza que inevitablemente experimentarán en algún momento, a medida que la pérdida se hace más real. Más adelante pueden surgir sentimientos de enojo y culpa, y no es raro que la ira se dirija hacia a las personas que ayudaron con el proceso de toma de decisiones. Las fases finales del proceso de duelo implican aceptar lo ocurrido e integrar la pérdida a la vida cotidiana.

Por todo lo anterior, actualmente se sugiere que las parejas cuenten, especialmente la mujer, con el apoyo psicológico necesario para que puedan elaborar todo el proceso de preparación y desprendimiento que involucra la separación de una persona a la que se le dio vida, y lograr el ajuste emocional posterior a la adopción. Este proceso de preparación y desprendimiento involucra varias etapas:

Preparación: cuando se decide que ante el embarazo no planeado se va a recurrir a la adopción, es importante que desde muy temprano se establezca contacto con la institución que se va a encargar del trámite, se obtenga la mayor información posible al respecto, se conozcan y evalúen los pro y contra de la opción y sus implicaciones, y se comience a asumir la idea.

Tristeza y duelo: este período se inicia en el momento en que se hace inminente y consciente la entrega del bebé (puede ser antes de que éste nazca, en el momento del nacimiento o después de un tiempo), y termina con la aceptación de la pérdida y el deseo de continuar con la vida a pesar de lo ocurrido.

Adaptación: es el momento en que la persona comienza a recobrar la vida que tenía antes del embarazo, a plantearse metas y a realizar las actividades que le permitirán lograr su proyecto de vida.

¿Cuáles son las consecuencias del aborto?

El aborto provocado puede generar tres tipos de consecuencias en las mujeres que lo practican: consecuencias físicas, psicológicas y legales o sociales.[36]

---

36 Una revisión actualizada del tema se puede consultar en: Guillaume, A. y Lerner, S. (2006). El aborto en América Latina y el Caribe. Les Numériques du CEPED. Disponible en http://ceped.cirad.fr/cdrom/avortement_ameriquelatine_2006/sp/intro.html

Consecuencias físicas. El aborto, al igual que cualquier intervención médica, puede generar consecuencias negativas para la salud, que varían en su frecuencia y gravedad según el método abortivo utilizado, el tiempo de gestación en el que se practique y las condiciones de salubridad en las que se efectúe.

Los datos de la Organización Mundial de la Salud[37] indican que en los países en los que la interrupción voluntaria del embarazo es legal y, por lo tanto, se puede practicar con la atención médica adecuada, es un procedimiento seguro. Los datos disponibles indican que la tasa de mortalidad por cada 100.000 procedimientos es de 1,7 para el aborto legal practicado en el primer trimestre, de 12,2 para el aborto legal practicado en el segundo trimestre, y de 14,1 para los embarazos normales llevados a término. Por su parte, en los países de América Latina, donde se practican alrededor de 3'700.000 abortos inseguros anualmente, se presentan 370 muertes por cada 100.000 procedimientos.

En esta región, de todas las mujeres que se someten a un aborto en condiciones de riesgo, entre 10% y 50% necesitan atención médica para el tratamiento de las complicaciones. Las complicaciones más frecuentes son los abortos incompletos, sepsis, hemorragia y lesiones intraabdominales, así como complicaciones infecciosas que pueden dejar en la mujer secuelas crónicas que generan esterilidad, embarazo ectópico y dolor pélvico crónico.[38] En Colombia, el aborto constituye la tercera causa de mortalidad materna.[39]

Consecuencias psicológicas. Las consecuencias psicológicas del aborto dependen del significado que tengan para las personas el embarazo, la maternidad, la paternidad, el aborto. Se ha observado que cuando el embarazo no es visto por la mujer y su pareja como un evento vital y significativo, las consecuencias psicológicas del aborto son mínimas. Sin embargo, cuando el embarazo sí representa un evento significativo en la vida de las personas, particularmente para la mujer, el aborto puede generar malestar psicológico. En el plano psicológico, las secuelas que sufre la mujer, y en algunos casos la pareja, pueden ser más graves y difíciles de manejar que las físicas. Como ya dijimos, los efectos del aborto dependen de la actitud de la mujer hacia el embarazo, la maternidad, la crianza y el aborto; del proceso de duelo vivenciado, del grado de ajuste psicológico de la mujer an-

37 Organización Mundial de la Salud (2003). *Aborto sin riesgos. Guía técnica y de políticas para sistemas de salud.* Ginebra; Organización Mundial de la Salud (2004). *Unsafe Abortion. Global and Regional Estimates of the Incidence of Unsafe Abortion and Associated Mortality in 2000* (cuarta edición). Disponible en www.who.int/reproductive-health; Secretaría de Salud, Alcaldía Mayor de Bogotá (2006). *Aborto inducido: un problema de salud pública.* Disponible en http://www. saludcapital.gov.co/secsalud/descargas/aborto_un_problema_de_salud_publica.pdf

38 Centro para Derechos Reproductivos (2003). *Reflexiones sobre el aborto.* Briefing Paper. Nueva York, www.reproductiverights.org.

39 UNFPA, *op. cit.*

tes de que el aborto tuviera lugar y del apoyo que encuentre en las personas que la rodean, especialmente del compañero o pareja y de las figuras significativas.

Una vez realizado el aborto, la mujer que no ha contado con una asesoría profesional y el apoyo psicosocial adecuado puede sentir que todo el mundo le falla, considera que en su hogar le falta amor y afecto, se siente sola y triste. Además, puede sentir que no es capaz de solucionar los problemas que tiene y comenzar a tomarse las críticas de los demás con demasiada seriedad.

Esta magnificación de los obstáculos que debe enfrentar y de su incapacidad para hacerlo genera una valoración negativa de sí misma y una necesidad inconsciente de castigo, puesto que culturalmente le han enseñado que el rol principal de la mujer es la maternidad, y ella ha roto con esa "ley". Al darse cuenta de que actuó en contra de lo que siempre había considerado importante, correcto, bueno, adecuado, surgen sentimientos de culpa. Si piensa que ha actuado en contra de los estándares sociales de conducta, experimenta sentimientos de vergüenza. Estas dos emociones autoevaluativas están fuertemente asociadas con ansiedad y depresión.

En algunas ocasiones, las mujeres pueden utilizar la negación o la represión para evitar el dolor que les produce el hecho de haber abortado, pero en algún momento este dolor, acompañado por un fuerte sentimiento de culpa, se hace evidente frente a los demás.

Después del aborto, la mujer puede sentir un "alivio", pues el problema (el embarazo) ya no existe; pero luego, especialmente en la época en la cual nacería el bebé, puede experimentar crisis depresivas fuertes.

También puede alterarse la relación con la pareja o con parejas posteriores, dado que se crea una imagen negativa de las relaciones y se teme que vuelva a ocurrir lo mismo en el futuro. Los padres de la mujer y su pareja cumplen un importante papel de apoyo psicológico en esos momentos. Si están presentes, apoyando a la mujer, ayudándola a tomar la mejor decisión, es posible que ésta se sienta menos afectada y pueda sobrellevar mejor la situación, pero si, por el contrario, se distancian argumentando que "eso es problema de ella", o si la mujer toma precipitadamente la decisión sin contar con otras personas, será más difícil para ella manejar el conflicto emocional y psicológico.

Para muchas mujeres que abortan, los beneficios emocionales que conlleva la culminación de un embarazo no planeado son mayores que las consecuencias psicológicas negativas que trae el aborto. Si bien estas mujeres experimentan la tristeza y la culpa descritas anteriormente, el asesoramiento anterior y posterior al procedimiento suelen ser eficaces para ayudarlas a sobrellevar el duelo.

El asesoramiento psicológico para la toma de decisiones es particularmente pertinente en países como Colombia, donde el proceso de duelo se puede ver obstaculizado por el entorno social, la censura legal que lo considera como un delito o la perspectiva religiosa que lo concibe como un pecado. El haberlo hecho de manera clandestina y en condiciones técnicas e higiénicas inadecuadas ocasiona trastornos en la asimilación del hecho y en los sentimientos de la mujer.

Consecuencias legales y sociales. Además de las consecuencias físicas y psicológicas, el aborto puede tener efectos legales y sociales que repercuten sobre la mujer que lo practica. En muchos lugares del mundo, el aborto es considerado legalmente como un delito, incluso si con él se pretende salvar la vida de la madre o evitar el nacimiento de un niño con malformaciones graves, y se castiga seriamente tanto a la mujer como a quien lo practica (en algunos casos, se condenan a cadena perpetua), aunque en la mayoría de los casos las personas no reciben realmente estos castigos. En algunos países, el aborto es legal en cualquier situación, y otros países se ubican en niveles intermedios.

Las mujeres que se realizan un aborto pueden ser víctimas de críticas y repudio de la sociedad, dado que culturalmente se ha definido a la mujer en términos de su posibilidad de generar vida y, por lo tanto, su decisión de terminar con ella resulta inexplicable para algunos. Sin embargo, esta reacción social varía mucho de una cultura a otra, existiendo algunas en las cuales se apoya a la mujer para que se practique el aborto bajo ciertas circunstancias. De hecho, sólo el 4% de la población mundial vive en países donde el aborto está absolutamente prohibido.[40]

Aplico lo aprendido

Al terminar la lectura de este libro, esperamos que usted haya logrado responder a las tres preguntas que propusimos como ejes articuladores del contenido del libro: *¿De dónde vengo? ¿Quién soy yo? ¿Qué quiero hacer?*

Teniendo en cuenta las respuestas que dio a estas preguntas, *¿cómo cree que afectaría su vida un embarazo no planeado? ¿Qué está haciendo en este momento para evitar un embarazo no planeado?*

Tenga en cuenta que los hijos no deben ser el resultado de accidentes en la vida, sino una de las decisiones que debemos contemplar al definir nuestro proyecto de vida. Es decir, la maternidad y la paternidad son una opción, y las personas tenemos derecho a decidir si una de nuestras metas en la vida es ser padres o madres, cuándo cumplir esta meta, con quién y en qué circunstancias. Además, tenemos derecho a decidir cuántos hijos queremos tener.

---

40 *El aborto en cifras.* Disponible en http://www.womenslinkworldwide.org/pdf/sp_co_lat_col_encifras.pdf

Aproveche esta oportunidad para hablar con las personas que son importantes para usted (madre, padre, hermanos, pareja, amigos) sobre el embarazo no planeado y sobre lo que opinan con respecto a cada una de las alternativas de acción. Dé a conocer su opinión de forma clara y abierta.

Recuerde que la experiencia ayuda a las personas a tomar decisiones acertadas cuando se ven abocadas a situaciones de presión. Complete el árbol de decisiones que se presentó en este capítulo con las consecuencias que usted visualiza que podría tener cada acción en su situación. *¿Usted incluiría otra alternativa? ¿Cuál?*

Este ejercicio es útil incluso para las personas precavidas que usan métodos de planificación familiar eficaces, porque no debemos olvidar que ningún método es 100% eficaz, todos implican algún grado de riesgo.

14

Evalúo lo que hago

Para reflexionar…

¿Quién soy yo sexualmente?

Responda a esta pregunta con 20 afirmaciones antes de continuar con la lectura de este capítulo.

A lo largo de este libro hemos presentado abundante evidencia para sustentar nuestro planteamiento de que *la sexualidad* es un constructo que hace referencia al reconocimiento explícito, por parte de la persona, del conjunto de atributos y comportamientos que la caracterizan y que le permiten responder a la pregunta: ¿Quién soy yo sexualmente? Esperamos que en este punto de la lectura usted haya logrado concluir que su sexualidad es una de las múltiples facetas de su identidad personal y que, en esa medida, es como su huella digital: única e irrepetible.

También confiamos en que la lectura de los diversos capítulos le haya permitido "darse cuenta" de que su sexualidad no es estática; por el contrario, está en un proceso permanente de cambio. Ese proceso de transformación e, idealmente, mejoramiento continuo ocurre gracias a la oportunidad que le brindan múltiples contextos relacionales y culturales de mirarse como persona y reflexionar acerca de quién es, qué quiere ser, lo que quiere hacer y lo que hace sexualmente.

En este último capítulo el objetivo es que usted logre reconocer que muchas de sus decisiones sexuales están motivadas por la necesidad que tiene de sentirse una persona a) que se conoce y acepta tal y como es, b) autónoma, c) competente para mantener relaciones positivas con otros, d) abierta a experiencias que contribuyan a su proceso de crecimiento y mejoramiento continuo, e) con un propósito en la vida. Además, le ayudaremos para que, al evaluar lo que ha hecho en el dominio sexual, identifique las estrategias a las que tiende a recurrir para preservar su sexualidad.

La finalidad de este capítulo es, por lo tanto, facilitarle responder al último interrogante de los muchos que hemos propuesto como ejes articuladores de este libro: ¿en qué medida lo que he hecho en el dominio sexual me permite mantener una sexualidad saludable?

La autodescripción, una forma de autoevaluación

Diversas teorías psicológicas proponen que las personas tienden a comportarse de acuerdo con el concepto que tienen de sí mismas.[1] Por otro lado, se plantea que las personas integran a su identidad atributos y comportamientos que les permiten aprender y mejorar, sentirse orgullosas y autónomas, ser parte de su grupo de referencia y dar sentido a sus vidas.[2] En ese orden de ideas, se concluye que las personas prefieren evitar situaciones que amenazan la noción positiva que tienen de sí mismas.

Una manera sencilla de "darnos cuenta" de la noción que tenemos de nosotros mismos es a través del análisis de las palabras que usamos para describirnos.[3] Si usted examina las palabras que usó al responder a la pregunta que le propusimos al iniciar este capítulo, tendrá un esbozo de la noción que tiene de su dimensión sexual. En efecto, la lista de respuestas a la pregunta: ¿Quién soy yo sexualmente?, probablemente incluye aspectos relacionados con:

1. La dimensión biológica de la sexualidad: soy hombre/mujer, soy alto/a, soy físicamente atractivo/a, soy fuerte, soy delgado/a, soy una persona que debe hacer mucho ejercicio y dieta para mantenerse bella, soy alguien que se siente feliz de ser hombre/mujer, soy un individuo que desearía ser del otro sexo, soy una persona que conoce, acepta y valora su cuerpo...

2. La dimensión social de la sexualidad: soy como la mayoría de los hombres/las mujeres que conozco, soy diferente de lo que socialmente se considera un hombre/una mujer típico, soy cariñoso/a, soy independiente, soy agresivo/a, soy

---

1 Por ejemplo, Decy, E. L. y Ryan, R .M. (Eds.) (2002). *Handbook of Self-Determination Research.* Rochester, NY: The University of Rochester Press.

2 Vignoles, V. L., Regalia, C., Manzi, C., Golledge, J., Scabini, E. (2006). Beyond self-esteem: Influence of multiple motives on identity construction. *Journal of Personality & Social Psychology,* 90, 2, 308-333; Ryff, C. y Keyes, C. (1995). The structure of well being revisited. *Journal of Personal & Social Psychology,* 69, 719-727.

3 Adaptación del Twenty Statements Test desarrollado por Kuhn, M. H. y McPartland, T. S. (1954). An empirical investigation of self-attitude. *American Sociological Review,* 19, 1, 68-76.

femenino/a, soy masculino/a, soy una persona de la cual se sienten orgullosas las personas que quiero y admiro...

3. La dimensión motivacional de la sexualidad: soy alguien que se siente atraído/a por personas de mi mismo sexo, soy una persona que se siente a gusto teniendo relaciones afectivas con personas del otro sexo, soy un/a hombre/mujer al/la que le preocupa el hecho de no sentirse atraído/a por ningún tipo de persona, soy una persona perdidamente enamorada de mi pareja...

4. La dimensión comportamental: soy una persona que se siente satisfecha/o de lo que hace sexualmente, soy alguien que se siente confiada/o, segura/o y orgullosa/o de las decisiones sexuales que ha tomado, soy un individuo que si pudiera retroceder el tiempo evitaría hacer lo que ha hecho con su vida sexual hasta este momento, soy una persona que se siente culpable y avergonzada por lo que hace sexualmente...

Examine sus respuestas nuevamente. Al hacerlo, probablemente descubrirá que, en términos generales, los adjetivos que usa para describirse tienden a ser positivos. Si usted se acepta tal y como es, tal vez incluye en su descripción sus limitaciones. No obstante, seguramente presta mayor atención a aquella información acerca de sí mismo/a que lo/a hace sentir más seguro/a y que es consistente con una autoevaluación favorable de su sexualidad.

Las emociones autoevaluativas

Las emociones autoevaluativas son otra fuente de información que nos permite establecer en qué medida nuestro comportamiento es consistente con esa imagen que tenemos de nosotros mismos. Es decir, las emociones que experimentamos al evaluar lo que hacemos nos permiten establecer si nuestros actos son un fiel reflejo de lo que somos, lo que queremos ser y lo que decidimos hacer.

En general, se ha encontrado que las personas evitan realizar aquellos comportamientos que anticipan que les van a generar emociones autoevaluativas como la culpa o la vergüenza, y prefieren llevar a cabo aquellas acciones que tienen mayor probabilidad de desencadenar emociones positivas, como tranquilidad, regocijo, serenidad y orgullo.

Las emociones autoevaluativas comienzan a experimentarse en la infancia, cuando adquirimos conciencia de que nuestro comportamiento tiene consecuencias tanto para nosotros mismos como para los demás y, asimismo, puede ser objeto de evaluación por parte de otros, particularmente, de nuestras figuras significativas. En la interacción con diversos agentes de socialización, vamos descubriendo que la valoración de nuestro comportamiento será más o menos favorable en la medida que exprese el acatamiento o la transgresión de las normas sociales y morales.[4] Las emociones autoevaluativas (como la culpa, la vergüenza, la tranquilidad y el orgullo), por lo tanto, facilitan la autorregulación de la conducta.

Las emociones autoevaluativas dependen del contexto en el que se lleva a cabo el comportamiento, del tipo de norma (convencional o moral) implicada en su ejecución y de sus consecuencias.[5] Por ejemplo, cuando una persona llega tarde a una cita en un contexto social que valora la puntualidad, puede sentirse apenada o abochornada, porque su comportamiento infringe una norma importante. No obstante, la violación de esta norma convencional, si bien genera disgusto en los implicados, no desconoce ningún derecho fundamental, difícilmente puede calificarse como una injusticia y tampoco tiene un efecto significativo en el bienestar de los individuos. Este tipo de infracciones suele ser accidental, por lo cual pocas veces las personas se sienten responsables de su ejecución. En ese sentido, la molestia y el enojo que se experimentan ante la situación difícilmente motivan a la persona para cambiar su comportamiento.

Ahora bien, si el incumplimiento de esa norma social convencional se constituye en un patrón de conducta, a largo plazo puede incidir en la opinión que se tiene de la persona que la lleva a cabo. En nuestro ejemplo, si la conducta se realiza de manera repetitiva, es probable que tanto quien la realice como las personas de su entorno lleguen a la conclusión de que entre sus atributos distintivos están la impuntualidad, el incumplimiento y la irresponsabilidad. Estos atributos se asumirán como parte de su identidad.

De otro lado, el comportamiento es una transgresión a las normas morales cuando constituye una injusticia, implica la vulneración de los derechos humanos fundamentales y atenta contra el bienestar de las personas implicadas. En este libro hemos mencionado en varias ocasiones que los derechos sexuales y reproductivos son derechos humanos fundamentales. Un derecho humano sexual y reproductivo es el derecho a la intimidad, a la privacidad. Un ejemplo claro de vulneración de este derecho es cuando un joven divulga a su grupo de amigos lo que hizo sexualmente con la compañera con quien salió el fin de semana. Esta situación es injusta, en tanto que vulnera un derecho fundamental de la compañera y, en ese sentido, puede generarle malestar (en el nivel psicológico, expresado en sentimientos como decepción, tristeza, humillación, desconfianza, desengaño, indignación, frustración, devaluación; en el nivel social, incide en el concepto que otros tienen de ella, al poner en entredicho su reputación).

---

4 Bennet, M. y Matthews, L. (2000). The role of second-order belief-understanding and social context in children's self-attribution of social emotions. *Social Development, 9, 1,* 126-130.

5 Olthof, T., Schouten, A., Kuiper, H., Stegge, H. y Jennekens-Schinkel, A. (2000). Shame and guilt in children: Differential situational antecedents and experiential correlates. *British Journal of Developmental Psychology, 18,* 51-64.

Si el joven percibe que el grupo de amigos rechaza y sanciona su conducta, es probable que experimente vergüenza. Si, adicionalmente, el joven reconoce que su comportamiento puede tener un efecto negativo en el bienestar psicológico y social de su compañera, es posible que también sienta culpa.[6]

Cuando la persona siente vergüenza por lo que ha hecho, comienza a recriminarse, a condenarse a sí misma, teme el desprecio por parte de las personas que quiere y admira y, por eso, tiende a aislarse y a evitar que se enteren de lo que ha hecho. Al mismo tiempo, siente el deseo de enmendar la falta y la necesidad de hacer cualquier cosa para aliviar el daño que ocasionó con su conducta.

Ante la culpa, por su parte, la persona acepta que su comportamiento vulneró un derecho humano fundamental, reconoce que es responsable del dolor que su comportamiento ocasionó a otra(s) persona(s), se arrepiente de haber actuado como lo hizo y se siente motivada a cambiar su forma de actuar.

En síntesis, la culpa y la vergüenza, a diferencia de la pena y el abochornamiento que se experimentan ante el desacato de una norma social, generan malestar psicológico, en la medida en que ponen en tela de juicio el concepto que la persona tiene de sí misma. Dada la necesidad que tenemos los seres humanos de mantener una opinión personal favorable, estas dos emociones autoevaluativas nos permiten revaluar nuestro comportamiento y las expectativas que teníamos cuando decidimos hacer lo que hicimos.[7] Así, el joven del ejemplo probablemente esperaba reconocimiento y admiración por parte de sus amigos al relatar con detalles lo que hizo sexualmente con su compañera. No obstante, al evaluar su propia conducta descubre que no sólo no satisfizo sus expectativas sino que, con sus acciones, generó consecuencias negativas para sí mismo y para su compañera, las cuales no consideró antes de actuar: se da cuenta de que las implicaciones de su conducta le producen culpa y vergüenza. La culpa evitará que, en el futuro, revele a sus amigos la intimidad de sus "parejas sexuales", dado que sabe que es un comportamiento moralmente reprochable. La vergüenza, seguramente, lo motivará para pedir disculpas a su compañera. Es decir, estas emociones autoevaluativas permiten a las personas aprender de la experiencia.

Obviamente, no todas las personas responden de la misma manera al evaluar su propio comportamiento. Se ha observado que mientras que, en su mayoría, las personas sienten remordimiento y deseo de cambiar aquellos comportamientos

---

6 *Ibid.*

7 Einstein, D.; Lanning, K. (1998). Shame, guilt, ego development, and the five-factor model of personality. *Journal of Personality, 66,* 555-582; Eisenberg, N. (2000). Emotion, regulation, and moral development. *Annual Review of Psychology, 51,* 665-697; Fiske, A. P. (2002). Socio-moral emotions motivate action to sustain relationships. *Self & Identity, 1,* 169-175; Villanueva Badenes, L., Clemente Estevan, R. A. y Adrián Serrano, J. E. (s. f.). La comprensión infantil de las emociones secundarias y su relación con otros desarrollos sociocognitivos. *Revista Electrónica de Motivación y Emoción, 3,* 4, Disponible en http://reme.uji.es/articulos/avilll728080610o/texto.html

que les generan culpa y vergüenza, algunos individuos reaccionan expresando hostilidad hacia quienes perciben que pueden, implícita o explícitamente, cuestionar su comportamiento y la noción que tienen de sí mismos.

¿Cómo evalúan las mujeres y los hombres jóvenes sus primeras relaciones sexuales?

Con respecto a la valoración de la primera relación sexual, el estudio en el que participaron jóvenes de Bogotá y Cali[8] reveló que, mientras los hombres expresaron temor derivado tanto de su necesidad de demostrar suficiente capacidad para responder sexualmente y proporcionar placer a su pareja como del riesgo de contraer una infección de transmisión sexual, las adolescentes reportaron haber sentido miedo por lo que experimentan físicamente ante la "pérdida de la virginidad", y vergüenza por la apariencia de su propio cuerpo. Otras adolescentes se enfrentaron a esa primera relación sexual con el temor al embarazo, a la reacción de la familia si se entera de lo ocurrido, y con inseguridad respecto a su pareja. No obstante, se encontró que los temores relacionados con las infecciones de transmisión sexual o el embarazo no inhiben la acción y tampoco favorecen el uso de métodos de protección.

La reacción emocional posterior a la primera relación sexual también varía en función del sexo, del tipo de relación que se tenga con la pareja, de las expectativas que se tenían de esa primera relación y de la valoración que se le dé al evento. Algunas adolescentes reconocieron haber experimentado satisfacción personal, pero en la mayor parte de los casos reportaron sentimientos negativos como miedo, inseguridad, vergüenza, culpa y tristeza.

Además, se observó una diferencia notable en la valoración que hacen las mujeres de Bogotá y Cali de la primera relación sexual. La mayoría de las adolescentes de Bogotá evaluaron positivamente ese evento, mientras que todas las adolescentes de Cali calificaron la primera relación sexual negativamente. Para explicar estas diferencias de valoración de la primera relación sexual en las mujeres de las dos ciudades, los datos nos sugieren tres factores estrechamente relacionados: la edad de la pareja y su experiencia sexual previa, los motivos que llevaron a las jóvenes a tener relaciones sexuales y la calidad del vínculo afectivo con su pareja.

---

8 Vargas-Trujillo, E., Henao, J. y González, C. (2005). Fecundidad adolescente en Colombia: incidencia, tendencias y determinantes. Un enfoque de historia de vida. Estudio cualitativo. *Documentos* CESO. Bogotá: Universidad de los Andes.

Así, mientras en Cali todas las adolescentes se iniciaron con hombres mayores que ya habían tenido relaciones sexuales, en Bogotá la mayoría reportó haber tenido relaciones sexuales con parejas con quienes no había gran diferencia de edad y para quienes ésa también era su primera vez. En este sentido, vale la pena señalar que las adolescentes de Bogotá que calificaron negativamente su primera relación sexual se iniciaron con parejas mayores que tenían experiencia previa. Con respecto a los motivos de las jóvenes para tener la primera relación sexual, a diferencia de las jóvenes bogotanas, las adolescentes en Cali reconocieron haberse sentido presionadas, de forma indirecta, por sus compañeros. Por último, las jóvenes que señalaron que el vínculo afectivo con su pareja era más sólido valoraron más positivamente esta primera relación sexual.

Adicionalmente, se observó que la reacción emocional de las jóvenes se encuentra relacionada con lo que ellas creen que opinan sus padres al respecto y con las reglas, implícitas o explicitas, que hay en la familia sobre las relaciones sexuales en la adolescencia.

Por su parte, las emociones autoevaluativas positivas se experimentan cuando nuestro comportamiento tiene en cuenta las normas sociales convencionales y, principalmente, las normas morales. Las personas que al tomar decisiones tienen en consideración el efecto que puede tener cualquier curso de acción en sí mismas y en quienes viven a su alrededor tienden a actuar en forma justa, por lo que evitan hacer cosas que vulneren sus propios derechos o los de los demás. Estas personas, al evaluar sus comportamientos, sienten tranquilidad, regocijo, serenidad, orgullo y, por lo tanto, están dispuestas a seguir actuando de la misma forma.

Concretamente, las emociones autoevaluativas positivas se manifiestan cuando las personas actúan de acuerdo con las normas sociales y morales que orientan el comportamiento y el trato entre las personas en el contexto en el que viven. Estas emociones permiten a las personas mantener una opinión favorable de sí mismas y contribuyen a su bienestar. En general, se ha observado que la necesidad de las personas de sentirse admirables, importantes y valiosas las motiva a actuar de acuerdo con los estándares sociales y morales vigentes en el contexto social en el que viven. Al actuar de esta forma, las personas validan la opinión que tienen de sí mismas.

Esto no significa que las personas no cometan errores. Todos los seres humanos nos equivocamos, lo importante es reconocerlo, estar atentos a esas señales del entorno y a nuestras emociones, para lograr identificar qué comportamientos vale la pena repetir, cuáles debemos evitar y cuándo es necesario hacer algo para enmendar la falta.

Para tener en cuenta...

Las emociones autoevaluativas se construyen en el proceso de socialización e indican que la persona libremente ha decidido adoptar las normas y principios que regulan el comportamiento de las personas en el contexto sociocultural en el que se vive.

Estas emociones surgen cuando la persona, al evaluar su propia conducta, tiene en cuenta el grado de cumplimiento de las normas sociales convencionales y de las normas morales.

Las normas sociales convencionales son estándares definidos por consenso en un grupo social específico, para guiar determinados comportamientos. Un ejemplo de norma social convencional es aquella que establece que, para ingresar a un sitio público (un cine, un teatro, un museo, un autobús), se debe hacer fila.

Los principios éticos , por su parte, definen lo que es justo hacer para garantizar el bienestar físico, psicológico, sexual y social de las personas. Los derechos humanos fundamentales, de los cuales hacen parte los derechos sexuales y reproductivos, se reconocen en la actualidad como los acuerdos que tanto a nivel internacional como nacional regulan el trato digno que debe darse a todos, por su condición de ser humanos.

Se ha encontrado que las emociones autoevaluativas que tienen mayor probabilidad de propiciar cambios en el comportamiento de las personas son la culpa y la vergüenza.

La culpa es un sentimiento negativo de la persona hacia sus propias acciones, que surge cuando se da cuenta de que su comportamiento desconoce determinada norma moral. La culpa se asocia con sentimientos de arrepentimiento y deseo de cambiar el propio comportamiento.

La vergüenza es un sentimiento negativo de la persona hacia sí misma, que surge cuando se da cuenta de que su comportamiento desconoce determinada norma moral. La vergüenza se asocia con el temor a la sanción y al desprecio por parte de las figuras significativas. Genera sentimientos de tristeza, soledad y devaluación. Al mismo tiempo, surge en la persona el deseo de enmendar la falta y de compensar a quienes se han visto afectadas por su conducta.

Por otro lado, la pena o el bochorno son dos emociones autoevaluativas que por lo general se activan cuando, accidentalmente, se ha infringido una norma social convencional. Estas emociones no están asociadas con el deseo de cambiar la conducta o de enmendar la falta, debido a que la persona siente poca responsabilidad frente a lo ocurrido.

La autoevaluación contribuye a una sexualidad saludable

En este libro hemos planteado que la *sexualidad saludable* se expresa en seis dimensiones: autoaceptación, autonomía, dominio del medio, relaciones positivas con otros, crecimiento personal, orientación a futuro. Tener una sexualidad saludable implica, por lo tanto, mucho más que estar libre de infecciones de transmisión sexual, disfunciones sexuales o embarazos no deseados. La autoevaluación nos permite juzgar en qué medida las decisiones que tomamos y lo que hacemos sexualmente contribuyen a mantener saludable nuestra sexualidad.

Ese juicio implica examinar la descripción que hace la persona de sí misma y las emociones autoevaluativas que se activan al valorar su comportamiento. En este apartado, vamos a tratar otra fuente de información para la autoevaluación de la sexualidad. Esta última forma de autoevaluación exige considerar el grado en el que se poseen las características de la persona que goza de una sexualidad saludable.[9] En este momento, lo invitamos a hacer esta autoevaluación, respondiendo a las preguntas que se incluyen en la figura 13.

Al terminar, examine sus respuestas ¿Qué tan saludable siente usted que es su sexualidad? ¿Qué aspectos siente que necesita mejorar? A partir de lo revisado en los diversos capítulos que conforman este libro, ¿qué cree usted que puede hacer de una manera diferente para promover o mantener una sexualidad saludable?

En este libro afirmamos que la sexualidad se desarrolla, mantiene y modifica cuando la persona, libre y voluntariamente, después de un proceso activo y consciente de cuestionamiento y reflexión personal, se compromete con la serie de atributos y comportamientos que la caracterizan y la distinguen sexualmente de las demás personas. Es decir, cuando asume conscientemente aquello que, en el dominio sexual, la define como alguien particular y único.

---

9 Adaptado de Ryff y Keyes, *op. cit*; Ryff, C. (1995). Psychological well-being in adult life. *Current Directions in Psychological Science, 4,* 4, 99-104; Concepto de Salud Sexual consultado en http://www.siecus.org/inter/inte0006.html#ESP

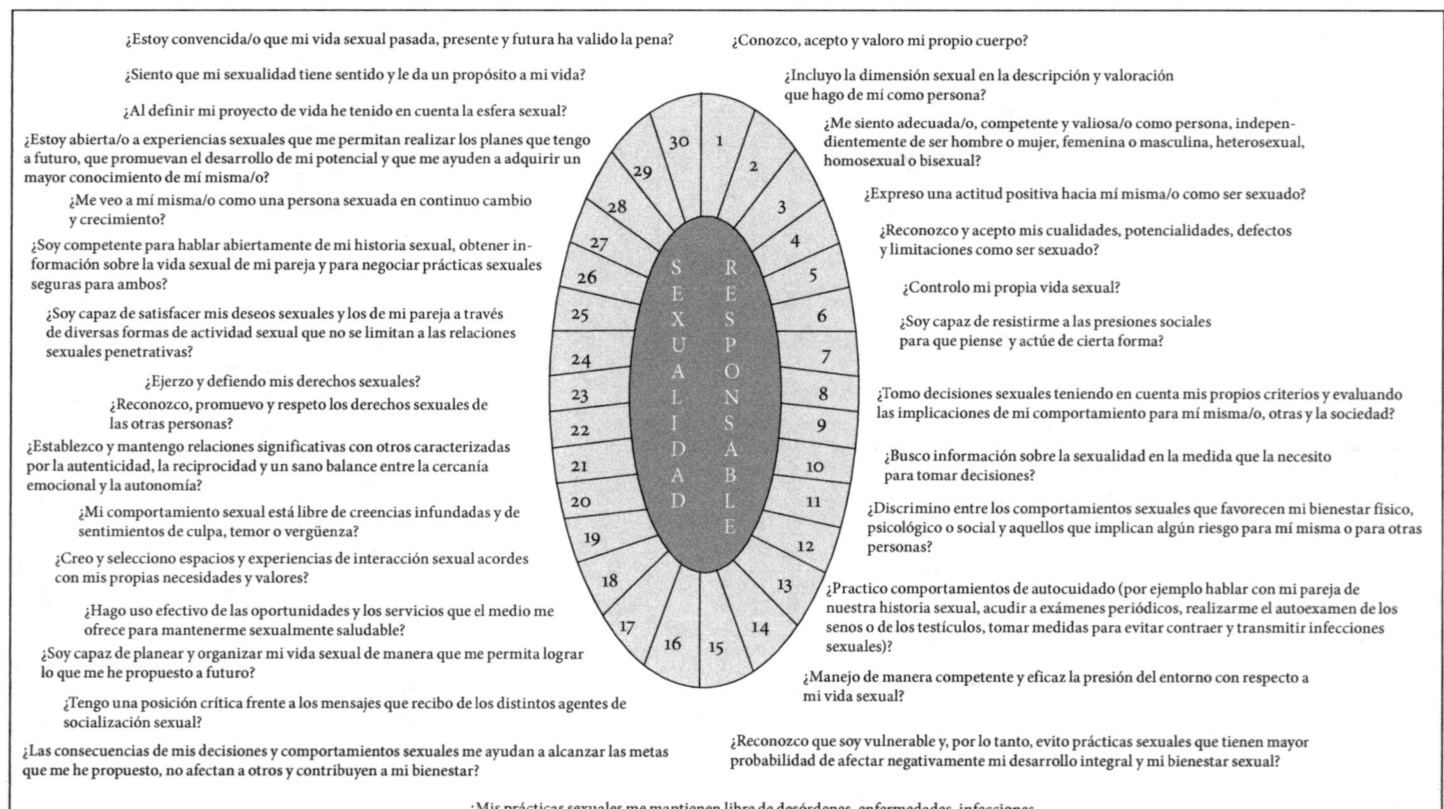

Figura 13. Autoevaluación de la sexualidad

Este planteamiento se basa en el supuesto de que los seres humanos, a diferencia de los animales inferiores, tenemos la capacidad de reflexionar sobre quiénes somos. Esta capacidad nos facilita tomar decisiones sobre lo que necesitamos o deseamos hacer para mantener una sexualidad saludable. En la introducción de este libro, le propusimos el mapa conceptual (ver la figura 14) que presentamos nuevamente a continuación. En dicho esquema incluimos las preguntas que, a lo largo de la lectura, le facilitarían a usted reflexionar acerca de su sexualidad.

Confiamos en que al llegar al final de este proceso de cuestionamiento personal usted haya logrado "darse cuenta" de la obra maravillosa en la que se ha ido convirtiendo a lo largo de su vida. También esperamos que la autoevaluación que le propusimos en este capítulo le haya permitido identificar aquellos aspectos de sí misma/o, de su relación con los otros o de su entorno que se deben cambiar para lograr gozar de una sexualidad saludable.

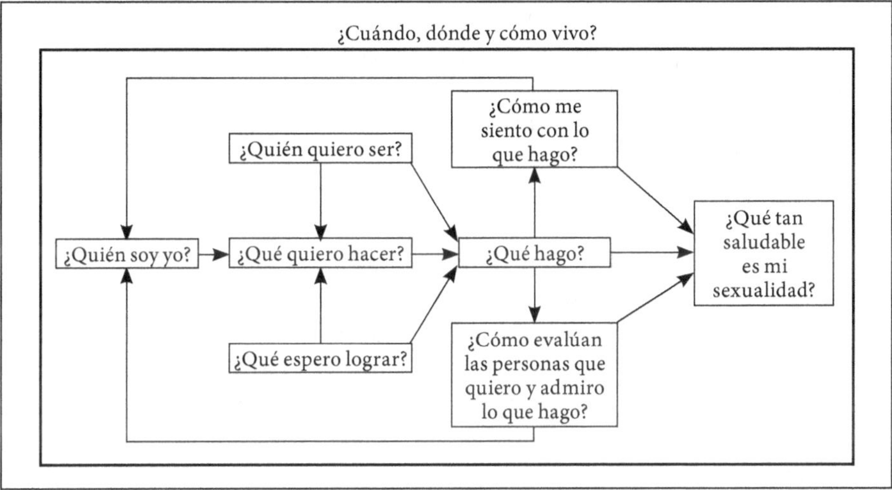

Figura 14. Mapa conceptual del libro

Cabe señalar que las personas varían en lo que creen que deben hacer para sentirse valiosas, dignas, importantes y saludables. Por lo tanto, lo que usted haga para mantener una sexualidad saludable depende sólo de usted y del compromiso que tiene de no permitir que su comportamiento sexual sea el resultado de imposiciones sociales, sino el producto de un proceso consciente de toma de decisiones.

Al definir la sexualidad como una de las múltiples facetas de la identidad, suponemos que para algunas personas, particularmente en la juventud, este aspecto es determinante de la opinión que tienen de sí mismas como totalidad. Así, para algunas personas, su valoración como tales se fundamenta, entre otras cosas, en:

- Ser hombres o mujeres.
- Ser bellas y atractivas.
- Su habilidad para seducir.
- Su capacidad para ejercer el poder que socialmente se les atribuye a los individuos de uno u otro sexo.
- La acumulación de conquistas.
- La frecuencia de encuentros sexuales.
- El número de parejas sexuales acumuladas.
- Su potencial para reproducirse o fecundar.
- Su maternidad o paternidad.
- Su grado de conformidad con las normas y expectativas de género.
- Su orientación sexual.
- Su competencia para decidir lo que quieren ser y hacer teniendo en cuenta los derechos sexuales.

Todo lo expuesto en este libro nos lleva a concluir que la sexualidad no es el resultado ineludible de las circunstancias históricas, culturales y sociales en las que nacen y crecen las personas. Los seres humanos tenemos el potencial para controlar los eventos que determinan lo que somos, la manera como nos vemos y valoramos. De acuerdo con diversos autores,[10] nuestra tendencia es a hacer aquellas cosas que nos permiten probar y validar los atributos, habilidades y competencias que son centrales para nuestra identidad.

En el dominio sexual, por ejemplo, si la opinión personal de una persona se basa en ser bella y atractiva, seguramente elegirá situaciones y acciones que reafirmen esta idea. Para esta persona será muy importante recibir elogios por su apariencia física, por lo cual se sentirá frustrada, enojada o deprimida cuando es objeto de críticas o cuando siente que no satisface los estándares de belleza de su entorno.

Inevitablemente, las personas nos enfrentamos a diario con experiencias que cuestionan nuestra sexualidad. Esas experiencias nos permiten valorar qué tan saludables somos y qué podemos hacer para mejorar. Esa valoración supone

---

10 Ashmore, R. D. y Jussim, L. (1997). *Self and Identity.* Nueva York: Oxford University Press; Cast, A. D. y Burke, P. J. (2002). A theory of self-esteem. *Social Forces,* 80, 3, 1041-1068; Crocker, J. y Park, L. E. (2004). The costly pursuit of self-esteem. *Psychological Bulletin,* 130, 3, 392-414; Vignoles, Regalia, Manzi, Golledge y Scabini, *op.cit*; Ryff y Keyes, *op. cit.*

tener en consideración los diversos procesos que participan en el desarrollo de la sexualidad.

Efectivamente, tal como hemos expuesto en este capítulo, una valoración integral de la sexualidad exige contemplar lo que somos, lo que queremos ser, lo que queremos hacer, lo que esperamos lograr, lo que hacemos, la opinión que tienen otros de lo que hacemos y la manera como nos sentimos con lo que hacemos. Todo esto sin perder de vista que somos producto de nuestra autobiografía sexual, ese relato que escribimos y reescribimos permanentemente a partir de diversas experiencias relacionales, teniendo como materia prima nuestro cuerpo sexuado y los mensajes que recibimos del contexto histórico, cultural y social en el que vivimos.

Es importante tener en cuenta que la valoración que realizamos de nuestra sexualidad cambia con el tiempo, en función de la etapa de desarrollo en la que nos encontremos (niñez, juventud, adultez y vejez), las diferentes personas con las que interactuamos y los distintos contextos en los que nos desenvolvemos. De esta manera, una persona gozará de una sexualidad saludable en la medida en que al hacer el balance de su historia sexual y de sí misma como ser sexuado se sienta adecuada. La percepción de adecuación surge cuando la persona observa un alto grado de coherencia entre lo que ella es y lo que considera que debería ser. Ese estándar con el cual la persona se compara depende de su edad, de las normas y expectativas del medio sociocultural en el que vive y de su disposición para cumplir con aquello que socialmente se espera de ella.

Preguntas frecuentes

¿Si una persona se siente culpable después de haber tenido relaciones sexuales por primera vez, significa que ha vulnerado los derechos humanos sexuales y reproductivos?

Idealmente, las relaciones sexuales deben ser el resultado de un proceso consciente, racional y sistemático de toma de decisiones. En ese proceso de elección, la persona tiene en cuenta sus propios criterios y evalúa las implicaciones de su comportamiento para sí misma, para otras personas y para la sociedad. En el caso de las personas jóvenes, los datos disponibles sugieren que las relaciones sexuales ocurren, generalmente, debido a que se dejan llevar por las circunstancias, es decir, son "espontáneas".

Ahora bien, aunque las/los jóvenes pocas veces deciden de manera lógica, racional y sistemática el momento preciso en el que se va a dar la primera relación sexual, lo que se observa es que éste no es un evento que ocurre sin que previamente lo hayan pensado o incluso discutido con la pareja o con otras personas (generalmente, amigos o amigas). En efecto, los relatos que hacen los y las adolescentes sobre sus primeras relaciones sexuales revelan que, en su mayoría, antes de que éstas ocurran, han contemplado esta posibilidad o han hablado al respecto con su pareja pero no asumen una posición clara al respecto, prefieren dejar al azar su ocurrencia.

Estos/as jóvenes que no ejercen su derecho a decidir cuándo, cómo, con quién, por qué y para qué tener relaciones sexuales pueden sentirse culpables al evaluar su comportamiento. La culpa se activa cuando se dan cuenta de que el comportamiento se realizó sin tener en consideración sus propios criterios o estándares sexuales y sin evaluar las implicaciones que podría tener para sí mismo y para la otra persona. La culpa, en estos casos, llama la atención de la persona sobre lo que ha hecho mal y le permite tomar conciencia sobre cómo debe actuar en futuras ocasiones.

¿Por qué algunas personas se avergüenzan de su vida sexual?

La vergüenza es una emoción autoevaluativa que se activa cuando nuestro comportamiento contradice las normas morales que regulan el comportamiento y el trato entre las personas. Entre las razones que explican que las personas se avergüencen de lo que hacen sexualmente, podemos citar:

1. El reconocimiento de que lo que hacen es inconsistente con lo que socialmente se considera justo.

2. La creencia de que con su comportamiento están vulnerando sus derechos sexuales o los de la(s) otra(s) persona(s) involucrada(s).

3. El descubrimiento de que su comportamiento afecta su bienestar o el de los demás.

¿Por qué algunas personas siguen actuando de la misma forma, a pesar de experimentar sentimientos de culpa o vergüenza?

Como dijimos antes, las personas tienden a actuar de acuerdo con lo que piensan de sí mismas. Las personas que tienen una opinión favorable de sí mismas elegirán contextos, circunstancias, experiencias, relaciones y comportamientos que les permitan reafirmar que son importantes, dignas y valiosas. Por el contrario, quienes construyen una noción negativa de sí mismas tenderán a involucrarse en situaciones y comportamientos consistentes con dicha opinión.[11]

11 Owens, T. J. (1993). Accentuate the positive and the negative: Rethinking the use of self-esteem, self-deprecation and self-confidence. *Social Psychology Quarterly,* 56, 4, 288-299.

Por ejemplo, se ha encontrado que las personas que tienen una opinión negativa de sí mismas tienen mayor probabilidad de vulnerar los derechos de las demás y de relacionarse con grupos que se involucran en comportamientos de riesgo. De esta manera, logran afirmar quiénes son y, adicionalmente, pueden obtener cierto prestigio y reconocimiento entre quienes perciben como sus iguales.

Frente a los sentimientos de culpa o vergüenza que sus acciones les producen, estas personas pueden reaccionar de diversas maneras, entre otras: a) negando lo ocurrido, b) aislándose o expresando hostilidad hacia quienes critican su comportamiento, c) justificando su conducta con argumentos tales como "Así soy yo", "Pasó lo que tenía que pasar", "No pude evitarlo", "Me dejé llevar". Estas personas, con frecuencia, sienten que no tienen control sobre lo que son, piensan, sienten y hacen. Es decir, suponen que su vida no depende de ellas sino de las circunstancias, el destino, la suerte o las otras personas. Este tipo de razonamiento les dificulta asumir la responsabilidad de su comportamiento y comprometerse con otras alternativas de acción.

¿Qué podemos hacer cuando nos damos cuenta de que nuestra sexualidad no es saludable?

Lograr el más alto nivel de bienestar físico, psicológico, sexual y social es un ideal difícil de alcanzar. En ese sentido, es muy probable que al evaluar su sexualidad descubra que aún está lejos de cumplir con el estándar que le hemos planteado. Si en el proceso de autoevaluación se da cuenta de que su sexualidad no es suficientemente saludable, no se decepcione. Dedique tiempo para reflexionar sobre aquellos aspectos de sí misma/o, de su comportamiento, de su relación con los otros o de su entorno que es necesario cambiar o mejorar.

Recuerde que el mantenimiento de una sexualidad saludable depende sólo de usted, del interés que tenga en ser cada día una mejor persona, pero sobre todo, de su compromiso con definir un curso de acción y ejecutarlo para lograr lo que se propone.

Tenga siempre presente que lo que le da sentido a la vida es tener una idea clara de lo que queremos lograr en el futuro y llevar a la acción aquello que poco a poco nos va a permitir alcanzar las metas que nos hemos propuesto. Si su meta es mantener una sexualidad saludable, esperamos que este libro le haya permitido definir alternativas para lograrlo.

Aplico lo aprendido...

Dedique unos minutos a revisar las respuestas que usted dio en la introducción de este libro a la pregunta: ¿Quién soy yo sexualmente?

- ¿En qué medida esa noción que usted tenía de usted mismo/a ha cambiado como resultado del proceso consciente y reflexivo de toma de decisiones que propició la lectura de los diversos capítulos de este libro?
- ¿De qué manera este proceso de reflexión personal le ha permitido reconocerse como una persona valiosa, comprometida con el mantenimiento de una sexualidad saludable y capaz de asumir el control de su propia vida sexual?